Cuando la sociedad es el tirano

Javier Marías

Cuando la sociedad es el tirano

ALFAGUARA

Papel certificado por el Forest Stewardship Council®

Penguin
Random House
Grupo Editorial

Índice

Nota del editor

Los noventa y seis artículos reunidos en este volumen se publicaron en el suplemento dominical *El País Semanal* entre el 5 de febrero de 2017 y el 27 de enero de 2019. Para la recopilación de los dos últimos años de labor columnística, en esta ocasión, Javier Marías ha elegido la pieza «Cuando la sociedad es el tirano» como título del libro. En ella, tirando del hilo de una cita del pensador del siglo XIX John Stuart Mill, el autor se pregunta qué es hoy realmente la «opinión pública» representada por las redes sociales, a priori tan democráticas, puesto que cualquiera de nosotros puede acceder y participar; unas redes muy cuestionadas en los últimos tiempos por la existencia de *bots* y la fabricación interesada a nivel local y global de *fake news*. Esta es una de sus conclusiones: «En suma, detrás de lo que hoy se considera la sacrosanta "opinión pública", a menudo no hay casi nadie *real* ni reflexivo, sólo unos cuantos activistas que saben multiplicarse, invadir el espacio [...]. Cualquier sociedad es por definición manipulable, y en muy poco tiempo se le crean e inoculan ideas inamovibles».

Marías, que sí es alguien *real*, se esfuerza incansablemente por reflexionar acerca de toda clase de asuntos y por que los lectores, a su vez, también lo hagan, como se comprueba en cada artículo de *Cuando la sociedad es el tirano*. Sin duda, es muy consciente de los males que nos acechan: la demagogia, los extremismos, el peligro siempre latente de los sistemas totalitarios y los tics dictatoriales; al revelarlos, nos previene de los «vientos de

11

autoritarismo», por decirlo con sus palabras, y de su contagio. No se engaña sobre las dificultades que conlleva su propósito, consistente en «intentar pensar lo no tan pensado», tal como escribe en la columna «También uno se harta». Y se lamenta: «Pero el pensamiento individual está hoy mal visto, se exigen ortodoxia y unanimidad».

Se lamenta, sí, aunque no se rinde ni da la batalla por perdida; no renuncia a su libertad personal, «la libertad de expresión y de creación», como expone en la pieza titulada «Contra el arte». Tampoco renuncia a su proverbial sentido del humor, a la guasa y, cuando lo considera oportuno, a la exageración, pues como él mismo reconoce en uno de los artículos de este libro, «bueno, si uno no exagera un poco no se divierte».

Hay diversión en *Cuando la sociedad es el tirano*, por ejemplo en el texto «Andanadas contra el diccionario», que relata una sesión de trabajo en la Academia. Además, hay en el libro todo un desfile de personajes: Trump y sus dislates, al poco de haber sido elegido presidente de Estados Unidos, y lo que ha venido después; la «incompetente y confusa» Theresa May, en las secuelas tras la votación del *Brexit*; la historia singular de Hugh Oloff De Wet, y muchos más. Javier Marías también le dedica una columna a su abuela Lola, nos habla de su madre Lolita y, en el artículo que cierra este volumen, titulado «Lo que nos hacen creer que nos pasa», deslumbrante en tantos sentidos, aborda la relectura de un ensayo de su padre, el filósofo Julián Marías, sobre la Guerra Civil.

Los asuntos que el escritor trata en sus columnas dominicales son asimismo muy variados, pues no siempre se ocupa de cuestiones estrictamente políticas; así, entre otros, hay artículos sobre los indudables beneficios de las vacunas, el fútbol, el movimiento MeToo, las películas clásicas de romanos (y algún abominable *remake*), los terribles asesinatos machistas, y que se haya dejado de hablar de las consecuencias sociales de la crisis económica mientras el problema de Cataluña se enquista y muchos han sacado las banderas al balcón.

¡Oigan!

Como quien oye llover. Dios te oiga. Oye tú, ¿qué te crees? Oiga, ¿me permite una pregunta? Oído (es decir, enterado). Oyó las campanadas del reloj, eran las dos. No quiero oír una queja más. Oí un ruido espantoso. He oído que tienes novia. Oír, ver y callar. Se oyeron disparos. Como lo oyes. No oigo bien con este oído. ¡Oiga usted!

Todas estas expresiones están a punto de desaparecer o van desapareciendo de nuestra lengua. El porqué es un misterio. Resulta difícil determinar cuándo los cursis horteras (no son términos excluyentes, sino que con frecuencia van juntos) decidieron que el verbo «oír» era «malsonante» o por lo menos no «fino», algo tan absurdo como dictaminar lo mismo respecto al verbo «ver». A diferencia de cien mil otras aberraciones, esta no procede del inglés mal traducido: en esa lengua aún se distingue perfectamente entre *«to hear»* y *«to listen»*, «oír» y «escuchar» respectivamente. Tampoco es un catalanismo contagiado por los muchísimos catalanes con protagonismo en la radio y en la televisión nacionales. Ellos, en su lengua, diferencian y no confunden *«sentir»* y *«escoltar»*. ¿Qué ha sucedido para que en el español de hoy todo se «escuche», hasta las cosas más grotescas y menos escuchables? Si me ocupo de la cuestión es, lo confieso, porque me saca especialmente de quicio. La suplantación se da por doquier: en los telediarios, en las películas y series (teóricamente escritas por guionistas que deberían conocer mínimamente su lengua), en el habla de la gente, hasta en novelas y en este diario, que en tiempos remotos presumía de estar escrito correctamente. (Hace poco leí en un titular que no sé cuántas personas «atenderán a la toma de posesión de Trump», en vez de «asistirán», que es lo que significa *to attend* en el inglés que ya pocos traducen; la mayoría se limita a trasponerlo tal cual, aunque incurra en disparates.)

Oigo o leo continuamente incongruencias de este calibre: «Escuché disparos». «Se escuchó una explosión tremenda.» «El teléfono va mal, no te escucho.» «Me seguían, o al menos escuché pasos a mi espalda.» «Se escucharon las campanas de la iglesia.» «No te he escuchado llegar.» «Sin querer, escuché lo que le decías.» «Se escucha un gran alboroto.» Y quizá mi favorita: «Llego tarde porque no he escuchado el despertador» (oída, lo juro, en una veterana serie de televisión). Da vergüenza explicar cosas obvias, pero es el signo de nuestros tiempos. (Tiempos inútiles, sin interés y sin avance, si hay que repasar el abecedario continuamente y en todos los ámbitos.) «Oír» y «escuchar» se pueden usar indistintamente en algunas —pocas— ocasiones. Se puede oír o escuchar música, la radio, una conferencia, un discurso. Pero ni siquiera en esos casos los dos verbos son absolutos sinónimos. «Escuchar» implica siempre duración y deliberación. Es decir, que lo escuchado no sea efímero y que por parte del oyente haya voluntad de atender, de prestar cierta atención, aunque sea distraída. «Oír» no implica por fuerza ninguna de esas dos cosas, más bien presupone involuntariedad. Las explosiones, los tiros, los ruidos inesperados, los alaridos, el despertador, así pues, no se escuchan, sino que se oyen. Su sonido alcanza los oídos, independientemente de que éstos quieran o no oírlo. La distancia entre los verbos es parecida (no idéntica) a la existente entre «ver» y «mirar». Nadie diría (aún): «Ayer miré a Jacinto entrar en un bar de putas», sino «Ayer vi...». La acción de entrar es muy breve, no puede «mirarse». Tampoco es que estuviéramos aposta-

16

dos a la puerta del bar para controlar quiénes entraban, sino que por casualidad —no intencionadamente— *vimos* a Jacinto en mal momento. De la misma forma, asegurar que se «escucharon» petardos, o pasos, o voces, es una sandez y una cursilería.

Hace ya unos veinte años escribí un artículo titulado «Breve y arbitraria guía estilística para detectar farsantes».* Mencionaba expresiones o latiguillos que *a mí* —reconocía que mi subjetividad mandaba— me servían para saber en seguida si quien escribía o hablaba era un impostor, un mentecato, un cantamañanas o incluso un hipócrita. Al cabo de tanto tiempo, quizá debería actualizar esa «guía» algún domingo. Vaya hoy por delante mi desconfianza hacia cuantos utilizan «estar en sus zapatos», que han copiado literalmente de las novelas y series americanas porque les parece más *«cool»* —como se dice hoy en castellano— que sus equivalentes españoles más certeros, «ponerse en la piel del otro» o «no me gustaría estar en su pellejo». También veo farsantes en cuantos utilizan el adjetivo «emocional», que ha desterrado «sentimental» o «emotivo», según los casos y las circunstancias. De lo que no me cabe duda es de que son pretenciosos catetos los que lo «escuchan» todo, hasta el grito de una persona o el ladrido de un perro en mitad de la noche. O viceversa, que todo puede llegar a ser, al paso que vamos.

5-II-17

---

* Recogido en *Mano de sombra* (Alfaguara, 1997). *(N. del E.)*

Obras y alardes

No sé si fue así, me lo han contado: al parecer, según el programa de la SER de Gemma Nierga, hace unas semanas se me instó a «aclarar las palabras» de mi columna «Ese idiota de Shakespeare» (22-I-17) en presencia de la excelente actriz Blanca Portillo, y «mi equipo» declinó la invitación. Como no se refirieran al Real Madrid, ignoro de qué «equipo» hablaban, pues no tengo de eso. Nadie me llamó en todo caso, ni a nadie a mí cercano. Vaya este preámbulo para que Blanca Portillo no me crea tan descortés con ella como desabrida ha sido ella conmigo. Otras colegas suyas han sido agresivas o groseras, soliviantadas ante dicha columna. No sé si vale la pena explicar algo, dado cómo lee hoy mucha gente, o cómo decide leer, y atribuirle a uno lo que no ha escrito en absoluto. Pero que por mí no quede.

Dije que hacía años que no iba al teatro para no exponerme a sobresaltos. Eso no significa que no haya ido mucho ni que no pueda regresar mañana. Numerosas veces he protestado del IVA punitivo con que lo grava este Gobierno, y en cuanto a los sueldos de las mujeres, véase mi artículo «Trabajo equitativo, talento azaroso»,[*] de no hace ni tres meses, para saber mi postura ante esa injusticia. De lo que hablé fue de un tipo de teatro, que abunda desde hace ya lustros, en el que el texto es lo secundario. Soy un espectador —y un lector— a la vez ingenuo y resabiado. Resabiado porque he visto y leído

---

[*] Este artículo y el anterior citado arriba («Ese idiota de Shakespeare») están recogidos en *Cuando los tontos mandan* (Alfaguara, 2018). *(N. del E.)*

no poco, y sobre todo porque me dedico a escribir ficciones y el primer obstáculo con que me encuentro es que en principio me cuesta vencer mi incredulidad ante lo que invento y narro. Así que me exijo (seguramente no lo bastante). Fue el poeta y crítico Coleridge quien en 1817 acuñó la exprcsión «voluntaria suspensión de la incredulidad», que desde entonces se ha aplicado a lo que todos necesitamos para adentrarnos en casi cualquier obra ficticia, sea fantástica o realista. Cuando uno va al teatro, sabe que está en el teatro; no ha olvidado que viene de la calle y que ha dejado a los niños con la canguro. Cuando la función empieza —y aquí entra el espectador ingenuo que soy—, uno precisa algo de ayuda por parte de quienes la llevan a cabo, no lo contrario. Si uno se propone contemplar una obra, claro está, y no un «alarde» escénico, interpretativo o circense. Hay quienes van a ver esto último precisamente, y son muy dueños. Pero si a mí se me anuncia un clásico, Shakespeare de nuevo, confío en que el montaje no vaya contra él, o que no lo tome como mero pretexto para lucimientos diversos.

Si Glenda Jackson hace de Rey Lear, dije, me resulta imposible creérmelo: estaré viendo a Jackson todo el rato, por magnífica que sea su interpretación, lo que no pongo en duda. Mencioné un montaje inglés de *Julio César* en una cárcel de mujeres y con elenco exclusivamente femenino, y añadí: «La verdad, para mí no, gracias». No sostuve que eso no debiera hacerse ni critiqué a los que van a verlo. Allá cada cual, faltaría más que no pudiéramos elegir espectáculo. Ahora se da esta moda, pero la contraria me impide suspender mi incredulidad igualmente, y por eso me referí a la Celestina del admirable José Luis Gómez. Hace décadas Ismael Merlo interpretó a Bernarda Alba, y lo lamento, no podía dejar de reconocer a Merlo, esforzándose. Si a Laurence Olivier se le hubiera antojado encarnar a la Reina Gertrudis en vez de a Hamlet, por bien que hubiera hecho su trabajo, habría visto a Olivier haciendo un alarde y no me habría creído su personaje. Como si a John Wayne le hubiera dado por hacer de Pocahontas o Clark Gable se hubiera empeñado en ser Escarlata O'Hara, afeitado el bigote y cuanto ustedes quieran.

A quienes escribimos ficciones nos acechan las inverosimilitudes por todas partes. Dejó de interesarme la celebrada *House of Cards* cuando el Vicepresidente estadounidense (Kevin Spacey) mata con sus propias manos a una periodista en el metro... y nadie lo ve, ni lo capta una cámara. Lo siento, pero un Vicepresidente no está para esos menesteres. Se los encarga a un sicario, a través de intermediarios; como mínimo, a su esbirro de mayor confianza. Uno recobra la incredulidad muy fácilmente, por un detalle o una vuelta forzada del argumento, por falta de ayuda. Hablé de la costumbre de convertir en nazis o *gangsters* a los personajes shakespeareanos. Aparte de vetusta (el primero en vestirlos como a Goebbels fue Orson Welles hacia 1940), se hace arduo situar en esas épocas a un Macbeth que cree en profecías de brujas. Es lícito «recrear» o «reinterpretar» a los clásicos, pero prefiero que se me advierta que voy a contemplar algo «inspirado» en ellos, y no *Fuenteovejuna* de Lope o *Enrique V* de Shakespeare. Hablo por mí —hay que insistir, cielo santo—, como espectador resabiado e ingenuo. Se me ha reprochado, por último, opinar lo que opiné desde *El País* y siendo miembro de la Real Academia, una «irresponsabilidad». Veamos, ¿por escribir en este diario debo limitar mi libertad de opinión? ¿Por pertenecer a la RAE debo inhibirme y domesticarme? Pues ni lo sueñen. Menuda ganancia.

12-II-17

Hugo Trump o Donald Chávez

Cuando escribo esto, Trump lleva dos semanas como Presidente efectivo. Cuando ustedes lo lean, llevará cuatro, así que los estropicios se habrán duplicado como mínimo. A mí no me da la impresión de que ese individuo con un dedo de frente quiera cumplir a toda velocidad sus promesas electorales, o hacer como que las cumple, o demostrar que lo intenta (hoy, un sensato juez de Seattle le ha paralizado momentáneamente su veto a la entrada de ciudadanos de siete países musulmanes). La sensación que me invade es de aún mayor peligro, a saber: se trata de un sujeto muy enfermo que debería ser curado de sus adicciones, la mayor de las cuales es sin duda su necesidad de hiperactividad pública, de tener las miradas puestas en él permanentemente, de no dejar pasar una hora sin proporcionar sobresaltos y titulares, provocar acogotamientos y enfados, crisis diplomáticas y tambaleos del mundo. Su incontinencia con Twitter es la prueba palmaria. Quienes tuitean sin cesar, es sabido, son personas megalomaniacas y narcisistas, es decir, gravemente acomplejadas. No soportan el vacío, ni siquiera la quietud o la pausa. Un minuto sin la ilusión de que el universo les presta atención es uno de depresión o de ira. Precisan estar en el candelero a cada instante, y los instantes en que no lo están se les hacen eternos, luego vuelven a la carga. Hay millones de desgraciados que, por mucho que se esfuercen y tuiteen, siguen siendo tan invisibles e inaudibles como si carecieran de cuenta en esa red (si es que esa es la palabra: lo ignoro porque no he puesto un tuit en mi vida).

Pero claro, si uno se ha convertido misteriosamente en el hombre más poderoso de la tierra, tiene asegurada la atención planetaria a las sandeces que suelte cada poco rato. El eco garantizado es una invitación a continuar, a aumentar la frecuencia, a elevar el tono, a largar más improperios, a dar más sustos a la población aterrada. Es el sueño de todo chiflado: que se esté pendiente de él, y no sólo: que se obedezcan sus órdenes. Ya han surgido comparaciones entre Trump y Hitler. Por fortuna, son prematuras. A quien más se parece el Presidente cuyo incomprensible pelo va a la vez hacia atrás y hacia adelante; a quien ha adoptado como modelo; a quien copia descaradamente, es a Hugo Chávez. Éste se procuró a sí mismo un programa de televisión elefantiásico (*Aló Presidente*, creo que se llamaba), obligatorio para todas las cadenas o casi, en el que peroraba durante horas, sometiendo a martirio a los venezolanos. Era faltón, no se cortaba en sus insultos («¡Bush, asesino, demonio!», le gritaba al nefasto Bush II que ahora nos empieza a parecer tolerable, por contraste), le traían sin cuidado las relaciones con los demás países y los incidentes diplomáticos, gobernaba a su antojo y cambiaba leyes a su conveniencia, y sobre todo no paraba, no paraba, no paraba. Recuerden que la desesperación llevó al Rey Juan Carlos, por lo general discreto y afable, a soltarle «Pero ¿por qué no te callas?», ante un montón de testigos y cámaras. Trump es un imitador de Chávez, sólo que con tuits (de momento). Es su gran admirador y su verdadero heredero, porque Maduro es sólo una servil caricatura fallida.

Pero detrás de Trump hay más gente, aparte de los 62 millones de estadounidenses suicidas que lo votaron (hay que consolarse pensando que 65 votaron a Clinton), bastantes de los cuales deben de estar ya arrepentidos. Detrás están Le Pen y Theresa May y Boris Johnson y Farage, están Orbán y la títere polaca del gemelo Kaczynski superviviente, está sobre todo Putin. Está el

Vicepresidente Pence, un beato fanático, tanto que en Nueva York se me dijo que había que rezar por la salud de Trump, paradójicamente, para que su segundo no lo sustituyera en el cargo. Y está Steve Bannon, su consejero principal, un talibán de la extrema derecha en cuya *web Breitbart News* se ha escrito que abolir la esclavitud no fue buena idea, que las mujeres que usan anticonceptivos enloquecen y dejan de ser atractivas, que «padecer» feminismo puede ser peor que padecer cáncer... Este comedido sabio va a estar presente en las reuniones del Consejo de Seguridad Nacional por imposición de Trump, contraviniendo la inveterada costumbre de que a ellas no asistan asesores ideológicos del Presidente, que le puedan persuadir de tirar bombas donde y cuando no conviene.

Ha llegado ya, muy pronto, el momento de hacer algo. Pero ¿qué? Los Gobiernos están semiatados, las sociedades no tanto. Antes o después a alguien se le ocurrirá un boicot a los productos estadounidenses. Según Trump, todos los países se han aprovechado del suyo. Pero a todos el suyo les vende infinidad de cosas (desde cine hasta hamburguesas), y de eso depende en gran medida el éxito o el fracaso de su economía. Si la economía falla, los empresarios y las multinacionales se enfadan mucho. Y se enfadarán con Trump, Pence y Bannon, quizá hasta el punto de querer que se vayan, o de obligarlos a cambiar de estilo y de ideas. El estilo Chávez es ruinoso, eso ya está comprobado.

19-II-17

¿A quién podemos cargarnos hoy?

Una noticia en verdad nimia me llamó la atención, en la sección de Estilo. Por representativa, por significativa, por sintomática, por enfermiza, por demente. Era nimia, pero este diario le dedicaba casi media página, con foto incluida. Pero a eso iré luego. «*Vogue USA* cumple 125 años en medio de la polémica», rezaba el titular, y el subtitular: «Avalancha de críticas a la portada del aniversario», que era lo que la imagen reproducía. En ella se ve a siete jóvenes modelos formando grupo, enlazándose unas a otras por la cintura. Van vestidas con recato: jersey negro de cuello alto y pantaloncitos de estampados semejantes (*culottes* es el término). Los pies descalzos en la arena y todas con el pelo recogido. Como no podía ser menos, son de razas diversas, o con mezcla. Bien, miré unos segundos la foto y no vi motivo para polémica alguna, lo cual despertó mi curiosidad: «¿Qué diablos habrá visto aquí la gente para cabrearse y lanzar una "avalancha"?», me pregunté, y leí el texto: «La lluvia de críticas ha resultado torrencial», se insistía en él. Torrencial, nada menos. Debo estar ciego.

Dos eran los pecados. Por un lado, la mano y el brazo de una modelo estaban retocados, siendo más largos de lo normal, y, casualmente o no, esa mano es la que coge por la cintura a la modelo «de talla grande, Ashley Graham». Pero lo imperdonable es que la susodicha Ashley Graham posa de manera levemente distinta que el resto: es la única que, en vez de apoyar una mano en una compañera, la tiene caída, «reposa sobre el muslo y le tapa la cintura». *Ergo*: se la obligó a posar así para que pareciera más delgada; *ergo*: la revista es falaz, discriminatoria e hipócrita, y, lejos de «reivindicar la diversidad de cuerpos», finge hacerlo y disimula las curvas de Graham. De nada sirvió que ésta asegurara que fue ella quien eligió posar así y que nadie le indicó qué hacer. Twitter siguió vomitando sus vómitos.

En esta nimiedad hay factores muy raros: a) ¿Cómo hay tanta gente en el mundo a la que le importe la portada de una revista? b) ¿Cómo hay tanta tan desocupada como para molestarse en criticarla? c) ¿Por qué se ha dedicado a mirarla con lupa y lentes de aumento? (Hay que fijarse mucho para advertir la mano larga, y ser muy susceptible para percibir algo maligno en el brazo sobre el muslo de Graham; de hecho, salta a la vista que el suyo es más grueso que el de sus colegas, luego ella no parece «más delgada»; por lo demás, no desentona en absoluto y resulta tan atractiva o más que las otras.) Respecto al primer factor, la respuesta es la consabida: parte del mundo lleva tiempo idiotizado, como comprobamos aquí hace unos meses cuando fue noticia de Telediario algo llamado «cobra» que al parecer le había hecho un cantante a una cantante en una gala. En cuanto al segundo y al tercero, sólo cabe concluir que hay masas de gentes cuyo único aliciente en la vida es enfurecerse y criticarlo todo, sea lo que sea. Parecen levantarse de la cama con una idea fija: ¿A quién o qué podemos cargarnos hoy? ¿A quiénes hacer la vida imposible, aunque sea durante un rato? ¿Qué víctimas escogeremos? Algo habrán hecho mal, y si no, nos lo inventamos. ¿Que Ashley Graham desmiente que la instruyeran para bajar el brazo? Da lo mismo, la cuestión es desfogarnos, poner a caldo y hacer algo de daño.

Recibo cartas reveladoras, pero hace poco me llegó una de Holanda asombrosa. El remitente me decía que el adjetivo «agradable» con que había calificado a Obama (supongo que contraponiéndolo al muy desagradable Trump) le parecía «despreciativo», porque era mucho más que eso. Me eché a reír y me quedé perplejo. Sin duda Obama es más, pero ¿desde cuándo es despreciativo «agradable»? Hay personas que ya no saben de qué protestar, de qué quejarse. A este paso, pronto veremos a artistas indignados porque se haya dicho de su libro o su película que son una obra maestra. «¿Una obra maestra?», se revolverán. «Eso es denigrante.» O —más probablemente— «Eso es paternalista. ¿Quién es nadie para opinar sobre lo que he hecho?». No crean, ya hay movimientos —críticos profesionales incluidos— que abogan por una «crítica acrítica», como lo leen. Todo es bueno y nadie tiene derecho a establecer distinciones. Es hora de admitir que lo que está en marcha es una continua presión sobre cuantos dicen, escriben, opinan algo, un intento de acallarlo y censurarlo todo (menos lo propio). Una vez sabido esto y aceptado, lo sensato sería no hacer ni caso. Pero luego, hasta los diarios dedican media página a los tiquis miquis de turno, o a los furibundos vocacionales, y les confieren dimensión. En vista de eso, la mayoría de los que dicen, escriben y opinan van tentándose la ropa antes de darle a una tecla, temiendo ser tildados de machistas o racistas o elitistas, temiendo las «avalanchas». A todos ellos les diría: «Den por hecha esa avalancha; no cuenta, si la damos por descontada. Escriban lo que escriban, les caerá encima». Sólo a partir de ahí se recobrará un poco de la mucha libertad ya perdida.

26-II-17

De quién fiarse

Con motivo de la preciosa edición conmemorativa que Alfaguara ha tenido la gentileza de hacer de *Corazón tan blanco*, quizá mi novela más conocida, al cumplir ésta veinticinco años, me ha sido inevitable recordar un poco aquellos tiempos. Ignacio Echevarría habla con frecuencia de los peligros de la relectura: libros que uno leyó con entusiasmo a los veinte o treinta años, lo defraudan o se le caen de las manos a los cincuenta o sesenta, y lo cierto es que no hay manera de saber de quién es la culpa: si del lector antiguo e ingenuo, si del lector actual y resabiado, si del libro mismo que era excelente cuando apareció y una birria cuando mal ha envejecido. Uno se encuentra, así, con que en realidad ignora no ya el valor intrínseco de una obra, sino su propia opinión al respecto. Por eso tiendo a rehuir las relecturas, con excepciones. A veces prefiero guardar un buen recuerdo difuso, y tal vez equivocado, antes que someterlo a la revisión de unos ojos más experimentados, impacientes y cansados. La más famosa novela en español de la segunda mitad del siglo xx, *Cien años de soledad*, no me he atrevido a echármela a la vista desde que la leí muy joven: temo que ahora me decepcione, temo encontrarla increíble, pinturera, exagerada; o irritarme cuando me cuente que no sé qué personaje levita, algo que ya no le perdonaba en vida Cabrera Infante. Es un ejemplo.

Sé que puedo volver a Conrad, Flaubert, Melville y Dickens sin miedo, porque he corrido el riesgo con ellos y he salido reafirmado. Ya no estoy tan seguro con Faulkner, que leí con devoción, no digamos con Joyce y Virginia Woolf, que nunca me sedujeron mucho (con salvedades). No sé si se aguantan todo Valle-Inclán ni todo Beckett, ni las novelas largas de Henry James (sí los cuentos), ni todos los puntillosos arabescos de Borges. No desconfío de los relatos de Horacio Quiroga. Si *Rayuela* me pareció una tontada en su día, no quiero imaginarme ahora. No regresaría a las novelas de Fitzgerald ni Hemingway (sí a algunos cuentos de éste). Por supuesto pueden revisitarse sin fin Shakespeare, Cervantes, Proust y Lampedusa.

No he querido releer *Corazón tan blanco*, pero aquí —puesto que el autor nunca puede juzgar con objetividad sus libros— no por temor a un desencanto, sino más bien a comprobar que «antes» escribía mejor que «ahora», como pienso siempre, sean cuales sean el «antes» y el «ahora». Lo ya concluido y aposentado suele parecerme más logrado que lo que aún me traigo entre manos; quizá erróneamente, no lo sabré nunca. En la conversación que mantuve con Juan Cruz para este diario, surgió algo, lateralmente, que me ha hecho reflexionar más tarde. Al preguntarme por qué la opinión de Juan Benet me era decisiva, le contesté: «Era una época en la que los escritores se permitían opinar con mayor libertad que hoy. Creo que cada vez tenemos menos libertad y procuramos no decir cosas muy negativas de ningún contemporáneo. Él sí lo hacía. Que en esas circunstancias me diera el *nihil obstat* para mí era mucho». Y en efecto, algo extraño ha ocurrido en los últimos tiempos. A la vez que desde el anonimato de las redes se pone verde a cualquiera, por lo general sin más base que la irascibilidad, la fobia o motivos espurios de índole política (sufrimos partidos que no toleran las críticas y castigan organizadamente a quienes se las hacen; o bien los represalian económicamente cambiando o saltándose sus leyes a conveniencia: algo gravísimo de lo que apenas se habla), la sociedad literaria se ha convertido en un *kindergarten*. Hay alguna escaramuza, de los novelistas de una generación contra los de las precedentes —lo esperable, lo tópico—, pero ya casi nadie juzgamos a nadie, así nos parezcan sus obras inanes o detestables, y así sean invariablemente jaleadas por la crítica y los colegas amistosos. Por suerte no hemos llegado al nivel de los «*luvvies*», término del argot inglés para calificar, sobre todo, a las gentes del cine y el teatro que se rigen por la mutua admiración aspaventosa y a menudo insincera. (Su equivalente sería el apelativo «cariñitos».)

Pero está mal visto criticar hoy la obra de un colega, como si eso fuera a achacarse, sin falta, a la envidia o a los celos, como si sólo hubiera razones «innobles» para los juicios negativos. También las hay para los positivos, no les quepa duda: la adulación recíproca es buen negocio, para las dos o más partes. En su día lo demostraron Cela y Umbral, o Carlos Fuentes y Juan Goytisolo: las dos parejas se elogiaban sistemáticamente y todos se beneficiaban. Lo cierto es que la creciente falta de libertad ha conseguido que no sepamos qué opinamos los escritores de nuestros contemporáneos. Aunque no seamos los mejores jueces, tampoco los peores, y es una pérdida. Antes solíamos saberlo: qué pensaba Nabokov de Faulkner, Faulkner de Hemingway, Valle-Inclán de Azorín, Juan Ramón de Guillén y Salinas. Por no remontarnos a lo que opinaban Lope de Cervantes o Quevedo de Góngora. Cuando menos, eso orientaba y servía, y no dejaba los veredictos en las porosas manos de los críticos y en las sudorosas de los internautas. Aunque hoy acaso nos gusten todos, los que no podían leerse sin soltar maldiciones.

5-III-17

Atribulados

Por azar, la elección de Trump me coincidió con un periodo de entrevistas a medios estadounidenses, y me encontré con que varios entrevistadores —sobre todo si eran jóvenes— me preguntaban más por cuestiones políticas que literarias. Al ser yo español, y haber vivido bajo una dictadura y bajo el «fascismo» (Franco murió cuando yo contaba veinticuatro años), me consideraban poco menos que «un experto» y pretendían que los orientara: cómo reconocer la tiranía, consejos para hacerle frente, guías de conducta, etc. Notaba en esos jóvenes un gran desconcierto. Nunca habían previsto encontrarse en una situación como la actual, es decir, con un Presidente brutal que ni siquiera disimula. Intenté no resultar alarmista ni asustarlos en demasía. Al periodista de *Los Angeles Review of Books*, por ejemplo, vine a decirle: «De una cosa tened certeza: con Trump y Pence el fascismo llegaría a América si pudieran obrar a su antojo. Ese sería su deseo y su meta. Mi esperanza es que no serán capaces de instaurarlo plenamente, en parte por la clara separación de poderes en los Estados Unidos, en parte porque habría una fortísima oposición a ello. Vuestra esperanza es que una candidata tan poco atractiva como Clinton obtuvo más votos populares que Trump, casi tres millones. Una dictadura sólo es posible si: a) se establece un régimen de terror y se elimina a los críticos y disidentes, como fue el caso en Chile y en la Argentina en los años setenta, o en Alemania, Italia, España y la URSS en los treinta y cuarenta; b) la mayoría de la población, sea por convencimiento (Hitler) o por miedo, apoya al dictador. Eso, sin embargo, puede ocurrir con más facilidad de la que imagináis. Pero, mientras no ocurra, hay esperanza. Y, al menos de momento, no creo que pueda suceder en vuestro país. Tenemos que aceptar la democracia aunque nos desagrade lo que votan nuestros compatriotas. Pero debemos estar en permanente guardia, luchar contra lo abusivo, injusto o anticonstitucional. Por desgracia, puede que no estéis empleando la palabra equivocada —fascismo—, pero quizá sea prematuro emplearla ya».

Por su parte, el joven e interesante novelista Garth Risk Hallberg me inquirió: «¿Cómo se huele el fascismo? ¿Cuál es su hedor? ¿Cómo lo reconoceremos?». Al ser más poética, esta cuestión tiene más difícil respuesta. En cada sitio ese olor varía. Pero hay una peste que comparten todas las tiranías, aunque sean de distinto grado: del nazismo al comunismo y del franquismo al putinismo, del Daesh al chavismo y del pinochetismo al castrismo, de la dictadura argentina al maoísmo y el erdoganismo. Es la que emiten la intolerancia y el odio a la crítica, la persecución de la opinión independiente y de la prensa libre, el pánico a la verdad y el deseo de aniquilar a los «desobedientes». Y Trump ha lanzado esa hediondez bien pronto. Su principal consejero, Steve Bannon, ha dicho sin tapujos que la obligación de la prensa es «cerrar el pico», nada menos. Y el propio Trump ha calificado a los medios más serios y prestigiosos, como el *New York Times*, el *Washington Post*, *Politico*, el *New Yorker*, la CNN, la NBC y el *Los Angeles Times*, de «enemigos del pueblo», exactamente la misma acusación de cuantos tiranos ha habido contra quienes iban a purgar o suprimir, si podían. Por mucho que la prensa haya declinado, por mucho que demasiada gente prefiera informarse a través de las nada fiables redes sociales, sin ella estaríamos perdidos e indefensos. A esa prensa estadounidense, además, el mayor muñidor de mentiras

31

—Trump— la acusa justamente de eso, de propalar noticias falsas. También es una táctica viejísima de los dictadores: acusar al contrario de lo que uno hace, presentarse como el defensor de lo que uno intenta derribar. Véase el uso que hoy hacen tantos de los referéndums y los plebiscitos: los ofrecen como lo más democrático del mundo quienes en realidad aspiran a acabar con la democracia. Nada tan fácil de manipular, teledirigir y tergiversar como un plebiscito o un referéndum.

El atribulado periodista de la *LARB* volvió al final a la carga: «¿Qué nos aconsejaría leer en este momento crítico?». Le contesté que mejor leer obras no políticas, porque las pausas son necesarias incluso en los peores tiempos. Pero, por si acaso, también le recomendé *Diario de un hombre desesperado*, de Friedrich Reck-Malleczewen, que he encomiado aquí otras veces. «Murió, como tantos», le dije, «en un campo de concentración. Pero no era judío, si mal no recuerdo, y ni siquiera izquierdista. Vio muy pronto lo que significaba Hitler, cuando Hitler aún no era "Hitler". Hay una escena increíble en la que recuerda haber tenido la oportunidad de matarlo entonces, en un restaurante. Bien que no lo hiciera. Uno no puede llamar a alguien fascista hasta que haya demostrado serlo». Y aquí viene la pregunta ardua: ¿cuándo se demuestra eso? ¿A partir de qué acción, o basta con las declaraciones, los síntomas? ¿Ha de iniciar una guerra o una persecución injustas, una matanza? No conviene apresurarse. Pero tampoco percatarse demasiado tarde.

12-III-17

Época prosaica

En un reciente encuentro con periodistas culturales, uno de ellos me señaló con desagrado —iba a decir me afeó, pero no llegó a tanto— el hecho de que en los últimos tiempos la RAE, el Instituto Cervantes, el mundo literario y editorial, se dediquen a subrayar los beneficios económicos que aportan la lengua y la literatura. Le hacía mal efecto que hasta los que procuramos manejar el idioma de la manera más «noble» y menos funcionarial posible, no presentemos más argumentos en su defensa que la ganancia monetaria con que contribuye al enriquecimiento del país. Es cierto que se aducen continuamente datos y cifras: el sector cultural da empleo a tantas personas, equivale a tal porcentaje del PIB (llamativamente alto), las consultas por Internet al *Diccionario* ascienden a millones por mes, la venta de libros (pese a los ya muchos años de tremenda crisis) genera cantidades descomunales si se suman todos: los *best-sellers*, los infantiles, los de texto y la modesta poesía. Además, es una industria que, a diferencia de las del teatro, la ópera y el cine, apenas cuenta con ayudas estatales y lleva décadas valiéndose por sí sola. Es decir, produce riqueza sin costarle un euro al erario público. Las editoriales son enteramente privadas y carecen de subvenciones en su inmensa mayoría. Los escritores no solicitamos ayudas para escribir, nos las apañamos por nuestra cuenta y riesgo, ganamos lo que nuestras obras ganan: uno se pasa dos años con una novela y puede encontrarse con que ésta venda dos mil ejemplares. Si cada uno cuesta 20 euros, nunca está de más recordar que el autor suele percibir el 10 %, luego el trabajo de esos dos años le supondrá un ruinoso negocio de 4.000 euros. Y aun así hay muchos que escriben con nula esperanza, robándole tiempo al tiempo. Hace poco Fernando Aramburu confesaba que su novela *Patria* había vendido en unos meses mucho más que todas sus obras anteriores juntas, que son bastantes (nacido en 1959, no se trata de un autor bisoño). De casos así hay que alegrarse. Si Aramburu hubiera abandonado su actividad a la vista de los resultados financieros, nunca habría llegado a esta exitosa novela, cuyas ventas no sólo lo benefician a él, sino al editor, al distribuidor, a los libreros y a sus complacidos lectores. Benefician al sector entero.

¿Por qué recurrimos todos a lo más prosaico para señalar la importancia de la lengua y la literatura? Porque no nos han dejado otra elección. Recurrimos a eso para defendernos de los variados ataques y desdenes que recibimos. Por parte del Gobierno de Rajoy, que ha rebajado los presupuestos de las bibliotecas públicas, ha elevado el IVA del teatro y persigue tributariamente a escritores, cineastas, actores y artistas en general, como si fuéramos el enemigo. Por parte de la sociedad, que no ha rechistado al ver cómo se suprimía la Filosofía de la enseñanza y se arrinconaba la Literatura. Por parte de los piratas, que nos ven como a privilegiados y consideran que no deberíamos cobrar por lo que inventamos y hacemos (nosotros no, pero sí ellos, que se ahorran dinero con sus descargas ilegales y algunos sacan tajada de nuestro trabajo). Hasta nos discuten los derechos de autor, que fueron una conquista social que evitó la explotación cuasi esclavista de escritores y traductores. Los piratas se creen de izquierdas, pero más bien son una terrible mezcla de bandoleros y capitalistas salvajes reaccionarios.

Estamos en una época tenebrosa en la que de nada sirven los argumentos más «poéticos». ¿Cómo convencer a unos gobernantes iletrados y gañanes de que nuestra capacidad para manejar la lengua condiciona directamente la calidad de nuestro pensamiento, no digamos la comprensión de lo complejo? ¿De que cuanto peor la conozcamos y usemos, más tontos seremos? ¿Cómo hacer ver a una gran parte de la sociedad —la irremisiblemente idiotizada— que la Filosofía y la Literatura son lo que nos convierte en personas, en vez de en seres simples y embrutecidos llenos de información y de aparatos tecnológicos con los que —ay— hacer el chorras? ¿Cómo persuadir a los falsos izquierdistas actuales de que los derechos de autor no sólo son justos, sino un avance social enorme? ¿Cómo hacer entender a quienes han renunciado a entender que «inutilidades» como las ficciones y la música prestan un insustituible servicio a todos, hasta a los que no leen pero reciben los ecos de quienes sí lo hacen con provecho? Hay que recurrir a lo prosaico y hablarles a todos esos en el único lenguaje que les vale: «Miren ustedes, si yo no hubiera escrito mis tonterías, no se habría generado todo este dinero. No habría habido millares de personas comprándolas, ni se habrían traducido a otros idiomas ni habrían traído capital extranjero, ni Hacienda se habría embolsado un elevado porcentaje de todos esos ingresos. Veamos quiénes son aquí los inútiles». Triste que haya que adoptar esta postura mercantilista para justificar lo que se hace por inquietud, o por inteligencia, o por deseo de comprender el mundo y explicarlo algo mejor si es posible —al menos mostrarlo—, o por mero amor al arte. Pero la estupidez deliberada y fomentada no nos deja otro camino.

19-III-17

Qué no es una sociedad libre

Periódicamente, uno llega a la conclusión de que a buena parte de los españoles no les gustan la democracia ni las sociedades libres (o lo que se conoce como tales, inexactamente). Es más, les parecen un estorbo, un engorro, una atadura. Si bien se piensa, no tiene demasiado de extraño, dada nuestra trayectoria histórica y dado de dónde salimos hace unos cuarenta años. España sigue llena de admiradores de Franco, y lo peor es que los hay en casi todos los partidos, sean de derechas, de izquierdas, nacionalistas, o demagógicos y totalitarios (lo que ahora se llama benévolamente «populismo»). Unos dicen odiarlo, a Franco, pero no dejan de imitarlo y por lo tanto de admirarlo. Por no hablar de otras figuras, pasadas y actuales, que también se le parecen. Hoy descuellan Putin, Erdogan, Trump, Orbán, Szydlo y Maduro, por ceñirnos a los que tienen el poder en sus manos.

He dicho «buena parte de los españoles». Los líderes son unos pocos, sin embargo. Pero a ellos hay que añadir a muchos de los militantes de los respectivos partidos y a no pocos de sus electores, que con sus votos los aplauden y procuran que manden. El número, así, crece insospechadamente. El PP sabemos hace mucho que es escasamente democrático: lo demuestra con creces cada vez que obtiene mayoría absoluta e impone leyes sin discutirlas con nadie y en contra de los ciudadanos. La *ley mordaza* y la conversión de TVE en una fábrica de propaganda (o, en su defecto, en una grotesca página de sucesos) son sólo un par de pruebas fehacientes. ERC, PDeCAT y la CUP son formaciones con vocación absolutista, dispuestas a dar golpes de Estado encubiertos y a imponer su voluntad sin mayoría a todos los catalanes: sus triquiñuelas y su uso de TV3 y demás medios públicos superan la manipulación del PP, si ello es posible. De Bildu y similares no hablemos, nunca han ocultado sus simpatías por los métodos violentos para doblegar a quienes no están de acuerdo con ellos.

Ahora ha salido a la luz algo sabido hace tiempo por cuantos escribimos en prensa: la petición de amparo de la Asociación de la Prensa de Madrid ante los ataques e intimidaciones por parte de Podemos y sus acólitos orquestados. No sé si, como afirma la APM, provienen de sus dirigentes. Lo que es de sobra conocido es que, persona que critica a ese partido, persona objeto de difamación e insultos concertados en las redes sociales. Dejemos de lado a esos líderes, que han alegado no poder controlar a sus militantes más fanáticos. De los partidos también revela mucho su clase de militantes o forofos, porque de ellos saldrán los mandatarios y cargos futuros. Pero es que además Pablo Iglesias pone en cuestión la libertad de prensa «porque a la prensa nadie la ha elegido» (cito de memoria). Veamos. En una sociedad libre y democrática se eligen los gobernantes, nada más, y no se les extiende un cheque en blanco por ello. Sólo en las totalitarias (ya lo expresa la palabra) esos elegidos o golpistas, según el caso, invaden hasta el último rincón y lo regulan *todo*, sin permitir que nada escape a su vara. Se empieza por decidir quiénes pueden fundar un periódico o tener una emisora, después quiénes pueden escribir o hablar en ellos, más tarde quiénes pueden hacer películas o escribir novelas, y se acaba por señalar quiénes pueden abrir una tienda o un bar o sentarse en los bancos de los parques. Más o menos lo que hemos visto hacer en películas y series a las diferentes mafias, desde los Soprano hasta la Camorra, que, como recordarán sus espectadores, dan o niegan la venia hasta para limpiar la hojarasca de «sus» barrios. Que hay y ha habido Gobiernos que se comportan como mafias, tenemos cuantiosas muestras fuera de las ficciones. Eso sí, encima tratan de legitimarse porque «han sido elegidos» o «aclamados». Como si eso bastara para actuar a su antojo y controlarlo *todo*. Los totalitarios se amparan a menudo en lo que llaman «democracia directa», a base de consultas, referendos y plebiscitos. Del timo que esto supone numerosas veces, habrá que hablar otro día, con el ejemplo flagrante de los convocados por el Ayuntamiento de Madrid con un cinismo sonrojante y no muy distinto del de los regidores del PP anteriores. Del adversario ideológico también se aprende, cuando éste es hábil y queda impune. Lo mismo que han aprendido de Franco sus aventajados alumnos de Junts pel Sí: fue Franco quien inventó —en tiempos recientes y en nuestro territorio— que quien lo atacara a él atacaba a la patria.

Va siendo hora de que los españoles que sí quieren una sociedad libre y democrática, en la que no haya que mostrar adhesión para *todo*, se den cuenta de que la que hemos tenido durante los últimos cuarenta años (tan imperfecta y frustrante como quieran) está amenazada por demasiados flancos. Cruzarse de brazos supone allanarles el camino a los amenazantes. Ustedes verán qué hacen y qué votan, a la próxima. Ustedes verán si hacen algo, o no hacen nada.

26-III-17

A calles tétricas, festín pagano

Es extraño cómo perviven algunas costumbres de la infancia, mientras que otras se olvidan para siempre. Para parte de mi generación, de la anterior y de la siguiente, la horrorosa Semana Santa tiene un lado divertido y festivo cuyo origen, sin embargo, se remonta a uno de los rasgos más siniestros de aquélla. Hoy cuesta creerlo, pero durante todo el católico-franquismo, la Iglesia logró arrancarle al régimen no pocas imposiciones para el conjunto de la ciudadanía. De niño y adolescente odiaba esa época con todas mis fuerzas: no era sólo que las calles —exactamente igual que ahora— se vieran tomadas impune y abusivamente por tétricas procesiones de encapuchados, enlutadas señoras ceñudas, penitentes descalzos que se azotaban los lomos y ominosas trompetas y tambores, como si los *zombies* más atroces se apoderaran del espacio público, o quizá el Ku Klux Klan con libertad plena para sus aquelarres crematorios. Era que durante ocho interminables jornadas —o eran diez, desde el llamado Viernes de Dolores hasta el Domingo de Resurrección que ponía fin a la pesadilla—, la radio y la televisión tenían prohibidas las canciones «alegres», es decir, casi todas las canciones; los cines se veían obligados a interrumpir sus programaciones normales y a proyectar películas «piadosas», por lo general sórdidas y soporíferas; en los hogares católicos (y el de mis padres lo era, sin la menor exageración, por suerte), a los niños se nos reprendía si cantábamos o silbábamos —en aquellos tiempos se cantaba y silbaba mucho, y por eso los españoles sabían entonar y no hacer gallos, a diferencia de hoy: la educación musical abandonada como la de la Filosofía y la Literatura—. «No debéis mostrar alegría», nos regañaban las abuelas, «porque estos son días de luto y de gran lamento». No entendíamos que se lamentara por decreto una imprecisa leyenda con veinte siglos de retraso. ¿Teníamos que estar tristes por eso críos de nueve o diez años, tendentes al contento? Ni un cine desobedecía: supongo que los multaban o cerraban si alguno se atrevía a exhibir un *western*, o una bélica o de risa, no digamos una comedia como *Con faldas y a lo loco*, que la Iglesia consideraba obscena.

Los niños temíamos aquella eternidad de capirotes malignos, de efigies feas y tenebrosas, aquella celebración malsana (¿cuántas procesiones diarias?, ¿cuántas sigue habiendo en 2017?) de remotas truculencias. No nos engañemos: aquellas Semanas Santas se parecían enormemente a los territorios hoy controlados por el Daesh o por los talibanes, en los que todo está vedado: la alegría, la música, el tabaco, el alcohol, la risa, el fútbol, el baile, la cara afeitada, un centímetro de piel descubierta, todo. Al menos aquí no se latigaba ni degollaba al infractor. Pero el espíritu era similar.

Sin embargo, había un resquicio. Entre las películas «piadosas» se aceptaban las bíblicas y las que sucedían en tiempos de Cristo, con mayor o menor presencia de lo religioso. Lo cual significaba, en la práctica, que se proyectaban masivamente «las de romanos», como entonces se las conocía (el término *peplum* se popularizó más tarde). Y como algunas de las de aquella época eran excelentes, y principalmente de aventuras, los niños nos refugiábamos en ellas y así huíamos de *Molokai, Marcelino pan y vino* y *Fray Escoba*, que nos resultaban tostoníferas. Nos acostumbramos a ver cada año, en estas fechas, *Ben-Hur* y *Quo Vadis*, *Barrabás* y *Los diez mandamientos*, *Rey de Reyes* y *La túnica sagrada*, *Espartaco* y *La caída del Imperio Romano*, de las que tanto copió

Gladiator hace ya decenio y medio. Pues bien, conozco a bastantes personas, entre ellas la por mí más querida, que, cuando llega la Semana Santa todavía insoportable en las calles, se las prometen muy felices ante la perspectiva de ponerse en DVD —otra vez— todas esas películas. O de pillarlas en televisión, pues no son pocos los canales que se apuntan a esa costumbre o nostalgia y vuelven a programarlas. Es como si las fechas nos dieran licencia para atracarnos de películas «de romanos», algo que no solemos permitirnos en otoño, invierno o verano. La vieja imposición de la infancia —mejor dicho, el viejo resquicio por el que respirábamos— se convierte en patente de corso para abandonarnos sin mala conciencia a un festín de bajas pasiones e inauditas crueldades de la antigüedad más vistosa. Ahora tocan las carreras de cuadrigas, los combates de gladiadores y los envenenamientos en palacio, toca ver al malvado Frank Thring interpretando a Herodes, al despiadado Ustinov a Nerón y al histriónico Christopher Plummer a Cómodo. A Jack Palance con sus escalofriantes risotadas silenciosas y a Stephen Boyd o Messala con sus turbios odios y amores. Las apariciones del Cristo o de San Juan Bautista o la Magdalena son aburridos paréntesis que pagamos con gusto. Hemos heredado eso: licencia para sumergirnos en el incomparable mundo romano ficticio. Lo pagano en su apogeo.

2-IV-17

Nada es nuevo mucho rato

En contra de lo que suele afirmarse, ir cumpliendo años tiene ventajas, aunque sean secundarias. Una es saber que nada es nuevo durante mucho rato. Hoy el rato es cada vez más breve, y, paradójicamente, el afán por «estar a la última» o ser el primero en ver, leer o poseer algo, se acentúa sin el menor sentido. En más de una ocasión he hablado de la agobiante característica de nuestro tiempo: en cuanto algo se hace presente, en cuanto existe y está disponible, sus meras disponibilidad y existencia lo convierten en pasado, de manera que lo único que excita a la gente es lo aún no aparecido, sea una novela, una película o una serie televisiva de éxito. En el momento en que aparece, ya es viejo y no interesa. Las colas nocturnas para adquirir el más reciente artilugio tecnológico o la flamante obra de un autor famoso, entradas para un concierto o un partido, carecen de razón de ser, habida cuenta de que todo será «antiguo» en cuestión de días, si no de horas. Si se fijan, cualquier rótulo con la palabra «nuevo» o similares acompaña siempre a algo anciano. Un ejemplo clásico es el llamado Pont-Neuf de París, desde hace décadas el más vetusto de cuantos atraviesan el Sena.

Los que vamos cumpliendo años recordamos el tiempo en que en verdad fueron novedades obras que hoy, según su suerte, son clásicos o antiguallas. Con gran excitación saqué entradas para el estreno, en el Cine Avenida, de *Grupo salvaje* (1969), de Peckinpah. Recuerdo cuando se estrenó *El hombre que mató a Liberty Valance* (1962), tan citada como si fuera un drama de

Shakespeare, sobre todo en épocas como la actual, cuando la libertad de prensa está amenazada otra vez en tantos sitios. Por fortuna era «tolerada» y la vi en el Cine Roxy B, me parece. Pero si hubo una película que aguardé, y que para mí fue nueva durante demasiados años, fue *West Side Story* (1961), de Robert Wise y Jerome Robbins. La primera noticia me la trajo mi padre, que no sólo la había visto en uno de sus viajes a América, sino que —algo insólito, ya que era poco aficionado a la música— compró o le regalaron el disco con la banda sonora de Bernstein. La doble funda incluía fotos y un resumen de la historia, y, con mi precario inglés de entonces, pasé horas tratando de descifrar aquel texto, lo mismo que las letras de las canciones. Como sucedía en la dictadura, la película tardó en estrenarse aquí, no sé cuánto, pero a mí me parecieron siglos. Y, como era de temer, fue calificada «para mayores de dieciséis años», y se exhibía en una sola sala de Madrid, el Cine Paz, «en rigurosa exclusiva», como proclamaban los anuncios de entonces. Una película de tan enorme éxito como aquella se podía tirar en su cine de estreno, inamovible, un año entero, antes de iniciar su recorrido por los locales «de reestreno» y después por los programas dobles. O iba uno al Paz o no había manera.

Distaba yo mucho de aparentar dieciséis, ni siquiera catorce, pero las ansias me pudieron y probé fortuna en dos ocasiones. Lo hacíamos los chicos y chicas en aquellos años; a veces la osadía obtenía premio y a veces se nos impedía el paso. Volvíamos apresurados a la taquilla a ver si nos devolvían el dinero (un tesoro lentamente ahorrado), y, si no, intentábamos que nos comprara la entrada algún espectador adulto que llegara con prisas. El instante de avanzar hacia la puerta, poniendo cara de dieciséis o más años (no me pregunten en qué consistía, es un arcano), imitando los andares de los hermanos mayores, era de gran nerviosismo. ¿Pasaré, no pasaré?

43

¿Me dejará entrar el portero benévolo o será uno estricto y despiadado? El del Paz era de estos últimos, y las dos veces que me arriesgué con *West Side Story* antes de tiempo, me topé con la frase temida en aquellos lances: «¿Carnet? A ver carnet». La pregunta era en sí misma una sentencia condenatoria. O aún no lo teníamos (no nos daban el propio hasta cumplir los catorce) o allí figuraba la fecha completa de nuestro nacimiento. Nuestra respuesta, tras fingir rebuscar en todos los bolsillos, era invariable: «Vaya, me lo he dejado en casa». «Pues vuelve a casa por él», era lo más benigno que a continuación oíamos, y a menudo escarnios con mala baba. Fuera como fuese, recuerdo el ardor instantáneo en la cara (debía de ponérsenos de un rojo encendido), la vergüenza de ser descubierto y echado atrás sin contemplaciones, la sensación de que los crecidos espectadores que entraban nos miraban con una mezcla de irrisión y conmiseración (qué jeta o pobre chico, las dos reacciones imaginadas nos resultaban humillantes).

Hace décadas que *West Side Story* se pone en televisión de vez en cuando; existe en DVD y existió en vídeo, y su protagonista, Natalie Wood, lleva muerta desde 1981. La película me sigue gustando mucho con excepción de dos o tres escenas cursis. No puedo dejar de sentir, sin embargo, cada vez que la veo o pillo un fragmento, que por fin la alcanzo. Casi como si no la hubiera visto nunca y enfilara la prohibida puerta del maldito Cine Paz. Sí, para mí fue muy nueva, y lo fue durante mucho más tiempo del que hoy puede imaginarse nadie que no haya cumplido suficientes años.

9-IV-17

Estupidez clasista

Cuando daba cursos de Teoría de la Traducción en Inglaterra o España, hace ya muchísimos años, dedicaba un par de clases a lo que George Steiner y otros han llamado «intratraducción», es decir, la traducción que sin cesar llevamos a cabo dentro de la propia lengua. Ninguno hablamos de una sola manera, ni poseemos un léxico tan limitado (pese a que hoy se tienda a reducir al máximo el de todo el mundo) que no podamos recurrir a diferentes vocablos y registros según nuestros interlocutores y las circunstancias. A menudo nos adaptamos al habla de los otros, en la medida de nuestras posibilidades. Desde luego, para ser mejor entendidos, pero también para protegernos y conseguir nuestros propósitos; para caer bien y resultar simpáticos, ahuyentar la desconfianza, llamar la atención o no llamarla. A veces lo hacemos para quitarnos a alguien de encima y blindarnos, para excluir y subrayar las diferencias, incluso para humillar y decirle a un individuo: «No eres de los míos». La lengua sirve para unir y para separar, para acercar y alejar, atraer y repeler, engañar y fingir, para la verdad y la mentira. Lo que es seguro es que nadie la usa *siempre* de la misma y única forma, que nadie es monocorde en su empleo, ni siquiera las personas menos cultivadas y más brutas que imaginarse pueda. En cada ocasión sabemos lo que conviene, y solemos saberlo instantánea e intuitivamente, ni siquiera hemos de premeditar cómo vamos a dirigirnos a alguien. Cuando somos adolescentes o jóvenes, no barajamos el mismo vocabulario con nuestros padres o abuelos que con nuestros compañeros. El que elegimos en cada caso es seguramente falso: reprimimos con los mayores las expresiones «malsonantes», y en cambio con los de nuestra edad las exageramos machaconamente, por temor a ser rechazados si nos apartamos del lenguaje tribal «acordado». No hablamos igual con un desconocido en el ascensor que con un amigo de toda la vida, y antes —quizá ya no ahora— nuestra gama de términos variaba si la conversación era con mujeres o con varones. A un niño no le decimos lo que a un adulto, ni a un anciano lo que a un coetáneo, ni a un taxista lo que al juez o al médico. Dentro de nuestro idioma pasamos sin transición de un habla a otra, traducimos continuamente, nuestra flexibilidad es asombrosa.

Tras unos años desde su nacimiento, sabemos que si algo distingue a Unidos Podemos es que sus dirigentes simpatizan con buena parte de las vilezas del mundo (el chavismo, el putinismo, el entorno proetarra, los tuits venenosos), y se apuntan a casi todas las imbecilidades vetustas. Una de las más recientes ha sido proponer en el Congreso un léxico «de la calle» («Me la suda, me la trae floja, me la bufa, me la refanfinfla», ya saben), o, como también han aducido, «un lenguaje que entienda la gente». Con esas argumentaciones han demostrado su señoritismo y su enorme desprecio por lo que ellos llaman así, «la gente», que viene a ser una variante del antiguo «pueblo». ¿Acaso piensan que la gente carece de la capacidad antes descrita, de cambiar de registro según el lugar, la oportunidad y los interlocutores? Tampoco «el pueblo llano» habla de una sola manera, ni es tan lerdo como para no entender expresiones como «me trae sin cuidado» o «me resulta indiferente», que son las que probablemente habría pronunciado la gran mayoría, de haberse encontrado en el Congreso. Las personas desfavorecidas o sin estudios son tan educadas o más que las pudientes e instruidas (como se comprueba cada vez que salen a la luz grabaciones o *emails* de estas últimas), no digamos que los aristócratas españoles, malhablados tradicionalmente muchos de ellos, en absoluta correspondencia con su frecuente burricie congénita.

Esos miembros de «la gente» no dicen en toda ocasión «me la suda», como si fueran prisioneros de un único registro. Es más fácil que recurran a «me da lo mismo», sobre todo si están entre personas con las que no tienen confianza. Quienes hablan así todo el rato (con deliberación, esforzadamente) no son los trabajadores ni «las clases populares», sino los imitadores que se quieren hacer pasar por ellos y así creen adularlos. La insistencia en ese léxico resulta siempre artificial, impostada, una farsa. Lo propio de todo hablante es oscilar, pasar de un estilo a otro, adecuarse a cada situación y a cada interlocutor. A veces por deferencia hacia éste, a veces por conveniencia. Todos somos capaces de instalarnos en lo grueso, nada más fácil, está al alcance de cualquiera, lo mismo que mostrarse cortés y respetuoso. Ninguna de las dos opciones tiene mérito alguno. Ahora bien, elegir la primera con pretextos «ideológicos», con ánimo de «provocar», en una época en que en todas las televisiones se oyen zafiedades sin pausa —se han convertido en la norma—, es, en el mejor de los casos, de una puerilidad sonrojante. En el peor, de una estupidez supina, y además clasista.

16-IV-17

Decimoquinta

Cuando esto escribo, hace sólo cuatro días que terminé una nueva novela. 576 páginas de mi vieja máquina Olympia Carrera de Luxe, la cual, me temo, está a punto de fenecer tras el tute a que la he sometido (cada página tecleada tres veces como media —los diferentes borradores—). Empieza a fallar, y si no consigo reponerla dejaré de escribir, supongo: a estas alturas de mi vida no me veo capacitado para pasar a un ordenador, renunciar al papel y a las correcciones a mano y a pluma sobre cada versión de cada página. Con ese ya arcaico instrumento saco también adelante estas piezas dominicales, que sufren parecido proceso de revisión y enmiendas. Agradezco a mis empleadores que me permitan seguir entregando un producto que les da más tarea de la habitual. Seguro que si fuera un joven meritorio me mandarían a paseo y me dirían: «Niño, consíguete un ordenador. ¿Qué te crees, que aún vivimos en el siglo xx?».

No en otros, pero en este aspecto me cuesta vivir en el xxi. Mi primera novela se publicó en el remoto 1971, a mis diecinueve años. En el larguísimo periodo transcurrido desde entonces, no se puede decir que haya escrito muchas: la recién concluida es la decimoquinta, si cuento como tres los volúmenes de *Tu rostro mañana*, que aparecieron en 2002, 2004 y 2007. Forman una obra unitaria, pero para mí cada uno me supuso el esfuerzo de una novela distinta. En suma, salgo a una media de una cada tres años. Si me comparo con maestros del pasado y del presente (y por supuesto con muchos que no lo han sido ni lo son), soy un novelista tirando a escaso.

Quizá por eso, porque empleo mucho tiempo en ellas, y también porque nunca sé si habrá más en el futuro, la terminación de una me trae sentimientos encontrados. El inmediato y dominante es incredulidad: «¿He logrado poner fin a esto? Si todas estas hojas estaban vacías...». En el presente caso, han pasado veinticinco meses desde las dubitativas líneas iniciales. He estado más de dos años conviviendo —no a diario, qué más quisiera— con unos personajes nuevos al principio y que al final son más que amistades. Aunque uno no se siente ante la máquina —y son muchas las jornadas en que es imposible hacerlo, por viajes y quehaceres varios—, durante el tiempo de composición lo rondan incesantemente. Uno piensa en ellos con más intensidad que en los seres reales que lo rodean: de éstos no está contando la historia, ni asiste a ella con el mismo grado de cercanía, y desde luego carece de capacidad decisoria sobre sus vidas, como sí la tiene sobre las de sus entes de ficción, por recuperar la vieja fórmula. Así que despedirse de ellos es en cierto sentido un cataclismo personal. «¿Cómo», se pregunta uno, «ahora he perdido a estos amigos? ¿No tengo que ocuparme más de ellos, no he de conducirlos a diario? ¿Aquí los abandono y me abandonan? Si algunos no han muerto, ¿es que el resto de lo que les ocurra no me interesa?». Sí, me interesa, pero soy consciente de que a los posibles lectores futuros tal vez no; de que estarán a punto de cansarse de seguirlos, o de que las mejores historias son las que no se relatan completas, no de cabo a rabo.

Y ahí empieza el siguiente sentimiento ambiguo: mientras uno escribe (siempre hablo por mí, claro), no se plantea mucho lo que por lo demás resulta evidente: lo hace para ser leído. De tan evidente, uno puede hacer caso omiso. Sin embargo, una vez puesto el punto final, la idea reaparece con todas sus consecuencias. «No sólo me despido de estos amigos, sino que dentro de unos meses estas criaturas que mantenía encerradas y que nadie más conocía, se harán amigas de personas que ni siquiera he visto, de los gentiles lectores que tengan a bien molestarse en abrir este libro.» La perspectiva es extraña. Ahora mismo, mi primera y quizá mejor lectora lleva ya 200 páginas de esas 576. Va sabiendo qué me he traído entre manos durante los dos últimos años. Qué he concebido, qué he armado, qué me ha preocupado, me hace algún comentario sobre alguna situación o personaje; qué he pensado y con qué me he abstraído. Para quien ha guardado todo eso en secreto, es desasosegante. Pero también es una alegría. El sino más triste de una novela es que nadie tenga la menor curiosidad por leerla. Así que ojalá estas «criaturas del aire» (como acertadamente las llamó Savater hace mucho) consigan hacer incontables amistades nuevas, aunque yo no esté invitado a sus fiestas particulares con cada lector atento. Me queda el «consuelo» de que, lo mismo que ahora he recuperado personajes de *Tu rostro mañana*, acaso un día vuelva a encontrarme con Berta Isla. El título todavía no está decidido, pero podría ser este nombre, *Berta Isla*, para inscribirme en una larguísima y a menudo noble tradición: la de *Jane Eyre, Anna Karenina, Oliver Twist, David Copperfield, Madame Bovary, Robinson Crusoe, Tess de los d'Urberville, Eugénie Grandet, Tom Jones, Tristram Shandy, Moll Flanders, Daisy Miller, Jean Santeuil* y tantos otros títulos memorables. Ay, si con eso bastara para aproximarse un poco a ellos...

23-IV-17

Generaciones de mastuerzos

Tengo un vago recuerdo de una viñeta de Forges que quizá cuente veinte o más años. La escena era algo así: un niño, en una playa, se dispone a cortarle la mano a un bañista dormido con unas enormes tijeras; alguien avisa al padre de la criatura —«Pero mire, impídaselo, haga algo»—, a lo que éste responde con convencimiento: «No, que se me frustra». Hace veinte o más años ya se había instalado esta manera de «educar» a los críos. De mimarlos hasta la náusea y nunca prohibirles nada; de no reñirlos siquiera para que no se sientan mal ni infelices; de sobreprotegerlos y dejarlos obrar a su antojo; de permitirles vivir en una burbuja en la que sus deseos se cumplen; de hacerles creer que su libertad es total y su voluntad omnipotente o casi; de alejarlos de todo miedo, hasta del instructivo y preparatorio de las ficciones, convenientemente expurgadas de lo amenazante y «desagradable»; de malacostumbrarlos a un mundo que nada tiene que ver con el que los aguarda en cuanto salgan del cascarón de la cada vez más prolongada infancia.

Sí, hace tanto de esta plaga pedagógica que muchos de aquellos niños son ya jóvenes o plenos adultos, y así nos vamos encontrando con generaciones de cabestros que además irán en aumento. Ya es vieja, de hecho, la actitud insólita de demasiados adolescentes, que, en cuanto se desarrollan y se convierten en tipos altos y fuertes (habrán observado por las calles cuántos muchachos tienen pinta de mastuerzos), pegan a sus profesores porque éstos los han echado de clase o los han suspendido; o pegan a sus propios padres porque no los complacen en todo o intentan ejercer algo de autoridad, tarde y en vano. Pero bueno, con los adolescentes cabe la esperanza. Es una edad difícil (y odiosa), es posible que una vez dejada atrás evolucionen y se atemperen. Lo grave y desesperante es que son ya muchos los adultos —hasta el punto de ser padres— que se comportan de la misma forma o peor incluso. También hace tiempo que leemos noticias o reportajes en los que se nos informa de padres y madres que pegan a los profesores porque éstos han castigado a su vástago tras recibir un puñetazo del angelito; o que agreden a médicos y enfermeras si consideran que no han sido atendidos como se merecen. Semanas atrás supimos de las reyertas de progenitores varios en los campos de fútbol infantil en los que sus hijos ensayan para convertirse en Messis y Cristianos: palizas a los pobres árbitros, peleas feroces entre estos pueriles padres-hinchas, amenazas a los entrenadores por no alinear a sus supuestos portentos. Por las mismas fechas salió en televisión el caso de un dueño de perro de presa (resultan una especie peligrosa, los dueños adoradores de sus animales) al que un señor reconvino por llevarlo suelto. La respuesta de tal dueño fue furibunda: noqueó al señor y, una vez éste caído, se hartó de darle patadas por doquier, cabeza incluida, y lo mandó al hospital, qué menos. Y hay diputados talludos que llevan estampado en su camiseta a un «mártir» correligionario que le dio una tunda a un socialista y está por ello condenado.

Se habrán percatado ustedes de que llamarle la atención a alguien por algo mal hecho o molesto para los demás, o por una infracción de tráfico, equivale hoy a jugarse el cuello. (No digamos defender a una mujer a la que se está maltratando o, dicho peor y a las claras, inflando a hostias.) Es frecuente que el infractor, el que comete una tropelía o impide dormir a sus vecinos, lejos de recapacitar y disculparse, monte en cólera y le saque una navaja o una llave inglesa al ciudadano cívico y quejoso. Mi sobrina Clara, hace meses, cometió el «error» de pedirle educadamente a una mujer que bajara un poco el volumen de la atronadora música que obligaba a padecer a los pasajeros de un autobús: le cayó una buena, no sólo por parte de la mujer, sino de otros viajeros igual de bestias. El conductor, por supuesto, se hizo al instante invisible, como se lo hacen asimismo los guardias municipales madrileños ante cualquier altercado del que prevén que pueden salir descalabrados. Todo el mundo se achanta ante el matonismo reinante. Es comprensible en los ciudadanos. No en los policías y guardias, porque se les paga para proteger a los pacíficos y cumplidores de los desmanes de los violentos y coléricos.

¿Cómo es que hay tantos hombres y mujeres hechos y derechos con esas actitudes cenútricas? Me temo que son los coetáneos, ya crecidos, de aquel niño de Forges. Gente a la que nunca, a lo largo de la larga infancia, se le ha llevado la contraria ni se le ha frenado el despotismo. «Hago lo que me da la gana y nadie es quién para pedirme a mí nada, ni que baje el volumen ni que lleve sujeto a mi perro-*killer*.» Como esa forma de «educar» sigue imperando y aun va a más (hay quienes propugnan que los niños han de ser «plenamente libres» desde el día de su nacimiento), prepárense para un país en el que todas las generaciones estén dominadas por mastuerzos iracundos y abusivos. La verdad, dan pocas ganas de llegar vivo a ese futuro.

30-IV-17

Mejor no pensarlo

Algunos catálogos de libreros anticuarios traen información sobre los autores de las obras que venden, y ésta es a menudo fuente de sorpresas y melancolía, de interés en todo caso. Hace poco me llegó uno de Paul Rassam, de Charlbury, en Oxfordshire, y primero me encontré con un viejo conocido, al que hice aparecer en mi «falsa novela» de 1998 *Negra espalda del tiempo*. Es más, me dio la impresión de que parte de los datos expuestos podían provenir de lo que conté en ese libro, pero como de él hace ya mucho, y además no fue de los más leídos, vale la pena recapitular aquí ahora. Hugh Oloff De Wet se formó con la RAF pero se estrenó como piloto y espía a las órdenes de Haile Selassie, el Emperador de Abisinia, hasta que se vio obligado a abandonar ese país por un duelo en el que se vio envuelto. A continuación ofreció sus servicios a Franco, que los rechazó, así que De Wet voló para el enemigo, la República, y escribió un libro relatando esa experiencia. El conflicto entre Alemania y Checoslovaquia lo llevó a ayudar a este segundo país, y en Praga espió para el Deuxième Bureau francés, lo cual tuvo como resultado su detención y la de su mujer por parte de la Gestapo en 1939. Se cree que ella se ahorcó en el transcurso de los interrogatorios, y De Wet fue torturado durante varios meses, como contó más tarde en *The Valley of the Shadow*. Finalmente se lo juzgó por traición en Berlín, se lo declaró culpable y se lo condenó a muerte. Desde el ventanuco de su celda vio guillotinar a centenares de hombres y mujeres, mientras aguardaba su turno, que no llegaba. Intentó colgarse, lo que hizo que pasara los dos años siguientes encadenado. Sobrevivió a un bombardeo de aviones aliados, y la destrucción de numerosas celdas de la prisión hizo que los nazis la compensaran con el ahorcamiento inmediato de ciento ochenta reclusos. De Wet escapó de nuevo a la muerte, y fue liberado en abril de 1945, al término de la contienda. Volvió a Londres e inició una carrera de escultor de bustos, entre los cuales hay varios de famosos poetas y prosistas como Pound, Dylan Thomas, MacNeice y Robert Graves. Hay que decir que fue De Wet el encargado de relatar tantas y tan truculentas peripecias, por lo que no cabe descartar que mintiera algo o exagerara. El volumen del catálogo era *Cardboard Crucifix: The Story of a Pilot in Spain*, y costaba 250 libras.

Después me encontré con Anna Wickham, pseudónimo de Edith Harper, nacida en Londres pero llevada a Australia a los seis años, donde permaneció hasta los veinte, para regresar a su ciudad natal en 1904. Allí se casó con el abogado y astrónomo Patrick Hepburn, convencional hasta la asfixia: desaprobaba cuanto ella hacía, sobre todo sus versos, más aún los que adoptaban una perspectiva feminista y exponían su desarmonía matrimonial. Uno de esos poemas decía: «Me casé con un hombre de Croydon / a los veintidós años, / y yo lo contrarío, y él me aburre / hasta no saber qué hacer ninguno». En venganza, Hepburn la encerró en un manicomio en 1913, en el que ella permaneció sólo cuatro meses gracias a la insistencia del inspector que la visitaba. Una vez liberada, hizo amistad con escritores y artistas, entre ellos D. H. Lawrence y la notoria «amazona» Natalie Clifford Barney, de la que fue íntima. Y al morir su marido, abrió las puertas de su casa a toda clase de bohemios como Dylan Thomas, el también borracho Rey de Redonda John Gawsworth y el no menos bebedor Malcolm Lowry, mítico autor de *Bajo el volcán*, que en el acogedor hogar de Wickham reescribió su obra *Ultra-marina*, cuyo primer original le habían robado, o eso decía. El catálogo añadía que Anna Wickham se ahorcó en 1947, a los sesenta y tres años. Sus seis libros de poesía se vendían a 250 libras cada uno, en Paul Rassam el erudito librero.

Y a continuación apareció el infinitamente más célebre Oscar Wilde, del que, a diferencia de lo que ocurre con los oscuros De Wet y Wickham, casi todo se sabe. De él se ofrecía una brevísima carta autógrafa, firmada con iniciales, de 1899, tras su salida de la cárcel, sin porvenir literario y arruinado. Al destinatario, su amigo y editor Smithers, le dice: «Muchas gracias por las 2 libras. Me han aplacado los nervios y me han dado algo de paz...». ¡Dos libras! Incluso en 1899 no serían gran cosa. Claro que pocos días antes le había rogado: «¿Puedes enviarme mi paga por adelantado? 10 libras ... No tengo un penique y mi estado es deplorable, ya que toda mi ropa está en el Hôtel Marsollier, retenida por impago. Estoy en verdad en el arroyo». En el Hôtel d'Alsace en el que murió, el dueño fue más compasivo y le perdonó una factura de 190 libras. Poco antes de expirar, Wilde le dijo a un amigo: «El papel pintado de mi habitación y yo libramos un duelo a muerte. Uno de los dos ha de desaparecer». Debía de ser lo único que veía, postrado, un hiriente papel pintado. La carta autógrafa del catálogo costaba 6.750 libras, unos 8.000 euros. Si el moribundo Wilde lo hubiera sabido... Pero es mejor no pensarlo.

7-V-17

Recomendación del desprecio

Todos sabemos que los sentimientos negativos, si no son obsesivos ni en gigantescas dosis, pueden resultar estimulantes. El odio da fuerza, el rencor agudiza el ingenio, la envidia se convierte en un motor, la ira sirve para desahogarse y quedarse momentáneamente satisfecho. El inconveniente de los mencionados es que difícilmente son *sólo* sentimientos. Casi nadie se los guarda para sí, sino que nos vemos impulsados a exteriorizarlos y a actuar en consecuencia. Quienes son presa de ellos necesitan o quieren dañar a la persona envidiada u odiada, hacerle llegar los efluvios de su ira o su rencor, con el consiguiente intercambio de golpes, la espiral inevitable y las heridas para ambas partes. Por eso, entre todos esos sentimientos, quizá mi favorito sea uno que suele callarse, que no precisa manifestación y del que, por tanto, a menudo su objeto ni siquiera se entera, a saber: el desprecio. Es algo que frecuentemente albergamos en nuestro fuero interno y que, curiosamente, no nos exige su proclamación a los cuatro vientos. Hay gente, claro está, que no le ve la gracia: «¿De qué me sirve despreciar a alguien si no se lo hago saber, si no sufre por ello, si ni siquiera está al tanto?». Yo lo aprecio justamente por eso: si me afano y desvivo por que un individuo note mi odio, mi ira, mi rencor o mi envidia, le estoy dando demasiada importancia. Con mi desprecio, silencioso las más de las veces o incluso oculto, se la niego. El individuo no se entera, cierto, pero me entero yo, que es lo que cuenta.

Así, debo confesar que profeso y fomento ese sentimiento, en muy diferentes grados (como me ocurre con todos los demás, cuando me asaltan). Y hoy, en España, es difícil no dedicárselo con particular intensidad a los políticos ladrones que día tras día llenan los periódicos y las televisiones. Nos ponen, además, casi imposible atemperarlo con otro que está en la naturaleza de las almas compasivas, y de éstas conozco a unas cuantas. A esas almas «casi» les dan lástima dichos políticos cuando por fin los ven acorralados, detenidos, esposados, ya en la cárcel o lloriqueando, como hemos visto a la incorruptible Esperanza Aguirre, que sin embargo posee un ojo clínico para rodearse de corrompidos, darles cargos, auparlos y cantar sus excelencias y su «intachabilidad». Esa reacción compasiva (al ver a alguien caído en desgracia, por nocivo que haya sido) se ve frenada en estos casos por el recuerdo, aún reciente, de la chulería, el desdén y la altanería con que la mayoría de esos detenidos o defenestrados se han comportado cuando estaban «en la cima», como dirían ellos. El ejemplo extremo es Rita Barberá, que a su ocaso político vio añadirse la muerte, motivo por el que la lástima podría abrirse paso sin apenas obstáculos. Y sin embargo, el recuerdo de su jactancia, de su desdén hacia los demás, de su bravuconería cada vez que ganaba elecciones y daba humillantes saltos en un balcón, entorpece la pena o la conmiseración. Otro tanto sucede con los que por fortuna continúan vivos: con Trillo, Ignacio González y Granados, Rato y Blesa, Fabra y Millet y Montull, Pujol y familia en pleno, los responsables del ERE de Andalucía y tantísimos más que no caben aquí.

Pero hay unas gentes a las que desprecio más que a esos sujetos. Son las que, una vez el político descubierto o caído o detenido o condenado, se ceban con él desde el anonimato o la confusión de la masa. Más desprecio aún que por los saqueadores siento por los individuos que se apostan a las puertas de los juzgados para insultarlos —ojo— cuando ven que ya no hay que temerlos.

Cuando aquéllos no pueden revolverse —a veces van esposados—, entonces surgen los «valientes» que los vituperan y execran a voz en cuello, sintiéndose virtuosos y superiores moralmente. Y el mismo profundo desprecio me merecen quienes hacen lo propio desde las redes sociales y lanzan tuits ofensivos contra quienes tal vez se hayan ganado afrentas con su comportamiento, pero ya no están en condiciones de defenderse, sino hundidos, cabizbajos (bueno, algunos no), temerosos de las penas severas —acaso justas— que les vayan a caer cuando se sienten en el banquillo. Si llegan a sentarse, desde luego: porque esa es otra, en este país la justicia no siempre es de fiar.

La mayor parte de los sentimientos negativos enumerados al principio, al requerir expresión y acción, dan lugar a actitudes hipócritas, histriónicas o delatoras (como la de ese autobús de Podemos, que es las tres cosas), en las que uno percibe a menudo, más que la indignación, la rabia o el resentimiento, su autocomplaciente exhibición, de cara a la galería: «Vean qué honrado y justiciero soy, vean cómo me enfurezco con los corruptos. Y qué bien me sienta, ¿no?». Fariseísmo, se llamaba eso en la antigüedad. Frente a todas esas sospechosas sobreactuaciones, recomiendo vivamente el discreto desprecio. Que además, a fin de cuentas, se va contagiando de unos a otros y tiene su efecto, sin necesidad de aspavientos ni de vociferación.

14-V-17

La peligrosa parodia

Hace ya tiempo que temo echarle el primer vistazo al periódico de la mañana. Uno va de sobresalto en sobresalto, de noticia en noticia alarmante, cuando no espantosa. Ya sé que siempre ha sido así; que las noticias buenas no son noticia y que lo que la gente desea por encima de todo es indignarse y escandalizarse. Y este deseo no ha hecho sino ir en aumento desde la aparición de las redes sociales y la dictadura de la exageración en el periodismo. Pero basta retroceder unos meses para recordar que la situación del mundo no era tan delirante con Obama en la Presidencia, con el Reino Unido integrado en la Unión Europea, con Venezuela sin golpe total de Estado ni tantos muertos en las calles (los golpes de Chávez eran graduales), con Francia sin elecciones deprimentes, con Turquía sin absolutismo y represión feroz, con Egipto sin lo mismo.

Miro la primera plana del diario, ya digo, y lo único que me reconforta (me imagino que no soy el único) es el aspecto paródico de cuanto acontece, y que me impide tomármelo del todo en serio. Todo tiene un aire tan grotesco que cuesta creer que sea cierto y no una representación, una pantomima, una sátira. Veamos. Hay un país, Corea del Norte, que amenaza con lanzar bombas nucleares cada semana, y puede que tenga capacidad para ello. Pero las escasas imágenes que de allí nos llegan son dignas de una historieta de Tintín, con un sátrapa pueril y orondo que aplaude como un loco sus propios lanzamientos de misiles fallidos y obliga a desfilar a sus súbditos como a soldaditos de plomo. El objeto de sus amenazas es un Presidente de los Estados Unidos igualmente pueril e idiota, además de antipatiquísimo y nepotista, capaz de decir ante la prensa que ha lanzado un ataque contra Irak cuando lo ha lanzado contra Siria, de invitar a su homólogo de Filipinas, Duterte, que desde que fue elegido —elegido— ha ejecutado extrajudicialmente a unos siete mil compatriotas —siete mil— y se jacta de haberse cargado él en persona a tres de ellos. Este Duterte, por cierto, le ha contestado a Trump que ya verá, que anda ocupado (se entiende: asesinar a millares desgasta, y si no que se lo pregunten a los nazis y a los jemeres rojos). Trump también declara que se sentiría «muy honrado» de charlar con el sátrapa orondo, y nada ocurre. Erdogan, en Turquía, con el pretexto de un golpe contra él, tan fallido como dudoso, ha encarcelado o destituido a ciento cincuenta mil ciudadanos —ciento cincuenta mil—, de militares a periodistas y profesores. No sé, de haber habido tantos partidarios del golpe, éste no habría fracasado tan rápida y rotundamente.

Luego está Putin, admirado por la extrema derecha y por la extrema izquierda, un megalómano propenso a fotografiarse con el torso desnudo o derribando a un tigre con sus propias manos, estilo paródico de trazo grueso. Y así nos acercamos a Europa, donde casi el 40 % de los franceses han votado a una señora a la vez bruta y trapacera, Marine Le Pen, que simpatiza con la Francia colaboracionista de los nazis (niega esa colaboración, luego el Gobierno de Vichy era intachable) y rechaza a los refugiados porque en seguida quieren robarle a uno la cartera y el papel pintado de las paredes (*sic*: hace falta estar sonado para creer que a alguien le interesa su papel pintado). A esa señora no la ven con muy malos ojos el candidato Mélenchon, admirador confeso de Hugo Chávez y Pablo Iglesias, ni la mitad de sus votantes. En Inglaterra gobierna una mujer desagradable, patriotera y cínica, que antes de la consulta del *Brexit* defendía la permanencia en la UE y ahora brama contra lo que le parecía de perlas hace menos de un año. Su Ministro de Exteriores es un histriónico clon de Trump con estudios, Boris Johnson. De Polonia y Hungría no hablemos, países en la senda de Turquía y Egipto, sólo que cristianos.

En cuanto a España, el ex-Presidente de Madrid —el ex-Presidente— saqueaba presuntamente empresas públicas, y su madrina Aguirre estaba *in albis*, como el jefe del Gobierno Rajoy, que nunca se cansa de soltar perogrulladas. En el PSOE parecen detestarse mucho más entre sí que a cualquier adversario político, y por último hay un partido que se proclama de izquierdas, Podemos, y que es lo más parecido a la Falange desde que feneció la Falange: sólo le falta sustituir el vetusto himno de Quilapayún en sus mítines por el más vetusto *Cara al sol*, y le saldrá el retrato. Y bueno, en Cataluña hay también una serie de personajes *tintinescos* que proclaman que sus sueños van a realizarse por las buenas o por las malas. Porque a ellos les hacen mucha ilusión y eso basta.

Sí, todo desprende tal aroma de sainete, de opereta bufa, de esperpento o de lo que quieran, que eso es lo único que a muchos nos salva de la desesperación cotidiana. El problema aparece cuando uno ve imágenes de las arengas de Hitler y de Mussolini. Porque ellos parecían aún más paródicos que los gobernantes actuales, y ya conocen la historia.

21-V-17

La nueva burguesía biempensante

Me escribe un señor de setenta y cinco años, desesperado porque las instituciones financieras recurran invariablemente al tuteo para dirigirse a sus clientes. Cuenta que las cartas de su banco empiezan con «un desenfadado "Hola"» y siguen con «un irrespetuoso tuteo». Cuando el contacto es telefónico, ocurre lo mismo, y si el señor les afea las excesivas confianzas, los empleados le responden que ellos «sólo obedecen instrucciones». De poco le sirve a Don Ezequiel advertirles de que, si persisten en lo que para él es una grosería, retirará sus fondos. Y se pregunta: «¿Cuál será el siguiente paso, tratarme de "tronco", "tío" o "colega"?».

Hace ya años que observo cómo completos desconocidos que me escriben para solicitarme algo no tienen ni idea de cómo deben obrar para conseguir lo que buscan. O al revés, deben de estar convencidos de que el desparpajo y la ausencia de las mínimas formalidades los van a beneficiar y a allanar el camino. Nadie parece haberles enseñado a escribir una carta o *email* en condiciones. No soy tan estirado como para ofenderme porque se me tutee de buenas a primeras (aunque yo trate de usted a todo el mundo de entrada, independientemente de su edad: así llamaba a mis alumnos, quince años más jóvenes que yo, cuando daba clases), ni porque se me encabece una misiva con «Querido Javier» a secas. Me da lo mismo. Lo que no encuentro aceptable es que ni siquiera haya encabezamiento. «Hola, ¿qué tal va todo?», me dicen a veces a modo de preámbulo, para a continuación pedirme una entrevista o una intervención en un simposio o un texto para una revista. No sé qué se pretende con esa pregunta (porque es una pregunta): ¿que le cuente mi vida al remitente? ¿Que le conteste, en efecto, sobre «todo»? «Hola, soy Fulanito» no es manera de dirigirse a nadie, y eso es lo más frecuente hoy en día. Tiendo a dar la callada por respuesta en esos casos, no me molesto en afearle la conducta a nadie, a diferencia del irritado Don Ezequiel.

Lo que me llama la atención de su queja es que los empleados del banco aseguren limitarse a cumplir órdenes de los banqueros que han sido rescatados con dinero de los contribuyentes —que no han devuelto—, a los cuales cada vez cobran más comisiones y ofrecen menos beneficios o ninguno. Eso me indica que el tuteo indiscriminado forma ya parte de la actual ortodoxia burguesa biempensante, no menos feroz que la del siglo xix, prolongado en España hasta 1975. Los biempensantes de cada época no se caracterizan sólo porque sus creencias y prácticas sean mayoritarias o dominantes, sino por la virulencia con que tratan de imponérselas al conjunto de la sociedad. Hoy ya no se exige —como en el xix, y aquí hasta la muerte de Franco— religiosidad, respeto a los símbolos y a los padres, amor a la patria y cosas por el estilo. Hoy ha cambiado lo «sagrado», pero la furia y la persecución contra quienes no se adscriben a los nuevos dogmas adolecen del mismo fanatismo que las del pasado. La burguesía biempensante exige, entre otros cultos, lo siguiente: hay que ser antitaurino en particular y defensor de los «derechos» de los animales en general (excepto de unos cuantos, como las ratas, los mosquitos y las garrapatas, que también fastidian a los animalistas y les transmiten enfermedades); hay que ser antitabaquista y probicis, velar puntillosa o maniáticamente por el medio ambiente, correr en rebaño, tener un perro o varios (a los cuales, sin embargo, se abandona como miserables al llegar el verano y resultar un engorro), poner a un discapacitado en la empresa (sea o no competente), ver machismo y sexismo por todas partes, lo haya o no. (A eso ha ayudado mucho la proliferación del prefijo «micro»: hay estudiantes que ven «microagresión» cuando un profesor les devuelve los exámenes con correcciones; asimismo hay mujeres que detectan «micromachismo» en el gesto deferente de un varón que les cede el paso, como si ese varón no pudiera hacerlo igualmente con un miembro de su propio sexo: cortesía universal, se llamaba.) Ver también por doquier racismo, y si no, colonialismo, y si no, paternalismo. Lo curioso es que la mayoría de estos nuevos preceptos o mandamientos de la actual burguesía biempensante los suscriben —cuando no los fomentan e imponen— quienes presumen de ser «antisistema» y de oponerse a todas las convenciones y doctrinas. No es cierto: tan sólo sustituyen unas por otras, y se muestran tan celosos de las vigentes —con un espíritu policial y censor inigualable— como podían serlo de las antiguas un cura, una monja, un general, un notario o un procurador en Cortes, por mencionar a gente tradicionalmente conservadora y «de orden».

Y, francamente, si los bancos —nada menos— dan instrucciones de tutear a todo el mundo; si lo hacen obligatorio como en los hospitales y Universidades y en demasiados sitios «respetables», hay que concluir que también ese tuteo impostado forma ya parte de lo más institucional, reaccionario y rancio.

28-V-17

65

Las noticias intranscendentes

He aquí una noticia de hace unos meses, sin la menor trascendencia. Ocupaba una columnita de este diario, no tuvo continuación alguna y el titular rezaba, escandalosamente: «Defensa tendrá que pagar 243 millones por 13 aviones que ya no quiere». El texto no añadía demasiado, sí lo suficiente para deducir que alguien había metido la pata hasta el fondo y que la broma nos iba a salir carísima. «España deberá abonar 243 millones de penalización a la empresa Airbus si finalmente no compra los 27 aviones de transporte A400M que se comprometió a adquirir, según reveló ayer en el Congreso el Secretario de Estado de Defensa, Agustín Conde. Su antecesor en el cargo, Pedro Argüelles, pactó con el gigante aeronáutico recibir 14 aparatos entre el año pasado y 2022 y posponer la recepción de los 13 restantes hasta 2025. Pero Defensa ya ha declarado estos 13 aviones como "no operables" —es decir, innecesarios— y ha aceptado pagar a Airbus 243 millones por la cancelación de este pedido. La única forma de evitar esta penalización es que España consiga vendérselos a otro país...» (A otro país idiota, se supone.)

Noticias de esta índole aparecen cada dos por tres en la prensa, y, a diferencia de lo que ocurre con las relativas a la corrupción, que acaparan portadas y exhaustivos análisis, nadie les otorga la menor importancia. Por supuesto, jamás nos enteramos de que se la haya cargado alguien por la ruinosa metedura de pata; de que haya perdido su puesto por ella; de que se lo haya obligado a reembolsar la cantidad que por su negligencia o mal cálculo hemos perdido todos. O por su frivolidad o megalomanía. ¿Alguien ha pagado por la construcción-abandono de la llamada Ciudad de la Justicia en Madrid? De diez edificios proyectados se concluyó malamente uno, que lleva años inoperante y cayéndose a pedazos, y cuyas vigilancia y mantenimiento cuestan un dineral anualmente. ¿Alguien ha sufrido las consecuencias de las inútiles radiales que nadie usa, de los Palacios de las Artes o las Ciencias diseminados por nuestro territorio y carentes de actividad y contenidos, de los varios aeropuertos sin aviones y de tantos despilfarros más? Añádanse las incontables sumas compensatorias por errores o abusos cometidos, sean plusvalías cobradas indebidamente por las ventas de pisos en las que el vendedor había perdido dinero, sean encarcelamientos injustificados o lo que ustedes quieran. Los cargos públicos derrochan a mansalva como si los fondos del erario «no fueran de nadie», según dijo no recuerdo ya qué político, y luego se quejan de que las arcas están vacías. Hay unos muy vagos cálculos de lo que a este país le han sustraído los corruptos, los simples ladrones o los serviciales tesoreros que procuraban financiar a sus partidos. No creo que ni siquiera haya un vaguísimo cálculo de lo que cuestan las egolatrías improductivas, los proyectos superfluos, las infinitas meteduras de pata de nuestros representantes. E insisto: no parece que a ninguno se le pase factura, ni siquiera se lo destituya.

No es extraño que las arcas estén vacías. Las han vaciado sus propios custodios, insensata o alevosamente, según los casos. Y esos custodios, transformados en recaudadores, prosiguen su saqueo de la población a base de impuestos cada vez más feroces (recuérdese que Rajoy llevó a cabo la mayor subida de la historia). Cambian las reglas a su antojo: lo que antes era legal ya no lo es; lo que antes era desgravable ha dejado de serlo, sin más explicación que el arbitrario criterio de los inspectores. Y si un contribuyente decide recurrir, es posible que se vea «advertido» en forma de nuevas inspecciones y reclamaciones. Si uno se retrasa un solo día en el pago, recibe multa y se le cobran intereses, mientras que el Estado en modo alguno se aplica el mismo rasero.

Llevamos más de cinco años con un Gobierno al que los ciudadanos ya nunca perciben como una institución que los protege y defiende, sino todo lo contrario: se ha convertido en un ente amenazante, que por principio considera a la población defraudadora y enemiga, cuando los indeciblemente defraudados somos nosotros. ¿Cuántos son ya los cargos del PP que se han enriquecido a costa nuestra? ¿Cuántos los partidos que se han financiado de la misma manera? ¿Cuántas compras se han hecho de aviones «no operables» por los que nos vemos penalizados? ¿Cuántos edificios, carreteras, estaciones ferroviarias, aeropuertos inútiles se han construido? ¿Cuántos «eventos» deficitarios se han celebrado a mayor pompa de presidentes autonómicos y alcaldes? ¿Cuántos festejos «patronales» —el verano un hervidero de ellos— con fines estrictamente demagógicos en todas partes? ¿Y quién paga todo eso? ¿Los responsables, los frívolos, los derrochadores, los innumerables metepatas e ineptos? Nunca nos llega la noticia de que ninguno haya sido castigado ni destituido, ni siquiera reprendido. Esa impunidad sí que es absoluta. No les quepa duda de que lo pagamos todos nosotros, y además varias veces.

4-VI-17

Andanadas contra el diccionario

En la Real Academia Española hay de vez en cuando algún pleno soporífero, pero en las comisiones —divididas en grupos de ocho o nueve académicos, y donde más se trabaja con las palabras— nos divertimos mucho, en contra de lo que cree la mayoría de la gente. Ahí se encuentra uno con la tarea y la dificultad de definir un término, de mejorar o matizar esa definición, de añadir algo nuevo o que extrañamente se nos había escapado; de calibrar si un vocablo está lo bastante arraigado para incorporarlo al *Diccionario*, por supuesto de atender las peticiones de instituciones y particulares, hay legión de ellas. Pero he de confesar que la mayor fuente de diversión (y de desesperación también) son las quejas y protestas, que rebasan todo lo imaginable. Lo curioso —y de esto ya he hablado en otras ocasiones— es el carácter intolerante y censor de la mayoría: su objetivo final suele ser que el DLE (ahora se llama así lo que se llamaba DRAE) *suprima* sin más, por las bravas, tal acepción o término, como si con eso fuera a desaparecer su uso. Lo he explicado en esta columna, pero mucha gente no se entera o no se quiere enterar o hace caso omiso, así que hay que insistir infatigablemente: la RAE carece de potestad para prohibir nada. Es un mero registro neutral de lo que los hablantes dicen y escriben, o han dicho o escrito en el pasado. En época de Franco sí había censura (impuesta), y no figuraban en el *Diccionario* los tacos ni las palabras malsonantes u «obscenas». Por fortuna esa época pasó a la historia, y hoy nos parecería inaceptable no encontrar en el DLE «follar», «felación», «polla» y cosas por el estilo.

Sin embargo nuestra sociedad está llena de franquistoides, sólo que su pretensión es la cancelación de lo que a cada cual le molesta u ofende. Ya he hablado aquí de las quejas contra acepciones de uso corriente como «autista», «cáncer», etc. Me ocupé de la expresión «sexo débil», que recientemente millares de firmas han querido extirpar del *Diccionario*. Se le puede poner una marca de «despectiva», «peyorativa» o «desusada», pero no puede ni debe extirparse, porque se halla en numerosos textos, incluidos los de feministas pioneras como Emilia Pardo Bazán, y un lector o un traductor a otra lengua han de encontrar su significado en el DLE, lo mismo que el de «judiada» —que está en Quevedo, entre otros—, por mencionar una palabra especialmente desagradable y «condenable». Qué quieren, si los hablantes —cuya libertad siempre ha de respetarse— la han utilizado o la utilizan aún si les da la gana. Ya digo, la Academia no es quién para prohibir, expulsar, censurar ni suprimir nada. Pero lo cierto es que los inquisidores actuales desean versiones expurgadas del *Diccionario*. Imagínense si se les obedeciera: unos lo querrían limpio de obscenidades y palabrotas, otros de sacrilegios e irreverencias, otros de machismos y «sexismos», otros de términos como «tullido» o «lisiado». Otros de «gordo» y «chaparro», no digamos de «enano» y «gigante». Otros de «ciego», «sordo» y «cojo». Muy completo y muy útil iba a quedar el DLE si se hiciera caso a todas las exigencias quisquillosas.

Hace unas semanas me divertí, lo reconozco. «Ahora tenemos las protestas de los panaderos», nos informó un compañero. «¿De los panaderos?», pregunté estupefacto. «¿Qué les pasa?» «Quieren que se suprima el dicho "Pan con pan, comida de tontos", que además, como la mayoría de refranes y dichos, ni siquiera aparece en el *Diccionario*», me contestaron. «No entiendo», repuse, «a no ser que eso sea lo que coman los panaderos, y lo dudo. Y si no figura, ¿qué piden, que lo metamos para enfadarse y exigir que lo quitemos?». (Ojo: digo «los panaderos» pero no sé si era una agrupación de ellos o unos cuantos, no se me vaya a soliviantar ahora el gremio entero, al que profeso agradecimiento y respeto.) Pero claro, si nos ponemos en este plan hipersusceptible, supongo que los fruteros querrán suprimir la expresión «manzana podrida», los gaiteros «soplagaitas» (creo que ya ha habido intentonas), los bomberos «ideas de bombero», los barqueros «verdades del barquero» (quedan como impertinentes), los porqueros la frase «la verdad es la verdad, la diga Agamenón o su porquero» (la verán como el colmo del desprecio), los fabricantes de sopas «sopa boba», las putas los derivados negativos («hijoputa», «putear», «putada»), los labradores «más bruto que un arado», los perros «hijo de perra» y «perrería», los zorros una acepción de «zorra», los noctámbulos el proverbio «A quien madruga Dios lo ayuda», los curas «vivir como un cura» y así hasta el infinito.

¿Tan difícil es entender en qué consiste un diccionario? ¿Que lo más que se puede permitir es advertir, orientar y desaconsejar, pero nunca, nunca, suprimir ni censurar ni prohibir? ¿Tan difícil le resulta a la sociedad actual aceptar que los hablantes son libres y que son ellos quienes conforman la lengua? La Academia no juzga. Se limita a tomar nota.

11-VI-17

Los vejestorios cabrones

En una cena reciente con Tano Díaz Yanes y Antonio Gasset, el primero, al que divierte asomarse a las redes para ver las barbaridades que sueltan los usuarios —hasta si son contra él—, comentó que a los miembros de nuestra generación se nos llama allí con frecuencia «los vejestorios cabrones», independientemente de a qué nos dediquemos cada cual. Andamos todos por los sesenta, o casi, o más, así que la primera parte del apelativo se comprende y no es objetable, aunque me pregunto cómo serán llamados entonces gente como Vargas Llosa, que ya ha cumplido los ochenta, o Ferlosio y Lledó, que rondan los noventa. «¿Cabrones por qué?», pregunté por curiosidad. En España es inevitable que cualquiera sea considerado un cabrón, incluidos Vicente Del Bosque, Iniesta y Nadal, por mencionar a tres individuos rayanos en lo beatífico. Pero quería saber si había algún motivo en particular. «Porque seguimos activos, no nos quitamos de en medio y, según los que nos lo llaman, obramos como un tapón para las nuevas generaciones.» Y me aclaró que el reproche lo suscriben desde verdaderos jóvenes hasta cuarentones y aun cincuentones, es decir, personajes que están a punto de convertirse, a su vez, en «vejestorios» y en «tapones» para los que vienen a continuación.

España es un país gracioso. Como algunos lectores saben, yo tuve la fortuna de publicar mi primera novela a los diecinueve. Sin duda eso contribuyó a que se me considerara «joven autor» durante mucho más tiempo del que me correspondía, y en 1989, con treinta y ocho, escribí un artículo titulado «La dificultad de perder la juventud».* Claro que entonces no me imaginaba que el sambenito me duraría —«jovenzuelo», «promesa» y cosas por el estilo— hasta rondar los cincuenta. Es una manera típicamente española de desmerecer: uno es eso, «prometedor», cuando ya empieza a peinar canas. Molina Foix contó la anécdota de un Premio de las Letras en el que el jurado desestimó a Gil de Biedma, que andaba por los sesenta y moriría poco después, a la voz de «No estamos aquí para juvenilismos». Y fui testigo de cómo se pretirió a Benet en favor de Jiménez Lozano, arguyendo que aquél tenía menos edad (de hecho era tres años mayor). Benet murió meses más tarde y Jiménez Lozano continúa vivo, creo, y que Dios lo guarde mucho tiempo más. Lo cierto es que aquí se pasa en un soplo de ser un jovencito inmaduro a ser un vejestorio cabrón. Yo diría (mi caso es el que mejor conozco) que no he sido lo uno ni lo otro durante un decenio de mi vida, con suerte. (No se olvide que a la palabra «vejestorio» la acompañan indefectiblemente otras como «caduco», «anticuado», «rancio», «trasnochado», «prehistórico» y demás.)

Comprendo bastante a esos jóvenes y menos jóvenes encabronados. En la sociedad en general, hace siglos que se les abre paso por decreto, jubilando a gente de cincuenta años o menos (como sucedió en RTVE). Algo extraño cuando la vejez se ha atrasado enormemente y alguien de esa edad suele estar en plenitud de facultades. Pero todo sea por hacer sitio a los siguientes, sacrifiquemos a los maduros. El problema es que hay profesiones —las artísticas— en las que no se jubila a sus practicantes, o no por las bravas, depende del público. Lo ridículo es creer que la actividad prolongada de cualquier escritor, cineasta, músico o pintor impide el éxito de los que

---

* Recogido en *Pasiones pasadas* (Alfaguara, 1999; Debolsillo, 2007). *(N. del E.)*

vienen después. En esos campos hay lugar ilimitado, y que Bob Dylan y los Rolling Stones den aún conciertos no perjudica a Arctic Monkeys ni a Rihanna. O que Polanski, Eastwood y Scorsese rueden películas no afecta a Assayas ni a James Gray. Durante décadas de mi larguísima y falsa juventud estaban activos Delibes, Cela, Matute, Chacel, Torrente, Borges y Bioy Casares; también Benet, Hortelano, Marsé, Martín Gaite, Ferlosio, Cabrera Infante, Onetti, García Márquez, Vargas Llosa, Mutis, los Goytisolo, Fuentes y muchos más. Jamás se me ocurrió pensar que constituyeran un «tapón» para Mendoza, Vila-Matas, Azúa, Pérez-Reverte, Montalbán, Savater, Moix, Muñoz Molina, Bolaño, Landero, Chirbes, Luis Mateo Díez, Guelbenzu, Pombo, Puértolas y tantos «vejestorios» o muertos actuales más. Ahora hay —en consonancia con la puerilidad reinante, y lo propio de los niños es engañarse y fantasear— una tendencia a creer que si uno no triunfa debidamente es por culpa de los demás, sobre todo de los que «obstruyen» el escalafón, como si las artes fueran cuestión de eso y no de una mezcla de talento y suerte, o sin mezcla. (Bien es verdad que aquí se ha procurado premiar tradicionalmente la edad.) A Almodóvar, por recurrir a un caso de éxito indiscutible, en sus inicios y no tan inicios, no lo «taponaron» las películas de Berlanga, Saura o Bardem. Las cosas no son tan simples y automáticas como quieren creer los quejosos y los enfurecidos: el día que por fin desaparezcamos —seguramente por cansancio— los «vejestorios cabrones» de hoy, no se producirán «vacantes» ni «ascensos» inmediatos. Esto no es como el Ejército, con rangos, ni como el fútbol, con goles y puntuación.

18-VI-17

Más daño que beneficio

Si mucha gente desconfía del cine español no es por la persecución que el PP y sus Gobiernos desataron contra él en venganza por las críticas y protestas de la mayoría de los miembros del gremio ante la indecente Guerra de Irak apoyada por Aznar, Rajoy y sus huestes en 2003. Los políticos, y en particular los de ese partido, carecen de crédito respecto a sus juicios artísticos. Por desgracia influyen en demasiadas cosas, pero no, por suerte, en lo que sus compatriotas leen o van a ver. La razón principal para esa desconfianza es que durante muchos años los críticos cinematográficos y la prensa decidieron que había que promover el cine nacional, hasta el punto de que casi todas las películas españolas que se estrenaban eran invariablemente «obras maestras», «necesarias» (el adjetivo más ridículo imaginable) o (cómo detesto ese tipo de expresiones) «puñetazos en el estómago del espectador». Hay muchas personas ingenuas y de buena fe. Acudían obedientemente a ver los «portentos» y cómo «se incendiaba la pantalla», al decir de esos críticos paternalistas, y frecuentemente —no siempre, claro está— se encontraban con bodrios y mediocridades y pantallas llenas de pavesas. Ningún puñetazo, sino más bien tedio o irritación.

A veces no hay nada tan dañino para una profesión, un colectivo o un sexo entero que sus defensores a ultranza, y me temo que un daño parecido al que se infligió hace décadas al cine español está a punto de infligírsele al arte hecho por mujeres. En la actualidad hay una corriente feminista que ha optado por decir que cuanto las mujeres hacen o hicieron es extraordinario, por decreto. Y claro, no siempre es así, porque no lo puede ser. Como no puede serlo cuanto hagan los catalanes, vascos o extremeños, o los zurdos o los gordos o los discapacitados. O los negros estadounidenses, ni aún menos los blancos, que son más. Todos sabemos de las injusticias históricas cometidas contra las mujeres. Hoy lamentamos que durante siglos no se las dejara ni siquiera estudiar, ni ejercer más oficios que los manuales. Que se las confinara al hogar y a la maternidad, sometidas a la voluntad de padres y maridos. Es sin duda el principal motivo por el que a lo largo de esos siglos ha habido pocas pintoras, compositoras, arquitectas, científicas, cineastas y escritoras (más de estas últimas, a menudo camufladas bajo pseudónimos masculinos). Las que hubo tienen enorme mérito, por luchar contra las circunstancias y las convenciones de sus épocas. Gran mérito, sí, pero eso no las convierte a todas en artistas de primera fila, que es lo que esa corriente actual pretende que sean. Es más, sostiene esa corriente que todas esas artistas geniales fueron deliberadamente silenciadas por la «conspiración patriarcal». No se les reconoció el talento por pura misoginia. Se quejan, por ejemplo, de que a Monteverdi se lo tenga por un genio y en cambio no a Francesca Caccini. No sé, yo soy aficionadísimo a la música, pero el único Caccini que me suena es Guido, un pigmeo al lado de Monteverdi. Así, cada vez que se descubre o redescubre a alguna pionera de algún arte, pasa a ser al instante una estrella del firmamento, a la altura de los mejores, sólo que eclipsada tozudamente por los opresores del otro sexo.

En contra de esa supuesta y maligna «conspiración», tenemos el pleno reconocimiento (desde hace ya mucho) de las artistas en verdad valiosas: por ceñirnos a las letras, Jane Austen, Emily y Charlotte Brontë, George Eliot, Gaskell, Staël, Sévigné, Dickinson, Dinesen, Rebecca West,

Vernon Lee, Jean Rhys, Flannery O'Connor, Janet Lewis, Ajmátova, Arendt, Penelope Fitzgerald, Anne Sexton, Elizabeth Bishop, en el plano del entretenimiento Agatha Christie y la Baronesa Orczy, Crompton y Blyton y centenares más; en España Pardo Bazán, Rosalía, Chacel, Laforet, Fortún, Rodoreda y tantas más. En realidad son legión las mujeres llenas de inteligencia y talento, a las cuales ninguna «conspiración» de varones ha estado interesada en ningunear. ¿Por qué, si nos proporcionan tanto saber y placer como los mejores hombres? Lo que no es cierto, lo siento, es que *cualquier* mujer oscura o recóndita sea por fuerza genial, como se pretende ahora. Las decepciones pueden ser y son mayúsculas, tanto como las de los espectadores al asomarse a la enésima «obra maestra» del cine patrio. También la gente bienintencionada se cansa de que le tomen el pelo, y acaba por desertar y recelar. Hoy, con ocasión de su centenario, sufrimos una campaña orquestada según la cual Gloria Fuertes era una grandísima poeta a la que debemos tomar muy en serio. Quizá yo sea el equivocado (a lo largo de mi ya larga vida), pero francamente, me resulta imposible suscribir tal mandato. Es más, es la clase de mandato que indefectiblemente me lleva a desconfiar de las reivindicaciones y redescubrimientos feministas de hoy, que acabarán por hacerle más daño que beneficio al arte hecho por mujeres. Lean, por caridad, a las que he enumerado antes: con ellas, yo creo, no hay temor a la decepción.

25-VI-17

Cuidado con lo diabólico

Insisto mucho en cuestiones de la lengua, y con razón me considerarán un pesado. Pero es que quien adultera y controla la lengua acaba por adulterar y controlar el pensamiento, y soy acérrimo defensor de la libertad de ambas cosas, la expresión y el pensamiento. Creo que el riquísimo acervo del castellano debe estar, completo, a disposición de cada hablante, y que no ha lugar a vocablos prohibidos ni desterrados del *Diccionario*, como expliqué hace unas semanas. Cada cual es responsable de los términos que elige y emplea, lo cual nos brinda a todos inestimables pistas para saber con quiénes tratamos. Si un día se lograra imponer a toda la sociedad un habla neutra, descafeinada, «políticamente correcta», habríamos perdido un elemento fundamental para orientarnos. Sin duda soy maniático en ese terreno, pero me va bien así, como creo que le iría a cualquiera: según el léxico y las imágenes de un autor, abandono su texto o lo sigo leyendo. Hace poco me encontré con una breve cita de un escritor, que decía en una necrológica de Chavela Vargas: «Sigue eterna bolereando la trizadura lésbica de su canto». Seré injusto probablemente, pero semejante cursilería pseudopoética me disuadirá de acercarme a ninguna obra de ese escritor. También recuerdo haber exclamado *«Vade retro!»*, como el exorcista de la niña de *El exorcista*, al toparme con una columnista que, en su estreno, anunció que hablaría, entre otras cosas, «del tamaño de la aridez de nuestros corazones». «Santo cielo», pensé, «no me pillará tan melodramática señora». No me digan que no es útil que cada uno pueda decir lo que quiera abiertamente y sin cortapisas, porque lo que alguien dice y cómo lo dice nos proporciona una información valiosísima para huir o acercarnos, para aficionarnos o salir pitando.

Pero hay ocasiones en las que se deslizan subrepticiamente expresiones que conllevan peligro, porque acaban habituándonos a ideas falsas que pervierten o distorsionan la realidad gravemente. De manera insidiosa e imperceptible se cuelan en el habla coloquial, y por tanto en el pensamiento «normal», siendo como son a veces aberraciones. El ejemplo más alarmante detectado es este, oído en las noticias recientemente: «El Real Madrid ha emitido un comunicado de apoyo a Cristiano Ronaldo, ante la acusación de fraude al fisco de que ha sido objeto. El club está seguro de que *el jugador demostrará su inocencia*», algo así. Ni de lejos es la primera vez que oigo o leo eso: la frase aparece en series, en películas, en la prensa, en el habla de la gente y hasta en boca de los detenidos, pese a tratarse de un imposible, en primer lugar, y, en segundo, de algo que no procede. Procedía, eso sí, durante la Guerra Civil y bajo la dictadura franquista, como ha procedido en todas las tiranías del pasado y aún procede en las del presente. Una persona era acusada, por ejemplo, de haber asesinado a un falangista durante la contienda. Esa acusación, aunque viniera de un particular (que a lo mejor quería librarse de un rival, o vengarse), se daba por verdadera y buena, y entonces le tocaba al acusado demostrar lo imposible: que era inocente. Eso nunca puede demostrarse, a menos que haya una manifiesta incompatibilidad geográfica o física: si el falangista había sido asesinado en Madrid, y el acusado se hallaba en Galicia en la fecha del crimen, no había caso. Pero si yo acuso mañana, qué sé yo, a la Ministra Báñez de haberse cargado con sus propias manos a un indigente en el Retiro, y la Ministra carece de coartada sólida, y mi acusación se da por verídica, la pobre Báñez, con todo su poder, no estaría capacitada para demostrar que no cometió ese homicidio.

Al introducirse con frivolidad esa frase en el habla, se está deslizando en nuestro pensamiento la mayor perversión imaginable de la justicia, a saber: que corresponda al acusado probar algo, y no al acusador, que es a quien toca siempre demostrar que un reo es culpable. Que la carga de la prueba recaiga en el acusado es lo que se ha llamado, con latinajo, *probatio diabolica*, algo propio de la Inquisición y nunca de los Estados de Derecho. Aquélla consideraba que si un reo confesaba, era evidentemente culpable; y si no lo hacía ni bajo tortura, también, porque significaba que el diablo le había dado fuerzas para aguantarla. Hace años me encontré con una versión moderna de ese «razonamiento», en el caso de un librero juzgado por pederastia en Francia. «Lo propio de todo pederasta», arguyó el juez, «es negar los cargos en primera instancia». «Y lo propio de los no pederastas también», le escribí a ese juez. «¿O es que pretende usted que un inocente *no* niegue tamaña acusación, siendo falsa?» Soy contrario a prohibir nada, pero ruego a todo el mundo (periodistas, guionistas, escritores, locutores, abogados y hasta incriminados) que evite siempre la expresión «demostrar su inocencia». Porque si no, poco a poco, acabaremos creyendo que eso es lo que nos toca hacer a todos y que además es factible. Y no lo es, es imposible.

2-VII-17

80

Timos democráticos

Hemos llegado al punto en el que debe desconfiarse de quienes se proclaman «demócratas» con excesivo y sospechoso ahínco. O de quienes compiten denodadamente por *parecerlo* más que el resto. Porque entre ellos se esconden precisamente los individuos más autoritarios —por no decir dictatoriales— de nuestras sociedades. Maduro apela a la democracia para cargarse la poca que queda en su país, ya desde Chávez. Los políticos independentistas catalanes la invocan para instaurar, si pudieran, un régimen monocolor, con control de los jueces y la prensa, e incluso con la figura del «traidor» o «anticatalán» para todo el que no aplaudiera y bendijera sus planes. Y van en aumento las formaciones políticas que practican o defienden la llamada «democracia directa» o «asamblearia» en detrimento de la representativa, alegando que sólo la primera es verdadera. Lo curioso de estos partidos es que, al mismo tiempo, no prescinden de secretarios generales, presidentes, líderes y ejecutivas. Si todas las decisiones las van a tomar los militantes, no se ve qué falta hacen los próceres y dirigentes, por qué luchan entre sí y ansían hacerse con el poder y el mando.

Todo esto es un timo, como ya se ha comprobado en las «consultas populares» que ha organizado el inefable Ayuntamiento de Madrid, dominado por Ahora Madrid y encabezado por Carmena. Recordarán que una de estas votaciones fue respecto a la reforma de la Plaza de España. Se dio a elegir a los ciudadanos entre setenta proyectos —setenta—. Como era de esperar, sólo 7.000 residentes se molestaron en pronunciarse, probablemente los partidarios de Ahora Madrid y unos cuantos ociosos (la gente ya tiene bastante con ocuparse de sus problemas y ganarse la vida). 7.000 madrileños debe de ser algo así como el 0,3 % de la totalidad, lo cual invalidaría *per se* cualquier resultado. En todo caso, ese 0,3 % mostró su preferencia por los proyectos *Pradera urbana* (903 aplastantes votos) y *The Fool on the Hill* (784 abrumadores). Pero entonces intervino un jurado, que decidió que los ciudadanos no tenían ni puta idea y declaró finalistas los proyectos que habían quedado en tercera y décima posición. La organización de la ridícula consulta pudo costar 600.000 euros (no sé la cuantía final), sólo para que Ahora Madrid *fingiera* burdamente ser más democrático que nadie y luego pasarse por el forro la elección de los consultados. Poco después vino otra consulta, por el mismo precio barato, sobre la peatonalización de la Gran Vía, la cual, sin embargo, estaba ya decidida por el autoritario Ayuntamiento. Pero como «la ciudadanía de Madrid es soberana», según dijo con gran cinismo el concejal Calvo, se llevó a cabo la farsa de preguntarle acerca de detalles menores y estúpidos como el número de pasos peatonales, o «¿Consideras necesario mejorar las condiciones de las plazas traseras vinculadas a Gran Vía para que puedan ser utilizadas como espacio de descanso y/o estancia?». No obstante, y según reconoció ese edil experto en cinismo, el Ayuntamiento ya había convocado el concurso de jóvenes arquitectos para remodelar dichas «traseras». Lo que por supuesto no se consultó fue lo principal del asunto, a saber: «¿Desea la peatonalización de la Gran Vía o lo considera un disparate?». No, eso los demócratas preferían no preguntarlo, por si su brutal imposición a la capital entera se les torcía e iba al traste. La palabra que he empleado no es exagerada: todo es un timo. Los autoritarios no se conforman con serlo (como lo es el PP, sin escrúpulos), sino que además quieren presumir de ser los más democráticos de todos.

La cuestión no acaba aquí, ahora que también el PSOE anuncia toda clase de consultas y votaciones de sus militantes para resolver cualquier asunto... que seguramente sus líderes se pasarán por el forro si no les conviene el resultado. En estas apelaciones a la opinión continua de las «bases» hay un elemento de cobardía. Un afán de guardarse las espaldas, de declararse irresponsable cuando vienen mal dadas. Cuando algo es un manifiesto error, o una injusticia, o una metedura de pata con consecuencias graves, los dirigentes pueden escaquearse: «Ah, no fuimos nosotros, lo quiso la gente y nosotros estamos a su servicio». Pero, como se hizo patente en los «referéndums» de Carmena, los que se molestan en votar esas cosas son cuatro gatos —los activistas, los fieles, y éstos son fácilmente manipulables por los convocantes, o más bien suelen estar a sus órdenes—. Estos dirigentes son unos vivos: si destrozan una ciudad o un partido, pretenderán no ser castigados, como sucedería si se hicieran responsables de sus decisiones. Así que lo mejor es tomarlas (para qué, si no, quieren mandar) y echarles luego la culpa de los desaguisados a la ciudadanía o a la militancia. Dejen de tomar el pelo: si han sido elegidos, hagan su trabajo y gobiernen, no mareen al personal continuamente, expónganse y asuman sus equivocaciones y aciertos, si es que alguno hay de estos últimos.

9-VII-17

Sospechosas unanimidades

No, casi nada es nuevo. Hace treinta años, en noviembre de 1987, publiqué en *Diario 16* un artículo («Monoteísmo literario», recogido en mi libro *Literatura y fantasma*) en el que me atrevía a cuestionar que Cela fuera el mejor escritor español vivo y el único merecedor del Nobel. Era una pieza educada, y lo más «ofensivo» que decía en ella era que hacía décadas que Cela no entregaba una «obra maestra», por mucho que cada novela suya fuera saludada por la prensa y la crítica, obligadamente, como tal. Por entonces nadie osaba ponerle el menor pero a Cela, y aunque no existían las redes, un buen puñado de escritores y estudiosos afines (espontáneamente o instigados por él) me dedicaron respuestas airadas en la prensa, cuando no insultantes. (Ahora algunos me tienen por un cascarrabias, pero me temo que siempre fui un impertinente y un aguafiestas.) Ese artículo me ganó enemistades que aún perduran, vetos en suplementos y en programas de TVE, antipatías inamovibles. Pero bueno. De haber existido en 1987 la Guardia Revolucionaria de las Buenas Costumbres y los Dogmas Correctos que hoy patrulla las redes incansablemente, no sé qué habría sido de mí.

En 1989, cuando por fin le otorgaron el Nobel a Cela (tras haber hecho lo indecible para conseguirlo, según ha contado con honrada candidez su hijo), fui más faltón, y declaré que era la peor noticia posible para la literatura española, al entronizar el folklórico «tremendismo» contra el que veníamos luchando las generaciones posteriores. También se animaron a ponerle reparos al Escritor Único otros novelistas como Llamazares, Azúa y Muñoz Molina. Ante tanta insubordinación, Cela se guardó de mencionar nuestros nombres, pero lanzó y orquestó ataques contra los «jóvenes novelistas subvencionados». Nunca entendí a qué se refería con esto último, pero en todo caso era de gran cinismo que lanzara esa acusación quien: a) se había ofrecido como delator, en plena Guerra, a la policía franquista; b) había ejercido como censor; c) había hecho giras propagandísticas del régimen por Latinoamérica; d) había procurado y logrado el encargo de escribir una novela excelentemente pagada por el golpista y dictador venezolano Pérez Jiménez; e) había sido sufragado por empresarios de la construcción; f) más adelante pidió y obtuvo dinero público para su Casa-Museo o como se llame eso que se cae a pedazos en su villa natal; g) aceptó el estatal Premio Cervantes tras haberlo tildado de «lleno de mierda» cuando aún no se le concedía a él.

En España siempre comete sacrilegio quien disiente de la Guardia de las Esencias y los Lugares Comunes de cada época; quien lleva la contraria, quien expresa una opinión disonante del absolutismo biempensante. Hoy cualquiera puede decir lo que le parezca de Cela sin que pase nada; pero, si se cuestionan otras personalidades, «valores», costumbres, tótems, creencias, o se defiende lo anatematizado por la Guardia actual (qué sé yo, los toros o el tabaco o la circulación de coches), se levantan pelotones de fusilamiento verbal, por lo general en forma de tuits. De la degradación intelectual de nuestro tiempo da cuenta que, si en 1987 me enfilaban críticos y escritores, hoy mi más obsesivo detractor sea el nuevo Paco Martínez Soria (tan gracioso como el genuino, y de su escuela), y que el más voluntariosamente ofensivo sea el líder de Podemos, quien al parecer me llamó «pollavieja» en un meditado y estiloso tuit, emulando con éxito a Trump. (Imagínenlo llamando «coñoviejo» a una columnista.)

A la gente más o menos segura de sí misma y de sus opiniones no le molesta en absoluto ser cuestionada. Es más, prefiere serlo, porque nada más alarmante que gustar o caer bien a todo el mundo. Siempre pensé que la reacción agraviada de Cela y de sus acólitos denotaba un fondo de terrible inseguridad más allá de sus méritos, incluso de conciencia de su exageración. Sólo el exagerado teme la disidencia, como si una sola pusiera en tela de juicio y pinchara el enorme globo inflado artificialmente a lo largo de décadas. «Si alguien señala que no todo cuanto escribo son obras maestras», debe de decirse, «quién sabe en qué pararemos». El que tiene cierta seguridad en lo que hace puede equivocarse, sin duda, pero no se solivianta porque lo pongan a caldo, ni uno ni muchos (sabe que eso va en el oficio). No se le resquebraja el edificio entero porque no haya unanimidad en la admiración y el aprecio. Me temo que Cela la necesitaba; es más, a menudo su actitud transmitía una exigencia de pleitesía, como si advirtiera a cualquier recién llegado: «Primero reconozca que soy el mejor escritor español vivo; luego veremos». Cada vez que hoy se arma un gran y efímero revuelo por una tontería, me acuerdo de aquello y lo achaco a la inseguridad y fragilidad últimas de las posturas y opiniones aceptadas como intocables e indiscutibles. Si en verdad estuvieran arraigadas, si quienes las sostienen estuvieran seguros de llevar razón, no se descompondrían ni vociferarían tanto ante la más mínima objeción.

16-VII-17

Mangas cortadas

Leo en el *Times* que la máxima preocupación de los estudiantes de Oxford en los exámenes finales se centra en la toga tradicional de esa Universidad. Lo preceptivo es que la mayoría de los alumnos vistan una sin mangas o con unas cortas que no les cubran los codos (no estoy seguro). Sin embargo, los pocos que se hayan ganado becas o se hayan distinguido en los exámenes del curso anterior tienen derecho a presentarse a los nuevos con togas de mangas largas. Quienes protestan por esta diferenciación arguyen que les resulta «estresante» el «recordatorio visual» de que hubo otros que sacaron mejores notas, y que se ponen «nerviosos» al ver así manifestada su «inferioridad académica». Consideran la permisión de las mangas largas algo «jerárquico» y «elitista», que «entra en conflicto con los ideales de igualdad». Por supuesto, no les sirve de acicate para ganárselas este año, sino que piden que se les prohíban a quienes se hayan hecho acreedores de ellas. A éstos, claro, no les hace gracia perderlas por decreto tras haberlas conseguido con esfuerzo. En octubre el sindicato de estudiantes tomará una decisión. Una antigua alumna se ha atrevido a señalar: «Por si lo han olvidado, Oxford es una institución académica, que reconoce la excelencia académica. Todo el mundo es igual antes de un examen, pero no después».

Más allá de la pintoresca anécdota, esta cuestión de las togas es sintomática de los actuales y contradictorios tiempos. Recordarán que hace pocos años sufrimos hasta lo indecible aquella máxima estúpida de «Todas las opiniones son respetables», cuando salta a la vista que no lo es que los judíos deban ser exterminados, por poner un ejemplo extremo. Lo deseable, en principio, es que todas las opiniones puedan expresarse, incluso las abominables. Lo inexplicable es que en poco tiempo hayamos pasado de eso a juzgar intolerable cualquier opinión contraria a la nuestra, a la vez que sí resultan tolerables, y hasta dignos de encomio, los insultos más brutales contra quienes emiten esas opiniones que nos desagradan. Bajo pretextos diversos («discriminación», «falta de igualdad», «jerarquización»), muchas personas que someten su trabajo a la consideración pública han decidido «blindarse» contra las críticas y los juicios. Si un estudiante va a la Universidad, sabe de antemano que, si no se aplica, otros sacarán mejores notas, y conviene que se vaya acostumbrando a la competitividad del mundo. Igualmente, si alguien elige ser escritor, o periodista, o actor, o director de teatro o de cine, o pianista, o cantante, o político y desempeñar un cargo, sabe o debería saber que su quehacer será enjuiciado, y le tocaría asumir que, ante las críticas o los denuestos, no le cabe sino encajarlos y callar. Cualquiera puede opinar lo que se le antoje sobre nuestras novelas, poemas, películas, canciones, programas de televisión, montajes teatrales, gestiones políticas y demás. Ante la reprobación no nos corresponde quejarnos ni replicar. (Otra cosa es cuando los críticos no se limitan a nuestras obras, sino que entran en lo personal o falsean lo que hemos dicho, o nos difaman: ahí sí es lícita la intervención.)

Pues bien, de la misma forma que hay estudiantes universitarios —ojo, no párvulos— que consideran una «microagresión» que el profesor les devuelva sus deberes o exámenes corregidos —sobre todo si es en rojo—, cada vez abundan más los artistas y políticos a los que parece inadmisible que se juzguen sus obras y sus desempeños. ¿Quién es nadie para opinar?, aducen. ¿Quién es nadie para asegurar que esto es mejor que aquello, que tal novela es buena y tal otra mediocre? Es más, ¿quién es nadie para decir que algo le gusta o le desagrada (justo en una época en que demasiados individuos son incapaces de articular más opinión que un *like*)? Hace unas semanas escribí educadamente (tanto que mi frase empezaba con «Quizá yo sea el equivocado...») que *me* resultaba imposible suscribir la grandeza de una escritora. Según me cuentan (nunca me asomo a un ordenador ni a las redes), algo tan subjetivo y leve desató furias. Me he enterado poco, ya digo. Pero un señor cuya carta se publicó en *EPS* me basta como muestra (un señor que se definía como «nosotros, el pueblo», nada menos). Decía que «no podía estar de acuerdo» conmigo. Uno se pregunta: ¿en qué? ¿En que *me* resulte imposible suscribir lo mencionado? Si yo hubiera soltado un juicio de valor, como «Es mala», pase el desacuerdo. Pero no fue así. Meses atrás dije también que cierto tipo de teatro, «*para mí* no, gracias», y media profesión teatral montó en cólera, incluidos los monologuistas palmeros. Aquí algo no cuadra. Se ha sabido siempre que quien aspira al aplauso se expone al abucheo, y el que se examina a ser suspendido. Parece que ahora se exige el aplauso incondicional o, si no lo hay, el silencio; y las mangas largas o cortas para todo el mundo. Demasiada gente quiere blindarse y no asumir ningún riesgo. Para eso lo mejor es no salir a escena ni pisar un aula. Vaya (ustedes perdonen), creo yo.

23-VII-17

Desalojar es siempre alojar

Es una suerte para ustedes, pero sobre todo para mí, que no vean las primeras versiones de estos artículos. Cuando algo me parece injusto, o erróneo, o cínico, o abusivo, o engañoso, o puritano, o sencillamente imbécil, vuelco toda mi indignación y mi sarcasmo en esos borradores y en ellos digo lo que pienso sin muchos ambages ni miramientos. Descuiden, sólo de tarde en tarde utilizo palabras gruesas, no es mi estilo natural. Pero soy más punzante y descarado, porque sé que no tendrá consecuencias lo que no va a ver la luz. Una vez escrita esa primera versión, dejo reposar el texto un rato —basta un cuarto de hora— y acometo la segunda, que luego sufre unas cuantas correcciones y enmiendas más, a mano. En la pieza definitiva procuro refrenarme y matizar, a menudo rebajo el tono, cambio o suprimo epítetos en exceso ásperos o hirientes, intento ser más respetuoso o menos irrespetuoso, evito las generalizaciones y exageraciones (bueno, si uno no exagera un poco no se divierte); y, si le doy un zarpazo a alguien concreto, me corto las uñas antes de volver a teclear. Es lo que —me imagino— han hecho a lo largo de la historia cuantos han escrito en la prensa artículos de opinión. Si no digo «cuantos escriben» es precisamente porque, entre las muchas capacidades perdidas en las últimas décadas, está la de distinguir qué se puede decir en privado y qué resulta admisible en público. Solía saberse que lo que uno soltaba en una cena con amigos no podía trasladarse tal cual a unas declaraciones con micrófonos ni a una columna. No sólo para no exponerse a una posible querella por insultos o difamación, sino por un sentido de la responsabilidad: uno acostumbraba vigilarse a sí mismo: aquí soy injusto o faltón, aquí caigo en la injuria o bordeo la falacia, aquí incurro en histerismo o en melodramatismo, aquí desvarío, aquí no razono lo suficiente o me falta argumentación, aquí soy arbitrario o exagero la exageración.

Esta segunda fase de reconsideración y templanza (un vocablo en desuso) ha dejado de existir para demasiada gente. En prensa y en declaraciones (véanse las de los políticos, con frecuencia), pero sobre todo en los tuits y demás. Pocos piensan ya en lo que mencioné antes: en las consecuencias. Se cede al más primitivo y apremiante impulso, se escribe algo en caliente y se lanza sin dejarlo entibiar, sin pensarlo dos veces, sin posibilidad de arrepentimiento, rectificación ni matización. La necesidad pueril de desahogarse, la competición por decirla «más gorda», la búsqueda narcisista de retuiteos, el gusto de verse jaleado por los forofos que siempre piden «más sangre», llevan a demasiados individuos a hablar en público como si lo hicieran entre íntimos ante la barra de un bar. Luego se encuentran con que no se les da un trabajo por el lenguaje que emplearon o por la bochornosa y zafia foto que colgaron; con que se han granjeado la enemistad eterna de sus damnificados; con que alguien a quien ni conocen es despiadado con ellos.

Todo esto, con ser grave y perjudicial para los propios deslenguados, no tiene ni la mitad de importancia que el contagio de la inmediatez y la visceralidad a otras actividades, en particular a la de votar, sea en unas elecciones o en un referéndum. Ahí la imprevisión de las consecuencias puede ser mortal. Bien, estamos de acuerdo en que, desde hace tiempo, la mayoría nos vemos obligados a votar lo que menos nos asquea, porque a menudo todas las opciones dan asco o desagradan sobremanera. Y eso conduce a cada vez más personas a votar cabreadas, para «castigar» a la clase política, para «asustarla» o simplemente para joder. Así, sin duda, fueron depositadas numerosas papeletas a favor de Trump y del *Brexit*, de Le Pen y de Wilders, de la CUP en Cataluña y no escasas de Podemos en el resto de España. Se vota cada vez más como quien lanza un tuit. El problema estriba en que, así como un tuit detectado y leído puede traer las consecuencias mencionadas a título personal, un voto acarrea consecuencias *colectivas* e irremediables, a lo largo de cuatro años o más. No sólo hay un «día siguiente» tras unas elecciones o un referéndum, sino que hay decenas de interminables meses siguientes, durante los cuales a los elegidos les da tiempo a propugnar nuevas leyes y liquidar las existentes, a suprimir derechos, a disolver el Parlamento y controlar la prensa y a los jueces, a decidir que ya no habrá separación de poderes; en el peor de los casos que ya no se podrá volver a votar; y que todos los disidentes serán declarados traidores y subversivos. En unas elecciones *se otorga poder real*, y justamente en ellas es donde menos se puede sucumbir al cabreo, a la impulsividad, al mero afán de «desalojar». Porque siempre se «aloja» a otro, quizá aún peor. Todos esos días llegan, y de pronto uno ve con desesperación que aquel berrinche de una sola jornada, o arrebato efímero, nos lleva a frotarnos los ojos cada mañana —infinitas mañanas— para dar crédito al hecho de que, por ejemplo, el cargo más poderoso del mundo lo ocupe un oligarca autoritario y deficiente.

30-VII-17

Niños listos y adultos pueriles

Cuando el año pasado se estrenó con nulo éxito una nueva versión de *Ben-Hur*, me prometí no ver ni un solo plano ni un tráiler, no me fuera a contaminar la clásica de William Wyler de 1959, con Charlton Heston de protagonista y Stephen Boyd interpretando a su amado enemigo Messala. Esta versión era ya un *remake* de la de Fred Niblo de 1925, pero en fin, la que ha quedado para varias generaciones —y lo prueba que se exhiba en las televisiones sin cesar— es la de Wyler y Heston, que además fue premiada con el récord de Óscars hasta la fecha. Pero qué quieren, una noche ofrecían la de 2016 en el cada vez más defectuoso e idiotizado Movistar+, así que no la vi, pero la tuve puesta mientras leía prensa y contestaba correspondencia. De tarde en tarde levantaba la vista, y baste con decir que a Messala lo encarnaba una especie de Enrique Iglesias en garrulo, y a Ben-Hur un buen actor de la familia Huston, pero tan mal dirigido que parecía no haber salido todavía de su papel en la serie *Boardwalk Empire*, en el que llevaba media máscara reproduciendo su rostro, destrozado en la Primera Guerra Mundial; es decir, estaba forzado a la inexpresividad.

Sí, alzaba los ojos y nada me invitaba a mantenerlos en la pantalla más de dos minutos seguidos. Hasta llegar a la conclusión. La carrera de cuadrigas —exagerada, empeorada e inverosímil— y lo que sucede después. Habrá quien me acuse de destripar las películas, pero también hay gente que ignora que Romeo y Julieta, Macbeth, Hamlet, Don Quijote y Madame Bovary mueren al final, y no por eso dejamos de hablar de esos desenlaces. Como la mayoría recordará, en la clásica el cruel Messala acaba la carrera muy maltrecho por culpa de sus felonías. Han de cortarle las piernas para que sobreviva. Él exige que esperen, para que su rival amado no lo vea demediado cuando se presente a saborear su triunfo. Llegan a cruzarse unas frases acerbas y Messala expira amargado. Pues bien, mi sorpresa fue mayúscula al descubrir que en la nueva —dirigida por un individuo de nombre irreproducible, parece uzbeko o kazajo— esas palabras no son acerbas, sino que Messala, ya con una pierna amputada, se incorpora y los dos se abrazan mientras se sueltan cursilerías como «Perdóname todo lo que te he hecho, hermano Ben-Hur» y «No, eres tú el que debe perdonarme, Messala querido». Y no sólo eso, sino que como colofón se los ve cabalgando felices como en sus años mozos, cuando eran uña y carne. Es de suponer que Messala con una pierna ortopédica como la del atleta Pistorius, que dejó de correr cuando le metió a su novia cuatro tiros. Pero esa es otra historia.

No he leído la novela (1880) del Coronel Lew Wallace de la que procede *Ben-Hur*. Quién sabe si ahí el protagonista y Messala se «ajuntan» de nuevo tras haberse destrozado. Da lo mismo. Como la de *Lo que el viento se llevó*, son novelas eclipsadas por sus mucho más célebres versiones cinematográficas. La historia *es* la que éstas han contado. Así que sólo me explico el brutal cambio final a la luz de la misma sobreprotección que se puso ya en marcha hace décadas para los niños. Si usted busca hoy un cuento infantil como *Caperucita Roja,* los *Tres Cerditos, Hansel y Gretel* o *Blancanieves,* le será muy difícil encontrarlos sin adulterar y sin censurar. El Lobo Feroz no se come a nadie, sino que es amigo de los caminantes y les regala pasteles; a los Cerditos los quiere para jugar; a Hansel y Gretel nadie los enjaula ni ceba; y la manzana de la madrastra es una manzana caramelizada, para que Blancanieves engorde y no sea tan guapa, cómo vamos a decirles a los críos que la quiere envenenar. He hablado de ello otras veces: los niños no son idiotas (a diferencia de demasiados padres), y en seguida saben distinguir los miedos, los peligros y las asechanzas ficticias de las reales. Sabiéndose seguros, en esas ficciones aprenden de la existencia de los enemigos y del mal, algo con lo que inevitablemente se van a encontrar cuando crezcan, si no antes, pobrecillos. Los ayudan a ser precavidos y a protegerse, sin correr verdadero riesgo. Conciben el peligro sin padecerlo, se fortalecen, se emocionan, vibran y se ponen en guardia sin exponerse. Con tanta memez y tanto engaño (se les presenta como idílico un mundo que nunca lo es), en realidad se los debilita, se los convierte en pusilánimes y se los deja indefensos. Y como la infancia hoy se prolonga indefinidamente, alumbramos universitarios que exigen «espacios seguros» en los que nadie emita una opinión que los «perturbe» y les pinche la burbuja o cuento de hadas en que se los ha criado. A raíz de esta nueva y empalagosa versión de *Ben-Hur*, infiero que tampoco los pueriles adultos soportan ya la falta de reconciliación, el afán de venganza, la enemistad hasta la muerte, la muerte misma. No, ahora Ben-Hur y Messala se abrazan lloriqueando y se piden mil perdones por las tropelías. El subtítulo de la novela es *A Tale of the Christ*. Así que: Cristo bendito, nunca mejor dicho.

3-IX-17

Feminismo antifeminista

Aparecieron el mismo día en este diario dos noticias «deportivas» que me dieron que pensar. Una era nacional, y anunciaba que en la Vuelta a España «las azafatas ya no darán el beso en el podio al ciclista que reciba premios. Habíamos recibido muchas quejas», decía el director de la competición, «y no queremos que esa foto pueda repetirse». Y añadía ridículamente: «Mantenemos las cuatro azafatas de podio, pero establecemos nuevo protocolo. Más que floreros, como se critica, que sólo están para salir en la foto, pura presencia, tendrán una función de asistentes, dándole el trofeo y el ramo de flores a la autoridad correspondiente, que será quien se los entregue al ciclista». La verdad, no veo diferencia: sólo que las azafatas le pasarán los premios a un señor encorbatado en vez de a uno sudoroso y con pantalón semicorto. En realidad, lo único que se suprime es el beso en la mejilla, que hace décadas consideraban pecaminoso los curas y monjas (bueno, y hoy en día los islamistas, que ni siquiera se dignan estrechar la mano a una mujer) y hoy consideran machista y sexista los nuevos curas y monjas disfrazados. Me llamó la atención que el redactor se refiriera al ciclismo como a «un deporte antiguo atrapado por fin por la modernidad». ¿Por la modernidad? Más bien por la regresión, el reaccionarismo y la ranciedad.

Porque veamos, ¿no es el beso en la mejilla, o en las dos, el saludo habitual entre hombre y mujer en España, incluso entre completos desconocidos, desde hace mucho? Yo tiendo a ofrecer la mano, pero veo que bastantes mujeres no se toman ese gesto a bien, como si me reprocharan estar poniendo distancia. Sólo a los puritanos extremos y a los partidarios de la *sharía* les puede parecer eso mal. Por pecaminoso o por sexista, el resultado es el mismo: la condena del tacto y el roce entre varón y mujer.

La otra noticia la encontré más grave, y venía de los Estados Unidos, de donde importamos todas las imbecilidades y ningún acierto. La LPGA, el circuito americano femenino de golf, ha enviado una circular a todas las golfistas profesionales prohibiéndoles minifaldas, escotes y mallas, bajo multa de mil dólares a la primera infracción y del doble si son reincidentes. Fueron algunas jugadoras las que protestaron por la vestimenta de otras compañeras, en particular de Paige Spiranac, «más famosa y rica por la proyección de su imagen en las redes sociales que por sus éxitos en el campo de golf». En la foto que se ofrecía de ella se la veía sin ningún escote y con falda más larga que las de las tenistas. Consultada al respecto la navarra Beatriz Recari, contestó: «Eso hace que paguen justas por pecadoras. Se puede dar un toque a tres o cuatro golfistas, pero tampoco se puede volver a una mentalidad de hace treinta años, con faldas por la rodilla». Lástima que ignore que hace treinta años había mucha más libertad que hoy y todo el mundo vestía como le venía en gana, en casi cualquier ocasión. Y no digamos hace cuarenta y aun cincuenta: la mayoría de las jóvenes llevaban minifaldas con más de medio muslo al descubierto. ¿Y por qué «pecadoras»? Ay, le salió la palabra clave.

Una de las cosas por las que lucharon siempre las feministas, desde sus albores, fue por la libertad indumentaria de la mujer. Primero se deshicieron de refajos y corsés insoportables, luego mostraron el tobillo, la pantorrilla, la rodilla, finalmente el muslo entero y se enfundaron en pantalones. Reivindicaron su derecho a ir cómodas o *sexy*, según el caso, y, en el segundo, a que no

por ello se las acusara de «ir provocando», y se justifica-
ran, por ejemplo, abusos y violaciones en virtud de su
atuendo. En los años setenta y ochenta muchas feministas prescindieron del sostén pese a que causara escándalo
que así se les notaran más los pezones. Quienes se oponían a eso, quienes denunciaban y multaban a las que
llevaban bikini o practicaban *topless*, eran los estamentos
más pacatos y ultras del régimen franquista, las señoras
pudibundas de cada localidad, los señores meapilas y retrógrados. Que hoy se pueda multar de nuevo a las mujeres por enseñar las piernas o el escote es de una gravedad absoluta. Más aún cuando la medida se hace pasar
por «moderna», «digna», «antimachista» y demás. Lo
que nunca consiguieron los mojigatos, los represores,
los que cortaban los besos en las proyecciones de las películas y plantaban grotescos y espúreos títulos de crédito sobre un escote de Sophia Loren «libidinoso», lo están logrando las actuales pseudofeministas traidoras a su
causa, entre las cuales da la impresión de haberse infil-
trado una quinta columna de curas y monjas y señoras
remilgadas y beatos de antaño. De nada me sirve que
aduzcan que ahora «el motivo es bueno» para reprimir y
prohibir y multar, si el resultado es el mismo de las épocas más oscuras y cavernosas, es decir, reprimir y prohibir y multar. Salvando las insalvables distancias, es como
si me viniera una gente proponiendo el exterminio de
los judíos, pero ahora «por un buen motivo». Pues miren, no. Los motivos, por mucho barniz falsamente pro-
gresista que se les dé, son siempre malos cuando condu-
cen a resultados pésimos, al atraso y a la regresión.

10-IX-17

Mientras las cosas suceden

Mientras las cosas suceden es difícil, imposible a veces, imaginar cómo serán vistas y consideradas una vez que hayan cesado, y en todo caso ha de tenerse presente que serán juzgadas de muy distinta manera según cuál sea su desenlace, o, dicho más a las claras, según quién resulte triunfante. Con razón se repite que el relato o la historia los cuentan siempre los vencedores, al menos en primera instancia. Mientras *sucedía* el régimen nazi, acerca de cuya maldad está de acuerdo casi todo el mundo desde hace muchas décadas, eran millones, y no sólo alemanas, las personas que lo vitoreaban y que luchaban por su aplastante victoria o la deseaban con todas sus fuerzas. Más millones todavía la veían inevitable, unas espantadas, otras resignadas. Hubo gente que detestaba ese régimen pero que decidió poner a salvo sus ahorros convirtiéndolos en marcos, convencida de que esa iba a ser la moneda segura del futuro próximo.

Ahora, cuando hace unos cinco años que ETA no asesina ni secuestra ni extorsiona, algunos de los que la apoyaron o justificaron empiezan a extrañarse de su actitud benévola o jaleadora hacia esa organización terrorista. Tras el extrañamiento —es muy probable— vendrán la negación y el autoengaño, y habrá *abertzales* feroces y Arzallus que dirán con aplomo: «¿Yo? Yo siempre le quité el oxígeno a ETA», del mismo modo que en Alemania y Austria resultó que nadie había sido nazi, ni en Italia nadie fascista, ni en España —muchos años más tarde— nadie franquista. Ahora hay individuos vascos que, a la luz de la novela *Patria* o de libros muy anteriores como *Contra el olvido*, escrito por Cristina Cuesta cuando ETA estaba activísima, se percatan de la vileza de buena parte de la sociedad, de su cobardía, de la crueldad con que se actuó contra las víctimas y sus familiares; de que parte de esa sociedad no se contentaba con matar a las primeras, sino que necesitaba matarlas varias veces, es decir, rematarlas, vilipendiarlas, difamarlas y profanar sus tumbas. El proceso, con todo, está siendo lento y desde luego parcial: hay muchos que todavía adoran a ETA, más que la exculpan con esa frase taimada: «Eran otros tiempos» (hay que ver cómo corren los tiempos cuando a uno le interesa); y hay partidos políticos como la CUP o Podemos que, sin ni siquiera ser vascos, no ocultan su simpatía o su comprensión hacia los etarras y se alían con sus herederos políticos para gobernar en tal o cual pueblo, ciudad y hasta autonomía.

Quizá es que ETA aún está sucediendo. Para empezar, no se ha disuelto. O quizá es que nada de lo sucedido termina nunca de suceder enteramente. En España hay numerosos franquistas confesos o que mal disimulan; en Europa se envalentonan formaciones neonazis; hasta el Ku Klux Klan asoma la capucha, confiado en la connivencia del Presidente de los Estados Unidos, Trump el deficiente y a un paso de ser el delincuente. A menudo nos figuramos que las «ideas» y las creencias desaparecen, pero la mayoría de ellas dormita a la espera de un despertar propicio. He visto hace poco un vídeo de 1958 en el que el entonces Presidente egipcio Nasser se burlaba de las pretensiones de los Hermanos Musulmanes de que el *hiyab* fuera obligatorio para las mujeres. Se oyen las abiertas carcajadas de los asistentes, parecidas a las que oiríamos hoy en Europa si alguien propusiera retornar a usos del feudalismo. Había «ideas» y creencias que en el Egipto de 1958 parecían enterradas, lo mismo que en otros países árabes. Así que uno se pregunta cómo será visto y considerado el Daesh o Estado

Islámico con su terrorismo, cuando haya cesado, si es que cesa. Son centenares de millares las personas que están de acuerdo con él y desean su triunfo aplastante. Que aplauden cuando unos descerebrados (ay, los jóvenes manipulados; qué poco pagan sus crímenes quienes los manipulan, los despreciables proselitistas religiosos o políticos) arrasan la maravillosa Rambla de Barcelona o el paseo marítimo de Niza; cuando niños y niñas son enviados a inmolarse con explosivos tan grandes como sus cuerpecillos. Hay mujeres que convencen a muchachas para que se unan a los combatientes del Daesh, y aquéllas saben perfectamente que lo que espera a éstas es la esclavitud sexual, ser un despojo. A diferencia de los nazis, que ocultaron los campos de exterminio cuanto pudieron, el Daesh ha proclamado su propósito genocida: se trata de aniquilar a los «infieles», es decir, a la mayor parte del mundo, incluidos los musulmanes chiíes y cuantos no se les sometan. El propósito es por suerte incumplible, pero centenares de millares de individuos celebrándolo es una anomalía colectiva equiparable a la del nazismo. Y éste sólo dejó de estar bien visto cuando cesó, y cuando fue derrotado. Con serlo mucho, lo más importante no es que sean neutralizados los jóvenes que atentan. Lo fundamental es que lo sean los adultos que los dirigen, engañan y sacrifican, mientras ven cómodamente el espectáculo. Ese imán de Ripoll y sus iguales y sus jefes.

17-IX-17

Un problema de incredulidad

Una vez más, el problema es mío sin duda. Sería idiota y presuntuoso pensar que son los demás quienes andan equivocados. Claro que a veces hay masas erradas a buen seguro (las que han hecho a Trump Presidente, sin ir más lejos), y su número no me puede convencer de lo contrario, ni aun cuadruplicado. Serían masas de zotes enajenados, y de ahí no me movería. Pero en lo que voy a comentar hay un elemento intuitivo, poco racional, que no avala mis impresiones. De hecho son sólo eso, impresiones y sensaciones.

Hace ya tiempo que no logro creerme casi nada de lo que veo, escucho, leo. Y la cosa me ha preocupado enormemente en el último mes, tras los atentados de Barcelona y Cambrils. Viví tres años de mi juventud en Barcelona y voy por allí cada cinco o seis semanas. Conozco a su gente civilizada y amable, ahora acogotada y semisecuestrada por los caciques de la independencia, individuos pueblerinos, autoritarios y racistas. Me creo a quienes empezaron a llenar la Rambla de flores, velas y mensajes: personas que necesitan hacer «algo» incluso cuando ya no se puede hacer nada, una forma de desesperado autoconsuelo. Pero pronto eso se convirtió en algo tan desproporcionado e invasivo que no pude evitar la impresión —insisto— de que muchos de los que depositaban sus ofrendas lo hacían ya sólo por mimetismo y para «no ser menos», tal vez para sacar una foto turística de lo que habían colocado y luego «compartirla», como se dice ahora con el verbo más tontaina de cuantos nos han invadido desde el inglés más tontaina.

Para ofrecerse a sí mismos una imagen ejemplar de sí mismos. ¿Por qué me cuesta creer en la autenticidad de ese gesto a partir de un momento dado? ¿Por qué dudo que a muchos visitantes —los barceloneses son otra historia— les importen gran cosa los muertos allí habidos? No lo sé, seré un incrédulo y un desconfiado. O quizá es porque tampoco he logrado creerme ninguno de los discursos huecos de los políticos ni de gran parte de los periodistas y tertulianos. A los primeros los he oído soltar banalidades de manual, tan manidas que suenan vacuas («Nadie destruirá nuestra forma de vida» y demás), o bien insidias en provecho propio, con las que resultaba diáfano que lamentaban el atentado, cómo no, pero que, una vez producido, era de tontos no sacarle partido, cada uno en beneficio de sus intereses. A los segundos y terceros (con honrosas excepciones) los he visto lucirse con sentidos recuerdos de *su* Rambla o bien arrimar el ascua a su sardina española o independentista, islamofóbica o islamofílica, según el caso. Pocos me ha parecido que deploraran de veras esos muertos abstractamente venerados. Las víctimas como oportunidad y pretexto.

Sí, gran problema el mío, porque ni siquiera he conseguido creerme el voluntarioso lema «*No tinc por*», entre otras razones porque cuando uno se empeña en repetir en exceso la misma frase, suele ser signo de que a uno le pasa lo contrario de lo que proclama. Y sería lo natural, tener miedo. No hasta el punto de alterar las costumbres (en Madrid no lo hicimos tras el 11-M, con casi doscientos muertos), pero sí hasta el de andar ojo avizor, tomar precauciones y sentirse más amenazado que antes. ¿Y qué hay de la manifestación del sábado 26 de agosto? Costaba creérsela pese a la indudable sinceridad de la mayoría, si una parte no desdeñable de los manifestantes era obvio que estaban a otra cosa. No estaban desde luego a llorar a los asesinados ni a condenar a los terroristas ni al Daesh que los inspira, sino a abuchear a quienes les caían gordos, a exhibir sus enseñas en el día más inadecuado, a culpar de la matanza al Rey y al Gobierno central por sus tratos con determinados países (se les olvidó culpar al Barça, que ha lucido durante años «Qatar» en las camisetas), a pedir que no se vendan armas a nadie (cuando estos atentados se habían llevado a cabo con furgonetas alquiladas en casa y cuchillos de cocina, gran tráfico internacional hay de eso), a protestar por una islamofobia por suerte escasa en España, como ya se comprobó tras el mencionado 11-M. Fui viendo esa manifestación en diferentes cadenas. En una estaban siempre Pablo Iglesias o un acólito hablando, como si todas las víctimas hubieran sido de Podemos; en otra, oficial catalana, enfocaban insistentemente la zona en que había más *esteladas* y más pitos a los «españoles» presentes, falseando con descaro el conjunto; en otra, estatal, procuraban escamotear en lo posible eso mismo. De la multitud, muchas personas parecían en verdad afectadas; otras, estar allí porque era lo que tocaba y no iban a perderse el acontecimiento. No vi diferencia con otras ocasiones, incluso con algunas festivas. Eché de menos más silencio, duelo, sobrecogimiento (mucho pedir a esta época chillona, supongo). Quien me mereció mayor crédito en esos días (sólo en esos) fue el responsable de los Mossos d'Esquadra, Trapero, porque al hombre se lo veía afanándose, agotado, prestando servicio, sin tiempo ni ganas de posar ni de sacar provecho. Vaya problema tengo si, de toda la sociedad, a quien más me creí fue a un policía.

24-IX-17

Sí cuentan los que no cuentan

Cuando escribo esto (dos semanas antes de que pueda leerse), no se sabe qué pasará el 1 de octubre en Cataluña, y menos aún en los días siguientes. Es dudoso que nadie tenga previsto nada, porque demasiada gente lleva años instalada no sólo en la negación de la realidad, sino en la del futuro, como si el tiempo fuera a detenerse en el «momento culminante, inaugural y apoteósico». Y el tiempo jamás se detiene. Abducidos por la CUP, a Puigdemont y a Junqueras ya no les importa que, declarada la independencia de Cataluña (tal como hoy está planteada), su país se quedara aislado, súbitamente empobrecido, casi apestado. Que saliera de la Unión Europea y careciera de reconocimiento internacional (con alguna exótica excepción perteneciente a la categoría de «amores que matan»), que su economía cayera por debajo del bono basura en que ya se encuentra, que se largaran numerosas empresas. Que se ganara la animadversión de Francia, la cual lo vería como una amenaza territorial, ya que esa Cataluña «independiente» es o sería expansionista e imperialista y querría apropiarse del Rosellón al cabo del tiempo, Valencia y Baleares aparte. Y la de Italia, que vería un peligroso precedente para las aspiraciones de la Lega Nord, ese partido fascista tan semejante al llamado «bloque soberanista», y que pretende separar la Lombardía, el Piamonte y el Véneto (las zonas más ricas) del resto de la nación. Y la de Alemania, Holanda, Bélgica, probablemente la del Reino Unido y sin duda la de los Estados Unidos, que se mostrarían contundentes si, por ejemplo, Texas o California decidieran desgajarse.

Poco les importa nada a quienes han sometido a los catalanes a algo parecido a las preguntas-trampa, del tipo «¿Ya no pega usted a su mujer?». Si uno contesta que sí, malo. Si contesta que no, también malo, porque está admitiendo que «antes» sí le pegaba. Ante esas añagazas sólo cabe negar la pregunta y, por supuesto, no contestarla. Darle la espalda. Hoy, en Cataluña, en el instante en que alguien se presta a votar «Sí» o «No», está dando carta de naturaleza a una pantomima y a una farsa. Más allá de que el Gobierno central impida efectivamente el referéndum, estar dispuesto a participar en él (insisto: tal como se ha planteado) es estarlo a participar en un golpe de hechos consumados y en una nueva sociedad autoritaria. Hace ya mucho que la elección democrática de un Gobierno no garantiza que éste lo sea. No lo es el que no respeta a la oposición (es decir, a los ciudadanos que no lo han votado), ni a las minorías; ni el que inventa e impone nuevas leyes a su conveniencia, ni el que atropella la división de poderes; no lo es el que hostiga y arruina a la prensa poco complaciente con él y al final la suprime, ni el que acaba con la independencia de los jueces y los nombra a dedo (como sucede en Venezuela); ni el que impide debatir asuntos muy graves en el Parlamento y ni siquiera permite leer sus informes a sus propios letrados o intervenir a su Comisión de Garantías, como hizo Forcadell hace menos de un mes, despóticamente.

Pero sobre todo no lo es el que, con desprecio absoluto, excluye a una gran parte de la población, la mitad o más seguramente, y decide que los que no se pliegan a sus designios *simplemente no cuentan*, y por ende se puede actuar y se actúa como si no existieran. O como si fueran «anticatalanes», «traidores», *«botiflers»*, «fascistas», «unionistas», «españolistas», «escoria», se ha dicho hasta la saciedad todo esto. Si ustedes se fijan, nadie en Cataluña, y muy pocos en el resto de España, insultan a los independentistas. Se trata de una opción legítima y desde luego legal, siempre que no se intente imponerla a los demás mediante la intimidación, la exclusión, el chantaje, la represalia o la amenaza directa: la que han sufrido ya muchos alcaldes reacios a ceder sus ayuntamientos para la pantomima. Porque es pantomima, si es que no pucherazo, un referéndum con ocultaciones, con un censo fantasma, una transparencia inexistente, un control llevado a cabo por los partidarios del «Sí», sin cabinas, sin plazo cuerdo, sin una participación mínima para considerarlo válido y sin más requisito para dar por cierto su resultado que *un solo voto más* para la opción ganadora, que además ya está decidida y cantada: si sólo acuden a votar los que votan «Sí», me dirán ustedes dónde está el misterio. Este referéndum es tan sólo un mal adorno. La Generalitat lleva tiempo obrando como si se hubiera celebrado ya, con el resultado propugnado por ella, casi impuesto (su «neutralidad» es un chiste). La prueba es que ha aprobado «leyes de transitoriedad» o «desconexión» tranquilamente. Nos encontramos ante un caso claro de absolutismo: esto va a ser así porque así lo queremos nosotros; los que no estén de acuerdo son anticatalanes y ya no cuentan. Franco hizo algo muy parecido al final de la Guerra Civil: los que no me acaten y aclamen son la «anti-España». La única manera de oponerse hoy a eso es negar la pregunta, y que la cantidad de votantes —ingenuos o no— sea ridícula. Es decir: de participantes en la farsa.

1-X-17

Jueces de los difuntos

Parece que los políticos no tengan otra cosa que hacer que cambiar los nombres de las calles y retirar estatuas, placas y monumentos. Mientras algunas ciudades se degradan día a día (el centro de Madrid está aún más asqueroso que bajo Gallardón y Botella, que ya es decir), los munícipes y sus asesores las desatienden y se entretienen con ociosidades diversivas, es decir, maniobras llamativas con las que disimulan sus gestiones pésimas y sus frecuentes cacicadas. En España hay larga tradición con este juego. Durante la República se cambiaron nombres, más aún durante la Guerra, el franquismo fue una apoteosis (hasta se cargó los cines y cafeterías «extranjerizantes», el Royalty pasó a ser el Colón, etc.), y durante la Transición, más discretamente, se recuperaron algunas antiguas denominaciones (por fortuna, Príncipe de Vergara volvió a ser esa calle y no la del nefasto General Mola, conspicuo compinche de Franco).

Pero ahora, sin que haya variado el régimen democrático, a ciertos políticos y a ciertas gentes les ha dado un ataque de pureza con el asunto, y no sólo aquí, sino en los Estados Unidos y en Francia, y no digamos en Sabadell, donde un pseudohistoriador considera a todo español impuro y ha propuesto suprimir del callejero a Machado, Quevedo, Calderón, Lope, Larra y no sé cuántos impostores más, a unos por «franquistas», a otros por «anticatalanes» y a otros simplemente por «castellanos». Huelga decir que entre los primeros, con anacrónico rigor, contaba a Góngora, Lope y Quevedo. Pero, más allá de este lerdo y xenófobo individuo y de su lerdo y xenófobo Ayuntamiento que le encargó el proyecto, hemos entrado en una dinámica tan absurda como imparable. Las actuales sociedades pretenden ser impolutas (cuando no lo son en modo alguno) y que lo sea su callejero, lo cual es imposible mientras se sigan utilizando nombres de personas. Una cosa es que haya calles y plazas dedicadas a asesinos como Franco y sus generales, Hitler y sus secuaces o Stalin y los suyos. Se trata de individuos que lo único notable que hicieron fue sus crímenes. Pero hay otra mucha gente compleja o ambigua, imperfecta, a la que se rinde homenaje por lo bueno que hizo y a pesar de lo malo. Se tiende estúpidamente, además, a juzgar todas las épocas por los criterios de hoy, como si los muertos de pasados siglos hubieran debido tener la clarividencia de saber qué sería lo justo y correcto en el XXI. Alguien que en el XVII o en el XVIII poseía esclavos no era por fuerza un desalmado absoluto, como sí lo es quien hoy los posee o los que pregonan la esclavitud, el Daesh. ¿Que en el XVIII había ya algunos abolicionistas (Laurence Sterne uno de ellos)? Sí, pero se los contaba con los dedos de las manos. En Francia se habla de retirarle todo honor a Colbert, que cometió pecados, pero también fue un Ministro extraordinario y un valedor de las artes y las ciencias. Si nos pusiéramos a analizar con minucia las vidas de cada cual (no ya de políticos y militares, sino de escritores y artistas, en principio más sosegados), nunca encontraríamos a nadie sin tacha. Téngase en cuenta, además, que desde hace décadas el *hobby* de los biógrafos es «descubrir» lacras, escándalos y turbiedades en sus biografiados. Este era machista, aquel abandonó a su mujer, el otro maltrató o acomplejó a sus hijos; Neruda y Alberti escribieron loas a Stalin, D'Annunzio fue mussoliniano una época, Lampedusa era aristócrata, Heidegger simpatizó con el nazismo, Ridruejo fue falangista, Cortázar y Vargas Llosa apoyaron la dictadura de Castro un tiempo, García

Márquez hasta su último día, Sartre no se inmutó ante los asesinatos en masa de Mao, Pla y Cunqueiro estuvieron conformes con Franco. Pero si todos esos escritores tienen calles en algún sitio, no es por esos lamparones, sino pese a ellos y porque además lograron buenos versos o prosas o filosofías. Y algunos rectificaron a tiempo y abjuraron de sus errores.

Si se hurga en lo personal, estamos perdidos. Quizá el mejor poeta del siglo xx, T. S. Eliot, se portó dudosamente con su primera mujer, Vivien. No digamos el detestado Ted Hughes con las dos suyas. Si alguien los homenajea no elogia esos comportamientos, sino sus respectivas grandes obras y el bien que con ellas han hecho. En mi viejo libro *Vidas escritas* recorría brevemente las de veintitantos autores, entre ellos Faulkner, Conan Doyle, Conrad y Stevenson, Emily Brontë, Mann, Joyce, Rimbaud, Henry James, Lowry y Nabokov. La mayoría fueron calamitosos, algunos desaprensivos, muchos egoístas y unos cuantos fatuos hasta decir basta. ¿Y qué? No se los honra por eso. Si uno observa al microscopio a los benefactores de la humanidad, como Fleming, probablemente encontrará alguna mancha. Como la tienen, a buen seguro, cuantos hoy, erigidos en arrogantes jueces de los difuntos, se empeñan en «limpiar» sus callejeros y sus estatuas. Desde que tengo memoria, no recuerdo una sociedad tan hipócrita y puritana como la actual, ni tan sesgada. Más vale que recurra a los números para distinguir las calles, o a la antigua usanza inofensiva: Cedaceros, Curtidores, Milaneses, ya saben. Éstas, en Madrid, aún existen.

8-X-17

110

Lo fácil que es engañar

30 de septiembre, víspera de la kermés independentista de Cataluña. Salgo a dar una vuelta por mi barrio madrileño, el de los Austrias, poco proclive a votar al PP (decir que vota más «izquierdas» sería grotesco en tiempos en que se tiene por tal a un partido como Podemos, tan parecido al peronismo benefactor y beneficiado de Franco). Algo había leído en columnas ajenas, pero ahora lo veo con mis ojos: a lo largo de mi breve paseo, distingo un centenar de banderas españolas en balcones, algo insólito en la capital a menos que la selección dispute una final de fútbol, lo cual puede ocurrir, como máximo, un día cada dos años. «Vaya», me digo. «Gracias, Puigdemont y Junqueras, Forcadell y Anna Gabriel, Romeva y Turull y Mas, Rufián y Tardà.» (Ya dijo Juan Marsé, con su excelente oído, que estos dos últimos sonaban a dúo de caricatos.) «Estáis despertando un nacionalismo peligroso que llevaba décadas adormecido.» Me consuelo levemente al comprobar que las banderas colgadas son constitucionales o sin escudo, no veo ningún águila ni el insoportable toro silueteado.

Pero me revienta la proliferación de banderas, no importa cuáles. La veo una pésima señal. Hace años, a raíz de una exhibición de *esteladas* en el Camp Nou, y al preguntárseme al respecto en una radio, contesté que siempre que veía gran número de banderas me acordaba de Núremberg, fueran catalanas, españolas o estadounidenses. Un historiador experto en falsear la Historia me acusó de haber comparado a los independentistas con los nazis, ocultando arteramente que me había referido

111

a *cualquier* bandera, y que había hecho mención expresa de la española. Bueno, quien acostumbra a falsear la Historia cómo no va a falsear lo demás.

Lo cierto es que los susodichos políticos catalanes llevan años haciéndole inmensos favores al PP. Y si hasta ahora no se los han hecho al extremismo totalitario (al español; al catalán de la CUP ya lo creo que sí), es porque está medio oculto y desarbolado, o bien integrado en el PP. No es sólo que reaviven un patriotismo felizmente aletargado, ojalá eso quede en anécdota. Es que gracias a ellos ya no existe ningún grave asunto más: ni corrupción, ni Gürtel, ni Púnica, ni Bárcenas, ni *ley mordaza* ni recortes laborales, sanitarios, educativos. Hace no mucho la Ministra de Trabajo se fue de rositas tras ensalzar la «gran recuperación» de la economía tras la crisis, y encima se vanaglorió, con el mayor cinismo, de que «nadie ha sido dejado atrás». A Báñez le fallan las neuronas (es la única alternativa al cinismo), y además no se baja nunca de su coche oficial. Le bastaría pisar la Plaza Mayor de Madrid para ver que todos sus soportales están tomados por masas de mendigos que duermen y velan dentro de sus cartones, despidiendo un hedor que nada tiene que envidiar al de Calcuta en sus peores tiempos. Esa plaza, como otros puntos de la ciudad, son *favelas*, cada día más. Y si Gallardón y Botella no tomaron medida alguna, imagínense Carmena, a quien el escenario tal vez parezca de perlas y «aleccionador» para los turistas. Báñez se ha olvidado ya de los incontables negocios que debieron echar el cierre desde 2008, a los que de repente los bancos negaban hasta el crédito más modesto; de los infinitos parados súbitos del sector de la construcción y de las empresas afines: gente que llevaba una vida fabricando grifos, pomos o cañerías se quedó en la ruina y a menudo en la calle; tampoco va la Ministra a oficinas ni tiendas, en las que verá cómo se ha reducido el personal brutalmente y cómo quienes conservan

112

el empleo se ven obligados a hacer jornadas interminables, a multiplicar su tarea por dos o tres, para paliar esa falta de compañeros de la que los dueños sacan ganancia. Haga interminable cola en un supermercado y pregúntese por qué hay una sola caja abierta, en vez de tres o seis; pregunte qué sueldo perciben esos trabajadores que mantienen su puesto, se enterará de que no están lejos de ser siervos; pregunte qué tipo de contratos se ofrecen, y verá el abuso del patrono institucionalizado, y protegido por su Gobierno y por ella. ¿A nadie se ha dejado atrás? Son millones los que han perdido el empleo, el negocio o aun la vida, los que han engrosado las filas de la pobreza. Ya no se habla de nada de esto.

Claro que dense un paseo por Cataluña y verán lo mismo, si no peor. Sus gobernantes autonómicos, hoy aclamados por los independentistas, han llevado a cabo las mismas políticas de austeridad y recortes que el PP, con antelación y con el resultado de millares de niños malnutridos. Así que con la kermés también se están haciendo un inmenso favor a sí mismos. Han conseguido que no se hable más del 3 %, del saqueo de los Pujol, de la monstruosa corrupción. «Dadnos un país nuevo y puro», le dicen a la gente. Y callan la segunda parte, la verdadera: «Así nadie nos podrá pedir cuentas de lo que hemos hecho, ni de lo que seguiremos haciendo con las manos libres y jueces nuestros». Uno se estremece al comprobar lo fácil que resulta hoy engañar.

15-X-17

113

Las palabras ofendidas

En etapas turbulentas, cuando los acontecimientos cambian en cuestión de horas, es aún mayor fastidio escribir sabiendo que lo escrito llegará a los lectores dos semanas más tarde. Pero en el asunto catalán hay algo que no se habrá alterado ni se alterará jamás, y es el desaforado y ofensivo vaciamiento, o abaratamiento, de las palabras. Los políticos independentistas catalanes, y no sólo ellos (también los dirigentes de Òmnium y la ANC, antes Casals y Forcadell, ahora Cuixart y Sànchez, a los que nadie ha elegido y que sin embargo se han proclamado representantes máximos de su país), llevan muchos años ofendiendo a mansalva. Pero no me voy a referir a los incontables agravios a los demás españoles, con predilección por extremeños, andaluces e inicuos madrileños. Dejemos eso de lado, no demos importancia a lo que carece de ella.

No, las ofensas mayores han sido contra el mundo, tanto el del presente como el del pasado, y se han producido a través de la banalización constante de palabras de peso, serias, que no se pueden utilizar a la ligera sin cometer una afrenta. Un país con un autogobierno mayor que el de ningún equivalente europeo o americano (mayor que el de los *länder* alemanes o los estados de los Estados Unidos), que lleva votando libremente en diferentes elecciones desde hace casi cuatro décadas, a cuya lengua se protege y no se pone la menor cortapisa; que es o era uno de los más prósperos del continente, en el que hay y ha habido plena libertad de expresión y de defensa de cualesquiera ideas, en el que se vive o vivía en paz y con comodidad; elogiado y admirado con justicia por el resto del planeta, con ciudades y pueblos extraordinarios y una tradición cultural deslumbrante...; bueno, sus gobernantes y sus fanáticos llevan un lustro vociferando quejosamente *«Visca Catalunya lliure!»* y desplegando pancartas con el lema *«Freedom for Catalonia»*. Sostienen que viven «oprimidos», «ocupados» y «humillados», y apelan sin cesar a la «democracia» mientras se la saltan a la torera y desean acabar con ella en su «república» sin disidentes, con jueces nombrados y controlados por los políticos, con la libertad de prensa mermada si es que no suprimida, con el señalamiento y la delación de los «desafectos» y los «tibios» (son los términos que en su día utilizó el franquismo en sus siempre insaciables depuraciones). Se permiten llamar «fascistas» a Joan Manuel Serrat y a Isabel Coixet y a más de media Cataluña, o «traidor» y «renegado» a Juan Marsé. Ninguno debería amargarse ni sentirse abatido por ello: es como si los llamaran «fascistas» las huestes de Mussolini. Imaginen el valor de ese insulto en los labios que hoy lo pronuncian.

La gran ofensa es contra quienes sí están o han estado de verdad oprimidos y privados de libertad, contra quienes no han disfrutado de un átomo de democracia en sus vidas y jamás han votado. Para empezar, contra todos los españoles que vivimos y padecimos el franquismo, bajo el cual no había partidos políticos ni libertad de expresión alguna, y un estudiante se podía pasar dos años en la cárcel por arrojar octavillas; un sindicalista, no digamos. No sólo los catalanes lo sufrieron, ni los que más, y fueron muchos sus conciudadanos que lo abrazaron y fortalecieron. Es una ofensa contra las poblaciones de Irak y Siria que están o han estado bajo el dominio del Daesh, eso sí es opresión y humillación sin cuento. Contra las mujeres saudíes y de otros países musulmanes, en los que carecen de derechos y viven convertidas en menores de edad o en esclavas conyugales. Contra los cubanos, que no han podido votar nada desde hace seis decenios; contra los chilenos y argentinos de sus respectivas dictaduras militares, cuando a la gente «se la desaparecía» y torturaba. Hablar de los «métodos de tortura» de la policía el 1-O, como ha hecho Anna Gabriel desfachatadamente y con mentira confesa, es un inconmensurable agravio a cuantos sufren y han sufrido torturas verdaderas en el universo. En cuanto a la «represión salvaje» de ese día, no sé qué adjetivo podrían encontrar entonces para las cargas de los *grises* en la dictadura, que muchos todavía hemos conocido. En ellas, y en otras incontables a lo ancho del globo, sí que se hacía y se hace daño, en Venezuela hoy sin ir más lejos. La policía y la Guardia Civil se deberían haber abstenido de emplear una sola porra, pero calificar su actuación de «brutal» y «salvaje» es desconocer la brutalidad y el salvajismo. Por fortuna. Y ojalá que las generaciones actuales los sigan desconociendo.

La de las palabras manoseadas y profanadas es la mayor ofensa y la mayor falta de respeto. Más incluso que la tergiversación de los números, practicada cuando en las últimas elecciones catalanas un 47 o 48 % quedó convertido por los caciques y los cazabrujas (no por *todos* los independentistas, claro) en «una mayoría nítida» y «un claro mandato» del pueblo entero. Ese fue ya el aviso de que nos encontramos, en efecto, ante émulos de Mussolini que extrañamente se dicen oprimidos, sin libertad y humillados, y que cometen la infamia de llamar «fascistas» a sus venideras víctimas.

22-X-17

Demasiados cerebros de gallina

Me entero de unas recientes estadísticas americanas que aún no hielan, pero enfrían sobremanera la sangre. Más que nada por eso, porque no son de Rusia ni de las Filipinas ni de Turquía ni de Cuba ni de Egipto ni de Corea del Norte, sino del autoproclamado «país de los libres» desde casi su fundación. El 36 % de los republicanos cree que la libertad de prensa causa más daño que beneficio, y sólo el 61 % de ellos la juzga necesaria. Entre los llamados *millennials*, sólo el 30 % la considera «esencial» para vivir en una democracia (luego el 70 % la ve prescindible). Hace diez o quince años, sólo el 6 % de los ciudadanos opinaba que un gobierno militar era una buena forma de regir la nación, mientras que ahora lo aprueba el 16 %, porcentaje que, entre los jóvenes y ricos, aumenta hasta el 35 %. Un 62 % de estudiantes demócratas —sí, he dicho demócratas— cree lícito silenciar a gritos un discurso que desagrade a quien lo escucha. Y a un 20 % de los estudiantes en general le parece aceptable usar la fuerza física para hacer callar a un orador, si sus declaraciones o afirmaciones son «ofensivas o hirientes». Por último, el 52 % de los republicanos apoyaría aplazar —es decir, cancelar— las próximas elecciones de 2020 si Trump así lo propusiera.

Todo ello es deprimente, alarmante y no del todo sorprendente. Nótese la entronización de lo subjetivo en el dato penúltimo. Los dos adjetivos, «ofensivo» e «hiriente», apelan exclusivamente a la subjetividad de quien oye o lee. Alguien muy religioso sentirá como hiriente que otro niegue la existencia de Dios o que su fe sea la verdadera; alguien patriotero, que se diga que su país ha cometido crímenes (y no hay ninguno que no lo haya hecho a lo largo de la Historia); alguien ultrafeminista, que se critique la obra artística de una congénere; alguien independentista, que se disienta de sus convicciones o delirios. En todos estos casos se vería justificado acallar a voces o mediante violencia al que nos contraría, porque «nos hiere u ofende». Y como las subjetividades son infinitas y siempre habrá a quien ofenda o hiera cualquier cosa, nadie podría decir nunca nada, como en los regímenes totalitarios. Bueno, nada salvo los dogmas impuestos por el régimen de turno, de derechas o de izquierdas.

Esas estadísticas son estadounidenses, pero me temo que en Europa no serían muy distintas. No es una cuestión de edad ni de ideología. Como se comprueba, participan de la intolerancia los mayores y los jóvenes, los demócratas y los republicanos. Demasiada gente, en todo caso, dispuesta a cuestionar o suprimir la libertad de expresión y de prensa, a celebrar un gobierno de militares, a callarles la boca por las bravas a quienes sostienen posturas que no les gustan. Las estadísticas de aquí las proporcionan las redes sociales, en las que un número ingente de individuos recurre de inmediato al ladrido, la amenaza y el insulto ante cualquier opinión diferente a la suya. Las más de las veces cobardemente, no se olvide, bajo anonimato. No cabe sino concluir que una serie de valores «democráticos», que dábamos por descontados, se están tambaleando. Valores fundamentales para la convivencia, para el respeto a las minorías y a los disidentes, para que la unanimidad no aplaste a nadie. Algo lleva demasiado tiempo fallando en la educación, y las conquistas y avances en el terreno del pensamiento, de la igualdad social, de las libertades y derechos, de la justicia, nunca están asegurados.

Personas con importantes cargos, y por tanto con influencia en nuestras vidas, razonan de manera cada vez más precaria, como si a muchas se les hubiera empequeñecido el cerebro. No sé, un par de ejemplos: la diputada Gabriel ha incurrido en una de las mayores contradicciones de términos jamás oídas, al calificarse a sí misma de «independentista sin fronteras» *(sic)*; y, después de la españolísima chapuza de Puigdemont en su Parlament el 10 de octubre, cerebros como el de Colau o el de los cada vez más osmóticos Montero e Iglesias (ya no se sabe si él la imita a ella o ella a él, hasta en el soniquete y los gestos) dedujeron que al *President* de la Generalitat había que «agradecerle» su galimatías, porque podía haber sido peor, y menos «generoso». Tras haber mentido, engañado y difamado compulsivamente, tras haberle ya causado un irremediable daño a su amada Cataluña, haber montado un referéndum-pucherazo digno de Franco y haberle dado validez con cara granítica, haberse burlado de su propio Parlament y haberlo cerrado a capricho; tras haber violado las leyes y haber despreciado a más de la mitad de los catalanes, ¿qué es lo que hay que «agradecerle»? ¿Que no sacara una pistola y gritara «Se sienten, coño», como Tejero? Es como si al atracador de un chalet hubiera que agradecerle que se llevara sólo los billetes grandes y dejara los pequeños, y se limitara a maniatar a los habitantes, sin pegarles. Señores científicos, hagan el favor de estudiar con urgencia por qué tantos cerebros humanos, en los últimos tiempos, han retrocedido y menguado hasta alcanzar el tamaño del de las gallinas.

29-X-17

La gente es muy normal

Cuando esto escribo, en el resto de España no percibo, de momento y por suerte, ninguna animadversión general contra los catalanes. Esa que, según los independentistas y sus corifeos extranjeros, ha existido siempre. Claro que hay y ha habido algunos españoles que «no los tragan», pero son una minoría exigua. Los independentistas (no tanto los sobrevenidos y circunstanciales de los últimos años cuanto los de arraigado convencimiento) necesitan creer que su país es tan odiado como odiado es por ellos el resto de la nación. No es ni ha sido nunca así. En la perversa Madrid son acogidos de buen grado, entre otras razones porque aquí a nadie le importa la procedencia de nadie. Recuerdo a un amigo gerundense que, cuando yo vivía en Barcelona en mi juventud, se jactaba de no haber pisado nunca la capital y manifestaba su intención de seguir así hasta su muerte. Al cabo del tiempo, y ya perdido el contacto con él, me lo encontré en las inmediaciones de Chicote, en plena Gran Vía madrileña. Tras saludarlo con afecto, no pude por menos de expresarle mi extrañeza. «No», me contestó sin más, «la verdad es que vengo con cierta frecuencia. La gente aquí es muy normal y me trata muy bien». «Sí», creo que le contesté. «La gente es normal en casi todas partes, sobre todo si se la trata de uno en uno y no se hacen abstracciones.»

Estamos cerca de que nos invada una de esas abstracciones. Como he dicho, no percibo aún animadversión general, pero sí hartazgo y saturación hacia los políticos catalanes y, en menor grado, hacia la masa que los sigue y se deja azuzar por ellos. Hacia sus mentiras y tergiversaciones, sus exageradas quejas, su carácter totalitario y cuasi racista. Puede que yo sólo trate a individuos civilizados, pero lo cierto es que no he oído ni una vez la frase «A los catalanes hay que meterlos en vereda» ni otras peores. Lo que sí he oído refleja ese hartazgo: «Que se vayan de una vez y dejen de dar la lata y de ponernos a todos en grave riesgo». Si un día hubiera un referéndum legal y pactado, en el que —como debería ser— votásemos todos sobre la posible secesión, pienso que un resultado verosímil sería que en Cataluña ganara el *No* y en las demás comunidades el *Sí*. Quién sabe.

Todo esto es muy injusto, como lo es lo ya producido, a saber: el secuestro de la mayoría por parte de la minoría. La minoría independentista es tan chillona, activa, frenética, teatrera y constante que parece que toda Cataluña sea así. Y miren, si se dieran por buenas —en absoluto se pueden dar— las cifras del referéndum del 1-O proclamadas por la Generalitat, aun así habría tres millones y pico de catalanes en desacuerdo con él. Dos millones largos a favor son muchas personas, pero, que yo sepa, son bastantes menos que tres y pico en contra. A estos últimos catalanes no se los puede echar, ni abandonarlos a su suerte, ni entregarlos a dirigentes autoritarios, dañinos y antidemocráticos, como han demostrado ser el curil Junqueras, Puigdemont, Forcadell y compañía, infinitamente más temibles y amenazantes que Rajoy, Sánchez y Rivera. Si en este conflicto hay alguien que se pudiera acabar asemejando a los serbios agoreramente traídos a colación, son esos políticos catalanes, no los del resto del país.

Es por tanto sumamente injusto, si no cruel, hablar de «los catalanes» como si estuvieran todos cortados por el mismo patrón que sus aciagos representantes actuales. Tampoco las multitudes independentistas merecerían ser asimiladas a ellos. Conozco a unos cuantos que lo son de buena fe y a los que no gustan las cacicadas como las del 6 y 7 de septiembre en el Parlament. Y son muy libres de querer poseer un pasaporte con el nombre de su país y verlo competir en los Juegos Olímpicos bajo su bandera. Y son libres de intentar convencer. Para lo que no lo son es para imponerle eso, *velis nolis* y con trampas, a la totalidad de sus conciudadanos. Para prescindir de todo escrúpulo y de toda ley, para clausurar el Parlament cada vez que les conviene, para abolir la democracia en el territorio e instaurar un régimen incontrolado y represor, lleno de «traidores», «súbditos» (la palabra es de Turull) y «anticatalanes» señalados, denunciados y hostigados. Un régimen que tendría como un principio la delación de los disidentes y discrepantes. No, numerosos independentistas también desaprueban eso, o así lo quiero creer. En todo caso, da lo mismo lo que «se sientan» unos y otros, nadie está obligado a albergar sentimientos. ¿«Se sienten» europeos todos los españoles? Seguro que no, y qué más da. Lo somos política y administrativamente, y por eso en nuestro pasaporte pone «Unión Europea». Dicho sea de paso, para nuestra gran ventaja. Esos tres millones y pico de catalanes (y quizá más) son y han sido amables y acogedores, pacíficos y civilizados, y han contribuido decisivamente a la modernidad de España. Lo último que merecen es que su nombre se vea usurpado, *también* en el resto del país, por una banda de gobernantes fanáticos y medievales.

5-XI-17

Impaciencia y caso omiso

He hablado muchas veces de la imparable infantilización del mundo y de cómo se están fabricando generaciones de adultos mimados que no toleran las frustraciones ni las negativas ni las imposibilidades. Lo más grave es que esta actitud se haya trasladado a la política y a las colectividades, y buena prueba de ello es la ya agotadora crisis de Cataluña: una parte de la población anhela una cosa (le «hace tanta ilusión», como arguyó hace mil años una aspirante a escritora empeñada en *obligarme* a leer sus textos), y ha de conseguirla por encima de la voluntad de todos, mediante trampas infinitas si es menester, y en contra del principio de realidad. Cada vez hay más gente avasalladora e impaciente, dispuesta a tocar todas las teclas aunque sepa que la mayoría no van a surtir efecto.

Mi casa tiene dos puertas, una detrás de otra. La primera da a un pasillo que comparto con una vecina, largo y en forma de L. Junto a esa primera puerta hay dos timbres. En uno se lee «JM» y en el otro «CC». Obviamente mi vecina no es JM ni yo soy CC, lo cual no impide que un buen porcentaje de los que la visitan a ella pulse el timbre de JM y otro notable de los que me visitan a mí pulse el de CC. Una y otra vez nos disculpamos recíprocamente por las molestias, y sólo nos explicamos el fenómeno así: muchos individuos son tan impacientes que, incapaces de esperar unos segundos a que ella o yo lleguemos a esa puerta primera, prueban a llamar al otro timbre creyendo que con eso lograrán su propósito (logran que se les franquee el primer paso, pero no el segundo, que es de lo que se trata). Bien, un señor al que no conozco de nada, y que por lo visto utiliza la misma máquina Olympia Carrera de Luxe a la que me he referido en varias columnas, telefonea a mi gran amiga Mercedes López-Ballesteros, que también me echa una mano en mis tareas, y la interroga implacablemente sobre cómo hacer para que tal o cual tecla lo obedezca, o cómo comprar cintas y demás, como si ella —o yo, por extensión— fuéramos un manual de instrucciones o unos proveedores, y además no tuviéramos otra cosa que hacer. Ella le contesta que no tiene idea, que quien usa la Olympia soy yo y no ella (que trabaja con ordenador), y que no lo puede ayudar. Al señor en cuestión eso le da igual: quiere ver su problema resuelto a toda costa y le insiste. «¿No entiende usted que yo no le sirvo?» No, no lo entiende y continúa explicándole, impertérrito, la función supuesta de la tecla rebelde. Está a lo suyo y nada más, engrosando las filas de los que *en sentido figurado* llamamos «autistas» (según el DLE: «Dicho de una persona: Encerrada en su mundo, conscientemente alejada de la realidad»; esa definición que tanto indigna a los enfermos de autismo y que exigen prohibir, sin darse cuenta, una vez más, de que la gente dice lo que le parece y da a las palabras el sentido que quiere, y que el *Diccionario* está obligado a reflejarlas sin más).

A Mercedes, que atiende los *mails* y me imprime los que yo deba ver, a menudo se la llevan los demonios. No sé, a la petición de que vaya a un sitio a dar una charla, contesta, por ejemplo, que estoy terminando una novela y no me añadiré viajes hasta que la acabe, o que estoy en plena promoción de la novela recién publicada y sin tiempo para nada más, o que estaré fuera durante tal y cual meses. Con frecuencia recibe una respuesta que hace caso omiso de la suya y le dice, quizá: «Preferiríamos que el señor M viniese un jueves, porque ese día no hay Copa de Europa y acude más gente a este tipo de eventos» (la estúpida palabra «eventos» por doquier). Mercedes se desespera y se pregunta cómo leen y cómo funcionan las cabezas de sus interlocutores. Otras veces alguien pide algo (un bolo, una entrevista, lo que sea). Acepto, y propongo tal o tal fecha a tal hora. «Es que esos días no me vienen bien», es con frecuencia la contestación. «Mejor el domingo a las ocho de la mañana.» La persona que pide algo olvida al instante que la interesada es ella y no yo. Que yo no le he solicitado nada, sino al revés, y que más le valdría coger pájaro en mano, si tanto es su interés. Así, no es nada raro que quien ruega algo, luego ponga trabas y lo dificulte. Hoy había reservado la tarde para contestar por escrito a una entrevista mexicana. Había accedido siempre y cuando tuviera las preguntas hoy como tarde, para poder cumplir durante el fin de semana. No han llegado, claro está, pero seguramente pretenderán que las conteste cuando ya no disponga de tiempo o me venga fatal, y se soliviantarán si no los complazco cuando decidan ellos. Mercedes «se venga» inconsciente y discretamente: al entregarme los *mails* impresos, a veces añade algo a mano: «Este es un pesado», o «Este es un grosero», o bien «Este me da pena» o «Este es encantador». No voy a negar que esas observaciones me influyen, aunque ella no las haga con esa intención, sino sólo con la de «comentar». Sea como sea, más vale que quien quiera algo de mí, no haga caso omiso de sus palabras y la trate con exquisitez.

12-XI-17

Protocolo sexual preciso

Hay asuntos que queman tanto que hasta opinar sobre ellos se convierte en un problema, en un riesgo para quien se atreve. Es lo que está sucediendo con el caso Harvey Weinstein y sus derivaciones. Claro que, al mismo tiempo, se exige que, en su ámbito cinematográfico, todo el mundo se pronuncie y lo llame «cerdo» como mínimo, porque quien se abstenga pasará a ser automáticamente sospechoso de connivencia con sus presuntas violaciones y abusos. (Obsérvese que lo de «presunto», que anteponemos hasta al terrorista que ha matado a un montón de personas ante un montón de testigos, no suele brindársele a ese productor de cine.) Ya sé que la cara no es el espejo del alma y que a nadie debemos juzgarlo por su físico. Pero todos lo hacemos en nuestro fuero interno: nos sirve de protección y guía, aunque en modo alguno sea ésta infalible. Pero qué quieren: hay rostros y miradas que nos inspiran confianza o desconfianza, y los hay que intentan inspirar lo primero y no logran convencernos. Era imposible, por ejemplo, creerse una sola lágrima de las que vertió la diputada Marta Rovira hace un par de semanas, cuando repitió nada menos que cuatro veces —«hasta el final, hasta el final, hasta el final, aún no he acabado, aún no he acabado» (intercaló autoritaria al oír aplausos), «hasta el final»—... Eso, que lucharían hasta el final tras la encarcelación de los miembros de su Govern.

La cara de Weinstein siempre me ha resultado desagradable, cuando se la he visto en televisión o prensa. Personalmente, me habría fiado tan poco de él como de

Correa o El Bigotes o Jordi Cuixart, por poner ejemplos nacionales. Con todos ellos, claro está, podría haberme equivocado. Todos podrían haber resultado ser individuos rectos y justos. Pero no habría hecho negocios con ellos. Y creo que, de haber sido mujer y actriz o aspirante a lo segundo, habría procurado no quedarme a solas con Weinstein, exactamente igual que con Trump. Weinstein además es muy feo, o así lo veo yo; y feo sin atractivo (hay algunos que lo tienen). Así que parece improbable que una mujer *desee* acostarse con él. Pero es o era un hombre muy poderoso, en un medio en el que abundan las muchachas lindas. No me extrañaría nada, así pues, que hubiera incurrido en una de las mayores vilezas (no por antigua y frecuente es menor) que se pueden cometer: valerse de una posición de dominio para obtener gratificaciones sexuales, por la fuerza o mediante el chantaje. Pero obviamente no me consta que lo haya hecho, por lo general en un sofá o en una habitación de hotel sólo suelen estar los implicados. Lo chirriante del asunto es la cascada de denuncias a partir de la primera. ¿Por qué callaron tantas víctimas durante años? Y, aún peor, ¿por qué amigos suyos como Tarantino se han visto impelidos a decir algo en su contra, aterrorizados por la marea? No sé, si yo descubriera algo indecente de un amigo, seguramente dejaría de tratarlo, pero me parecería ruin contribuir a su linchamiento público por temor al qué dirán.

Pero esa marea sigue creciendo. Kevin Spacey es ya un apestado por las acusaciones de varios supuestos damnificados (¿cuántas veces hay que recordar en estos tiempos que acusación no equivale a condena?). Al octogenario Dustin Hoffman le ha caído la de una mujer a la que gastó bromas procaces y pidió un masaje en los pies... en 1985. Y el Ministro de Defensa británico, Fallon, ha dimitido a raíz de que una periodista revelara ahora, aupada por la susodicha marea, que le tocó la rodilla varias veces... hace quince años. Al parecer no era esa la única falta de Fallon en ese campo, y quizá por eso ha dimitido. Pero, después de lo de la rodilla, creo llegado el momento de que hombres y mujeres establezcan un protocolo preciso de actuación entre mujer y hombre, hombre y hombre, mujer y mujer, para que la gente sepa a qué atenerse. Ante cualquier avance quizá deba pedirse permiso: «Me apetece besarte, ¿puedo?». Y, una vez concedido ese: «Ahora quisiera tocarte el pecho, ¿puedo?». Y así, paso a paso, hasta la última instancia: «Aunque ya estemos desnudos y abrazados, ¿puedo consumar?». Tal vez convendría firmar cláusulas sobre la marcha. Ojo, no hago burla ni parodia, lo digo en serio. Porque hasta ahora las cosas no han ido así. Por lo regular alguien tiene que hacer «el primer gesto», sea acercar una boca a otra o rozar un muslo. Si la boca o el muslo se apartan, casi todos hemos solido entender el mensaje y nos hemos retirado y disculpado. Pero que alguien intente besarnos (y en mi experiencia he procurado no ser yo quien hiciese ese «primer gesto», hasta el punto de habérseme reprochado mis «excesivos miramientos») no ha sido nunca violencia ni acoso ni abuso. La insistencia tras el rechazo puede empezar a ser lo segundo, la aproximación y el tanteo no. Tampoco ese grave pecado actual, tirar los tejos o «intentar seducir». La intimidación, el chantaje, la amenaza de una represalia, son intolerables, no digamos el uso de la fuerza. Pero urge redefinir todo esto, si ahora es hostigamiento y condenable tocar una rodilla, insinuarse con una broma o pedir un absurdo masaje en los pies.

19-XI-17

Poor devils

Conozco a algunas personas compungidas por la ramplona interpretación que de la crisis catalana han hecho ciertos medios y opinadores anglosajones, a ambos lados del Atlántico. Desde mi punto de vista (y miren que soy anglófilo de toda la vida, y por ello he sido tildado en España de «autor inglés traducido» y otras etiquetas más groseras), esas personas van atrasadas de información, o bien son muy lentas a la hora de sacudirse los viejos prestigios, cuando éstos ya han caído. Las voces en inglés han parecido más autorizadas que cualesquiera otras durante décadas, y con bastante justicia. Tanto los Estados Unidos como Gran Bretaña son ricos y fuertes todavía, han tenido y tienen científicos y artistas deslumbrantes y Universidades de enorme fama; han sido serios en el mejor sentido de la palabra, escrupulosos y racionales en sus análisis; han universalizado su cultura y su historia a través del cine y las series televisivas: no sé ahora, cuando ya casi nadie sabe nada, pero hasta hace poco no había europeo que ignorara quiénes fueron el General Custer o Jesse James, mientras que éramos incapaces de decir un solo nombre de general alemán, español, italiano o francés, incluidos los de Napoleón, o de un bandolero de las mismas nacionalidades. O bueno, mucha menos gente conocía al italiano Salvatore Giuliano que a los americanos Capone, Luciano o Billy el Niño. Con lo anglosajón, pero sobre todo con lo estadounidense, hay un papanatismo propio de países colonizados, con España a la cabeza. Todo lo que se inventa o se cree descubrir en América acaba abrazándose aquí con absoluto sentido acrítico, casi con idolatría.

Desde mi punto de vista, insisto, hace tiempo que lo que desde allí nos venden es mercancía dañada o barata, con las excepciones de rigor. La mayor parte de las novelas estadounidenses son repetitivas y carentes de interés, rara es la ocasión en que abro una y no empiezo a bostezar ante sus «frescos» de una época o de una ciudad, ante sus historias de familias (disfuncionales todas, por favor), ante sus artificiales prosas pretendidamente literarias y plagadas de tics de las llamadas «escuelas de escritura», ante su voluntariosa sumisión a lo «edificante» o a lo «transgresor». Del cine no hablemos: hace lustros que dejó de ser un arte que ofrecía un montón de obras maestras al año para brindarnos hoy productos sin brío y sin alma, películas desganadas, rutinarias y sin convicción, *remakes* y secuelas sin fin. De las costumbres que hemos importado, qué decir, desde Halloween hasta el Black Friday, todo contribuye a la infantilización y el gregarismo del mundo. En cuanto a los «razonamientos», les debemos las siete plagas de lo políticamente correcto, el abandono de toda complejidad, matiz y ambigüedad, incluso de toda duda y de todo dilema, cuando el ser humano es esencialmente complejo, ambiguo, lleno de excepcionalidades, incertidumbres y encrucijadas morales.

Pero, aparte de todo esto, que es una generalización superficial, los prestigios de los países están irremediablemente unidos a sus gobernantes, quienes, nos guste o no, influyen mucho más de lo que deberían. En este sentido, un país capaz de elegir como Presidente a Trump para mí ya no cuenta, en conjunto. Tampoco uno capaz de votar alocadamente el *Brexit* para medio arrepentirse cuarenta y ocho horas después y, pese a ello, carecer de valor para rectificar su atolondrada decisión; de exhibir como *Premier* a la incompetente y confusa Theresa May y como Ministro de Exteriores al cínico, bufonesco y dañino Boris Johnson. Países capaces de dejarse engañar por mamarrachos como Nigel Farage y Donald Trump pasan a ser inmediatamente países sin prestigio alguno, temporalmente idiotizados, dignos de lástima. No es que en España ni en Europa estemos representados por gente mucho mejor, pero al menos nuestros gobernantes no resultan grotescos (al menos hasta que ganen Berlusconi o Grillo, tal para cual). Sosos y mediocres, sí; injustos y con escaso pesquis, la mayoría; inútiles, también. Pero no grotescos ni llamativamente lerdos. Por eso, la obtusa interpretación del conflicto catalán hecha por editoriales del *New York Times* y el *Washington Post*, el *Guardian* y el *Times*, carece de la importancia que habría tenido hace sólo dos años, y no debería llevar a nadie a la compunción ni al sonrojo. Que esos diarios (y algunos escritores de brutal ignorancia e inermes ante la manipulación) no sepan detectar que el Govern de Puigdemont y Junqueras ha encabezado un golpe retrógrado y decimonónico, antidemocrático, insolidario, totalitario, a la vez elitista y aldeano, y tan denodadamente embustero como el de los brexiteros y los trumpistas, no hace sino confirmar que los países a los que pertenecen están embotados y han dejado de contar intelectualmente, ojalá que por poco tiempo. Y no es que en el mundo anglosajón no haya voces inteligentes, claro que las sigue habiendo. Pero están en retirada, avasalladas y desconcertadas por la rebelión de los tontos y su toma del poder. Cuanto hoy venga de ese mundo ha de cogerse con pinzas y ponerse en cuarentena. Porque, después del *Brexit* y Trump, esos países han bajado provisionalmente a la categoría de *«poor devils»*, como dicen en inglés.

26-XI-17

Y se juntan levemente

Por azares de la vida, yo, que no he tenido hijos, me encuentro con que han adquirido bastante presencia en la mía dos niños pequeños. La niña tiene cuatro años y es madrileña, el niñito acaba de cumplir uno y es barcelonés. Hace unos días me senté en una butaca a escuchar música, y en ese rato de quietud y atención mi mirada fue a posarse en las fotos que tenía enfrente, delante de los libros de un estante. Allí está desde hace tiempo mi madre, Lolita, no sé exactamente con qué edad, cuarenta y tantos o algo así. Tiene la mirada algo perdida y melancólica, como no solía ser infrecuente en ella. Pese a su continuo despliegue de actividad, a veces se quedaba pensativa con sus pensamientos indescifrables, no sé si más dedicados a la rememoración, a la preocupación o a la fantasía. Era una madre aprensiva con los demás, no desde luego consigo misma. Allí está, desde hace menos tiempo, mi tío Odón Alonso, el director de orquesta, con su pelo blanco de músico y su acusado perfil y su media sonrisa de quien acostumbraba a estar en las nubes y tarareando. Y, desde hace obligadamente muy poco, está también la foto del niñito nuevo, ahí todavía con meses, claro está. Y así, mientras oía la música y miraba los retratos, se me hizo extraña la idea de que el nacimiento de mi madre y el de ese niñito —la una contó sobremanera en mi vida, el otro es probable que cuente, si es que no cuenta ya— estuvieran separados por ciento cuatro años. Sorprendido, me repetí los cálculos: mi madre nació el 31 de diciembre de 1912, el niñito el 22 de noviembre de 2016. Sí, casi ciento cuatro años. La niña que también está ahora en mi vida, y que es bisnieta de Lolita, nació el 19 de septiembre de 2013, casi ciento un años después.

Lo que me asaltó a continuación es una obviedad, pero una en la que no solemos caer: a lo largo de nuestras existencias, sobre todo si no son breves, ponemos el afecto en personas separadas por eternidades. Si pienso en mis propios abuelos, la diferencia aumenta. Mi abuela materna, por ejemplo (la única que conocí, hasta mis quince años o así), debió de nacer hacia 1890 en La Habana, y vino a Madrid en 1898, cuando España perdió Cuba. Aún pequeña, lo cual no le impidió conservar el acento de la isla hasta su fallecimiento. Y mi abuelo paterno, al que no conocí pero bien podría haber conocido (llegó a ver a mis tres hermanos mayores), había nacido en 1870, es decir, ciento cuarenta y seis años —casi siglo y medio— antes que el niñito de la fotografía. ¿Cómo es posible que en una misma vida y memoria (las mías) quepan y convivan personas tan distanciadas, tan de diferentes épocas, incapaces de concebir a quienes han venido tan detrás ni a quienes llegaron tan delante al mundo? La niña, la bisnieta de Lolita, se parece mucho a su madre, mi sobrina Laura, y tiene precisamente la edad que su madre contaba cuando la mía hubo de despedirse de ella y murió. Durante los cuatro años en que coincidieron se adoraron mutuamente. Laura apenas lo recuerda, pero yo sí: cómo la niña, cuando venía a ver a su abuela y la divisaba desde la entrada, echaba a correr por el largo pasillo hasta abrazarse a ella con risa y contento, y cómo Lolita la acogía, especialmente feliz de que por fin hubiera otro miembro de su sexo en la familia, tras haber dado a luz a cinco varones y haberse pasado la vida entre «chicos» un poco distraídos y un poco egoístas. Así que en este caso no me cuesta figurarme la relación que ella habría tenido con la actual niña de cuatro años. Tampoco, en realidad, la que habría tenido con el niñito de un año. Entre ellos no hay consanguinidad, pero tanto da. Seguro que le habría hecho el mismo caso y lo habría querido igual.

Los veo a los dos en las fotos, la una muy cerca del otro, caras que jamás se vieron ni se podrían ver, y que sin embargo, a través de mis ojos, a través de mi viejo afecto por la una y mi incipiente afecto por el otro, que sin duda irá a más, se encuentran extrañamente vinculados. A todos nos pasa, a cada uno de ustedes también, sobre todo si han alcanzado cierta edad. Nada tiene de particular, lo que señalo es algo de lo más común. Pero, si no me equivoco, rara vez nos paramos a pensar en ello, en el hecho misterioso de que quepan en nuestra memoria, en nuestros afectos y en nuestra imaginación personas de diferentes siglos y mundos, personas del xix y del xxi y por supuesto del xx. No personas de las que meramente hayamos oído hablar o hayamos leído, sino que hemos visto y tratado, que de niños nos hicieron una caricia o a las que saludamos con un beso, tan naturales y reales como la caricia y el beso con que saludamos a la niña y al niñito de hoy. A través de nuestras mejillas transmisoras, esas personas condenadas a no saber unas de otras y a no verse jamás, a ignorarse por los siglos de los siglos, se juntan levemente y entran en fantasmagórico y tenue contacto, y mantienen el enigmático hilo de la continuidad.

3-XII-17

Lo terrible de estos crímenes

Cada vez hay más desesperación respecto a la llamada violencia machista (nunca emplearé la insensata expresión «de género»). Se suceden las protestas y las campañas en su contra, y se exigen «medidas» para atajarla y erradicarla. Todo ello con razón, pero, lamentablemente, con escaso sentido de la realidad. Lo terrible de estos crímenes, y la dificultad para combatirlos, estriba en que son individuales. No hay una conspiración de varones que prediquen el castigo a las mujeres que los abandonan. No hay proselitismo, a diferencia de lo que ocurre con el terrorismo, fuera el de ETA ayer o el del Daesh hoy. Tampoco, como con el actual independentismo, hay «evangelización». No se intenta convencer a los hombres de que maten a mujeres, no se trata de una «causa» que busque «adeptos». Por desgracia (bueno, no sé qué sería más trágico), cada bruto o sádico va por su cuenta y toma su decisión a solas. Lo más que puede concederse es que haya el factor mimético que suele acompañar a cualquier atrocidad, al instante imitadas todas. En ese aspecto, siempre cabe preguntarse hasta qué punto la sobreexposición en los medios de cada maltrato o asesinato de una mujer no trae consigo unos cuantos más, del mismo modo que los eternos minutos y enormes planas dedicados a cada atentado *yihadista* tal vez propicien su multiplicación. Pero poco puede hacerse al respecto: si ustedes recuerdan, durante los años más sangrientos de ETA, cuando ésta llegó a matar a unas ochenta personas cada doce meses, había ocasiones en que los asesinatos ocupaban tan sólo un «breve» del periódico, y eso no logró que disminuyeran. Por mucho que las noticias den malas ideas o estimulen la más nefasta emulación, es imposible dejar de informar de los hechos graves e indignantes.

Lo cierto es que cada crimen machista va por su cuenta, con su historia particular detrás. Cada asesino asesina sin confabularse con otros (salvo en casos tan irresueltos como los de Ciudad Juárez, donde sí pareció haber conjura), ninguno necesita el aliento, el beneplácito ni la propaganda de sus congéneres. Contra eso es muy difícil luchar. ¿Endurecer las penas? Desde luego, pero no es algo que importe a los asesinos de sus parejas o ex-parejas, los cuales se suicidan con frecuencia —o más bien lo intentan— después de cometido su crimen (uno se pregunta por qué diablos no lo hacen *antes*). ¿Educar desde la infancia? Sin duda, pero no parece que eso dé mucho resultado: un alto porcentaje de adolescentes españoles ve hoy «normal» el control de sus «chicas» y hasta cierta dosis de violencia hacia ellas. Es deprimente, y da la impresión de que, lejos de mejorar las mentalidades, las vamos empeorando. No sé, cuando yo era niño, nos pegábamos de vez en cuando en el patio o a la salida del colegio. Las niñas, rarísimamente, y no pasaban de tirarse del pelo, poco más. Conocíamos, sin embargo, una serie de normas inviolables: era inadmisible pegarse con un compañero de menor tamaño o edad; también ir dos contra uno («mierda para cada uno», era la frase infantil); y, sobre todo, a una chica no se le pegaba *jamás*, en ninguna circunstancia. Eso se consideraba una absoluta cobardía, algo ruin, algo vil. El que lo hacía quedaba manchado para siempre, por mucho perdón que pidiese luego. Pasaba a ser un apestado, un individuo despreciable, un desterrado de la comunidad. Y esas enseñanzas se prolongaban hasta la edad adulta. A una mujer no se le pone la mano encima, a no ser, supongo, que sea muy bestia y se nos abalance con un cuchillo en la mano, por ejemplo. Pero éramos conscientes de nuestra mayor fuerza física y de que era intolerable emplearla contra alguien en principio más débil (insisto, sólo en lo físico). Obviamente, no todo el mundo cumplía esas reglas, porque, de haber sido así, no habría habido en el pasado palizas de maridos a sus mujeres, y ya lo creo que las ha habido, probablemente más que hoy. Al fin y al cabo, durante siglos se consideró que no había que entrometerse en la (mala) vida de los matrimonios, y que esas palizas y aun asesinatos pertenecían a la «esfera íntima o familiar», una verdadera aberración.

Lo que sí es relativamente nuevo, algo cada vez más extendido, es que los varones maltratadores maten *también* a los hijos de la mujer, para causarle el mayor dolor imaginable. Ha dejado de ser una rarísima excepción. Los niños de mi época nos creíamos bastante a salvo, precisamente por ser niños incapaces de infligirle el menor daño a un adulto. ¿Cómo iban éstos a hacerle nada a una criatura no ya indefensa, sino inofensiva? Dudo que los críos de hoy se puedan sentir seguros, a poco que se les permita ver o leer las noticias. Las mujeres llevan siglos viviendo con un suplemento de miedo, al ir por la calle y aun en sus casas. Los niños, no, y quizá ahora sí. Lo peor es que, como sociedad, poco podemos lograr contra todo esto, más allá de exigir jueces más severos y repudiar a los maltratadores hasta el infinito. Pero es ingenuo creer que eso les va a hacer efecto. Es lo que tienen los crímenes personales, que nada disuade a cada asesino individual.

10-XII-17

¿Nunca culpables?

Los pueblos o los ciudadanos nunca son culpables de nada, suele decirse. (También hay quienes aseguran que jamás se equivocan, pese a que el mundo y la historia estén llenos de gravísimos casos de meteduras de pata, el más reciente la elección de un patán racista para la Casa Blanca.) Pero ya lo creo que lo son, culpables. Otra cosa es que su culpabilidad carezca de consecuencias, o sólo les acarree el castigo de padecer durante cuatro años a los criminales o imbéciles —bueno, lo uno no excluye lo otro— a los que han votado. Claro que a veces, como en los actuales casos de Venezuela o Rusia, esos cuatro años se convierten en veinte y los que te rondaré: algunos políticos, una vez instalados y con mayoría parlamentaria, la aprovechan para suprimir o adulterar las elecciones o «abrir un proceso constituyente», esto es, instaurar una nueva «legalidad» que los perpetúe en el poder y los beneficie. Pero en fin, a la primera, los pueblos pueden escaquearse de su responsabilidad arguyendo que fueron engañados por sus elegidos.

El pueblo o los ciudadanos catalanes no podrán esgrimir esta excusa dentro de cuatro días. Durante los dos años y pico transcurridos desde sus anteriores autonómicas han visto cómo ya el resultado de éstas fue falseado: los partidos independentistas alcanzaron el 47 o 48 % de los votos, y sin embargo eso fue para ellos «una mayoría clara» que reclamaba la escisión de España, «un mandato» que se han limitado a obedecer, enviando a la inexistencia al 52 % de los votantes. No sólo han borrado a éstos, sino que los han arrinconado y aco-

138

sado, los han purgado de las instituciones y aun del Govern si se mostraban «tibios» (recuérdese al *conseller* Baiget, que se dijo dispuesto a ir a prisión pero no a perder su patrimonio, y eso ya bastó para que se lo considerara «desafecto»). Luego, todas sus actuaciones han sido y siguen siendo de un cinismo que ha superado al que hemos sufrido por parte del PP durante lustros, y que en verdad parecía imbatible, lo mismo que su nivel de falacia. ERC, PDeCAT y CUP han mentido sin cesar *en todo*. Las empresas se pelearán por establecerse en la Cataluña independiente, y el mero amago ya ha llevado a casi tres mil (incluidas las principales) a cambiar la sede social o fiscal o ambas. Ni un minuto estaremos fuera de la Unión Europea, y todos los países miembros les han dado la espalda. Seremos más prósperos, y ese mero amago ha hecho descender el turismo y el comercio, ha llevado a los teatros y cines casi a la ruina, ha rebajado la producción, ha hecho salir dinero a espuertas y ha enviado al paro a los más pobres, camareros y «kellys» a la cabeza. Seremos como Dinamarca, y las perspectivas económicas de la república apuntan a convertirla en un gran Mónaco (es decir, un inmenso casino), una gran Andorra (es decir, un inmenso paraíso fiscal) o, para la CUP, una gran Albania de los tiempos de Hoxha (es decir, una inmensa cárcel con economatos).

Pero bueno, cada cual es libre de desear lo que quiera. El independentismo es tan legítimo como cualquier otra opción. El problema, desde mi punto de vista, es cómo se lleva a cabo la secesión y en manos de quiénes se pone el nuevo Estado. A estas elecciones se presentan los mismos individuos balcanizantes y totalitarios que han obrado sin escrúpulos desde 2015. Quienes los voten ya saben a qué se atienen, no podrán decir «Ah, yo no sabía» ni «Ah, es que me engañaron». Quienes suelen abstenerse en las autonómicas, también, ya no podrán decir «Ah, yo me inhibo» ni «Ah, es que todos son iguales».

Estas elecciones vienen tras una emergencia. Los independentistas exigen que el Gobierno central se comprometa a aceptar los resultados si son contrarios a sus intereses, pero eso mismo habría que exigirles a ellos, y no parecen dispuestos: si pierden, las considerarán ilegítimas; si ganan, aducirán que han realizado una proeza, pese a las dificultades. Y ya hablan de posibles pucherazos, quienes cometieron uno flagrante el pasado 1-O, dando por válido un pseudorreferéndum controlado por ellos y sin la menor garantía.

Hay que reconocer que, si se eclipsaran, echaríamos de menos a sus líderes, que han resultado de lo más entretenidos. Oír los disparates y vilezas del lunático Puigdemont, de la difamatoria y melindrosa Rovira, del beato Junqueras, de la autoritaria y estólida Forcadell, del achulado Rufián y del aturullado Tardà ha sido como tener una entrega diaria de aquellas viñetas del gran F. Ibáñez, «13, rue del Percebe». Y escuchar las verborreicas incoherencias malsanas de Colau (más que ambigüedades) ha sido como una ración de Cantinflas a diario, aunque los jóvenes ya no sepan quién era Cantinflas (un mexicano liante, lo encontrarán en YouTube, seguro). Pero la diversión tiene su límite cuando lleva aparejado el suicidio. No sólo el político. También el económico, el de la convivencia, el de la libertad democrática y el del decoro. Para convertirse en un país indecoroso no hay excusa. Que se lo pregunten a Austria cuando, recorriendo el camino inverso, perdió su nombre y pasó a llamarse Ostmark durante siete años. Fue por voluntad de su pueblo o de sus ciudadanos.

17-XII-17

Paradoja

Las mujeres, a mi juicio, están siendo víctimas de una paradoja creada por un elevado número de ellas. Durante bastantes años, su justa pretensión fue que no se tuviera en cuenta el sexo de quienes trabajaban, o escribían, o eran artistas, o políticas, lo que se quisiera. Que el hecho de que una mujer ganara un premio, o fuera elegida académica o Presidenta del Gobierno, no supusiera en sí una «noticia». Que los libros escritos, las películas dirigidas, los cuadros pintados, las investigaciones científicas realizadas, los cargos ocupados por mujeres, no resultaran objeto de comentario (ni de loa ni de escarnio) por esa accidental circunstancia. Que se juzgaran con normalidad, exactamente igual que las obras y logros de los varones. Que no hubiera, en suma, distinción por sexo ni paternalismo, y que se valorara todo por un mismo rasero. Se caminó en esa dirección, no sin dificultades. Todavía clama al cielo que en casi todos los países y ámbitos los hombres perciban mejores sueldos por tareas idénticas. Las mujeres aún tienen, como han tenido históricamente, derecho a quejarse y a reclamar para sí condiciones laborales equitativas. Pero sí, poco a poco sus quehaceres se empezaron a juzgar exclusivamente por su calidad y su mérito. Lo que interesaba interesaba, y tanto daba que estuviera llevado a cabo por un varón o una mujer. Ese, recuerdo, era el objetivo de Rosa Chacel, por ejemplo, a la que traté bastante. No sentía ningún complejo ni se reivindicaba nunca en tanto que *escritora* (femenina). Se veía a sí misma como cualquier otro autor, capaz de medirse con los más grandes. Y no le gustó que, cuando fue candidata a la Academia, tuviera que disputarse el sillón con otra mujer, precisamente. (Dicho sea de paso, salió elegida esa otra, que en mi opinión no le llegaba ni a la suela del zapato.)

Muchas mujeres mantienen esa actitud en la actualidad. Hacen su trabajo, no esperan favores ni condescendencia ni privilegios, no se reivindican por su sexo. Eso, de hecho, les parecería una bajeza y un ataque a sus congéneres. Jamás se permitirían valerse de las ridículamente llamadas «armas femeninas». Jamás lloriquearían como Marta Rovira, la cual, según un reportaje de este diario, prorrumpe en sollozos no sólo en público: «El truco resulta bastante eficaz, porque tras sus sonoras lágrimas todos suelen dejar la discusión por imposible», según cuentan en su entorno. Este tipo de mujer impostadamente infantilizada hace un flaquísimo favor a la causa feminista.

La paradoja a que me he referido es la siguiente: de un tiempo a esta parte, un gran porcentaje de libros y artículos escritos por mujeres, y de noticias relativas a ellas, siguen, en cierto modo, el «modelo Rovira». Tratan sólo sobre su sexo, y casi siempre en tono plañidero o furibundo u ofendido. Es cierto, ya digo, que han sido sometidas malamente a lo largo de los siglos, y que aún lo son en muchos aspectos y en demasiados países. Pero si las mujeres sólo se ocupan de señalarlo y denunciarlo insistente e interminablemente, el asunto se agota pronto e interesa poco. Yo procuro leer las columnas de opinión —y aún más los libros— sin atender al sexo de quien los firma, y así lo he hecho siempre. Desde hace unos años me resulta imposible no percatarme de él a las pocas líneas (con unas cuantas excepciones, como Soledad Gallego-Díaz, por mencionar un nombre). Son incontables los artículos dedicados a subrayar cuántas películas de directoras se exhiben en un festival, cuántos papeles importantes tienen las actrices, cuántos galardones literarios o cuántas calles han obtenido mujeres, cuántas diputadas en cada partido y cuántas ministras en cada Gobierno, etc. Recuerdo uno que enumeraba una larguísima lista de autoras (estaban ausentes, por cierto, casi todas las que a mí me parecen extraordinarias), y a continuación la articulista pedía o exigía que en enumeraciones semejantes se incluyeran *siempre* nombres de escritoras. ¿Esto es un artículo?, me pregunté.

De tal manera que no es fácil interesarse por lo que escriben hoy bastantes mujeres, si no hablan más que de algo ya aceptado por todos y consabido. No sé si a las lectoras les puede interesar ese «monotema», si les sirve para cargarse de razón e indignarse a diario. A los hombres, feministas o no, me temo que escasamente. A cada una de esas autoras o columnistas dan ganas de suplicarle: «Por favor, cuénteme algo que ignore. Hábleme de lo que usted haya pensado sobre cualquier asunto, no sobre su condición y sus cómputos. Bien está un par de veces, pero no a diario. La considero lo bastante inteligente para inquietarme y obligarme a reflexionar, para poner en cuestión mis opiniones, para hacerme ver la realidad de otro modo y forzarme a reparar en lo que se me había escapado. Su indignación ya la conozco, y además la comparto. Pero el mundo no se acaba ahí, ayúdeme a mejor comprenderlo». La paradoja es, pues, clara. Lo último que debería desear una mujer, se dedique a lo que se dedique, es que se la dé por «descontada» o «ya sabida». Y eso es lo que, lamentablemente, están consiguiendo demasiadas contemporáneas.

24-XII-17

Grafiteros, mendigo y académico

Hay semanas llenas de pequeños sinsabores o incidentes que lo mueven a uno a la risa, más que al enfado. Ojalá fueran todos así. La que hoy termina ha sido una de esas. La cosa empezó en la presentación de la última novela de Pérez-Reverte. En el escenario, el autor y tres mujeres, entre ellas nuestra magnífica editora Pilar Reyes, afanándose por dialogar e interesarnos. A mi izquierda, un par de individuos, con calva moderna y media barba, que no paraban de cuchichear como posesos. Una incontinencia verbal fuera de serie. «¿Qué diablos hacen aquí», me preguntaba, «en un sitio al que se viene a escuchar, no a rajar desenfrenadamente?». Claro que el panorama general del patio de butacas no era alentador: la mitad de los asistentes estaban a lo suyo, es decir, mandando y recibiendo *whatsapps* y chistes, haciendo fotos y vídeos con sus aparatos estúpidos, sin prestar la menor atención a lo que se hablaba arriba. La mala educación de mucha gente está alcanzando niveles disuasorios: ya no se puede ir al cine, ni a un concierto. Pero al menos los del móvil «interactuaban» en silencio, más o menos, mientras que los calvos modernos no descansaban: chucu-chucu, chucu-chucu, un bisbiseo inaguantable. Aun así aguanté cuarenta minutos, limitándome a mirar con estupor al que tenía al lado. Hasta que no pude más. Ya he escrito aquí sobre los peligros de llamarle hoy la atención a nadie. Poco después de hacerlo hubo dos víctimas más: un anciano le afeó a un coche, a distancia, haberse saltado un paso de cebra, y el conductor se detuvo, se bajó, le pegó un puñetazo al viejo y lo dejó seco en la calzada; y otro sujeto que meaba en la calle respondió a la recriminación de un vecino sacando una pistola y metiéndole un tiro. Así que me jugué la vida al decirles: «Oye, ¿vuestra tertulia la tenéis que tener aquí?». A lo que el de más allá me contestó altanero: «Es que podemos hacer las dos cosas, escuchar y hablar». «Ya», le respondí sin discutirle la falsedad, «pero molestáis a los demás, que no somos tan hábiles». Pararon un poco, sólo un poco. Tres días después, Pérez-Reverte estaba informado: «Ya sé que casi te pegas con unos amigos míos». «Pues vaya amigos, no sé por qué no escogieron la cafetería.» «Son dos grafiteros que me echaron una mano con una novela. Desde entonces van a todo lo mío, por lealtad personal, pero se aburren. Eso sí, me dijeron que eras chulo.» «¿Chulo yo? Para nada, fui muy modoso.» Comprendí que, en efecto, me había jugado la vida con tipos de acción, y encima amigos de un amigo.

A los dos días vino hacia mí un mendigo con la cara desnortada, en la calle de Bordadores. Y me gritó: «¡Padre, padre, deme algo, padre!». Él no podía saberlo, claro, pero que me confundan con un sacerdote —quizá un sacerdote chulo— es de lo peor que puede pasarme. Digamos que no es el gremio que mejor me cae, y como ahora van disfrazados de civiles (lo cual me parece fatal, un engaño a la gente), el mendigo no tenía por qué distinguir. Me detuve y le dije: «¿Por qué me llama "padre"? ¿Me ve usted a mí cara de cura? No me diga que sí, por favor». Lo mismo se lo llamaba a todos. El hombre se disculpó, me dijo que no, que me veía cara «normal». La cosa me divirtió como para deslizarle cinco euros.

Al día siguiente, reunión en la Academia con académicos latinoamericanos de visita. No tuve mucha ocasión de departir con ellos, sólo durante el recreo entre dos plenos severos. Un académico de Tegucigalpa me cuenta: «Invitamos a su padre para hacerlo *honoris causa*, pero no pudo venir y en seguida murió». «Ya, qué lásti-

145

ma», contesté, pero no pude por menos de pensar: «Pues sí que tardaron. Mi padre murió a los noventa y un años, así que se lo debieron de proponer a los noventa». El tegucigálpico pasó a otra cosa: «Su mejor novela de usted», me dijo, «es la primera». Sí, me temo que se refería a la primera de verdad, *Los dominios del lobo*, publicada a mis diecinueve años. Como le tengo simpatía, no vi inconveniente: «Sí, estoy de acuerdo». Pero al hombre no le bastó: «Todo lo que ha escrito luego, sí, muchas idas y venidas, un habilidoso artesano, pero sin la frescura de aquella». Huelga decir que nadie le había preguntado su opinión, pero eso no le impidió soltar la palabra más hiriente para cualquier autor, «artesano». La verdad es que encontré cómico lo gratuito y veloz del hundimiento, en dos minutos me había crucificado. «Pues nada», contesté sonriente, «no he hecho sino empeorar a lo largo de cuarenta y pico años». Mi compañero Manuel Gutiérrez Aragón asistió al breve diálogo, y para mí que se quedó helado (y admirado de mi templanza, espero). Sólo acertó a decir: «Caray, no hay nada como la sinceridad». El hondureño se despidió con una amenaza: «No pudimos llevar a su padre, pero a usted sí, en breve». «Gracias, pero no crea», le contesté: «detesto los vuelos transoceánicos». Bien es verdad que, aún muerto de risa (para mis adentros), acompañé la disculpa de este pensamiento: «Ni en pintura me van a ver en Tegucigalpa, visto lo visto». Feliz año a todos, incluidos los grafiteros, el mendigo miope y el señor académico tegucigalpense.

31-XII-17

El último bastión

Ningún hecho ha habido más épico en los últimos cien años que la resistencia de Inglaterra, completamente sola, durante la Segunda Guerra Mundial. Lo sabe cualquiera que haya leído libros sobre el conflicto o haya visto unas cuantas películas: éstas empezaron a hacerse durante la contienda y el filón no se ha agotado, casi ocho decenios más tarde. Uno detrás de otro, los países europeos habían caído derrotados, invadidos (de Polonia a Francia), o se habían proclamado neutrales (Suecia, Suiza), o se habían aliado con Hitler (la Unión Soviética, hasta 1941, cuando los nazis rompieron el pacto de no agresión) o habían sido «convencidos» (Italia, España, Hungría, Croacia, la Noruega de Quisling). Los Estados Unidos sesteaban y se desentendían. E Inglaterra, durante un tiempo que se le debió hacer eterno, aguantó en solitario y con escasa esperanza. Lástima que ahora se haya convertido en uno de los detractores y desertores de la actual Inglaterra, salvando todas las distancias.

La Inglaterra actual es para mí la Unión Europea. Por fortuna, el dramatismo de la situación no es comparable, y no hay guerra abierta. Pero, si las nuevas generaciones están ansiosas de tener *su* épica, no hay mejor causa que defender el único bastión de las libertades que queda en nuestro mundo, atacado por casi todos los flancos sin que nos demos mucha cuenta de ello. Es más, quienes deberíamos defender ese bastión a ultranza lo criticamos y nos quejamos de él a menudo. No es que no haya motivos. La Unión Europea está llena de defectos, es burocrática, con frecuencia parece arbitraria y en ocasiones será injusta. Siempre se dice que es *sólo* un proyecto económico y que no resulta «ilusionante». Pero nuestra visión debería mejorar si nos paramos a pensar que es lo único digno de conservación que tenemos, y que además fue un extraordinario invento del que no son conscientes muchos jóvenes. Han nacido ya con ella, y encuentran natural recorrer Europa con un DNI y sin cambiar de moneda, poderse trasladar a casi cualquier país manteniendo sus derechos y sin verse tratados como inmigrantes ni intrusos. Y más natural aún les parece que en ese territorio no haya guerras ni enemigos, sino todo lo contrario, solidaridad y colaboración y amigos. Si esos jóvenes (o demasiados viejos desmemoriados e ingratos) se molestaran en repasar un manual de Historia, sabrían que lo propio de nuestro continente, desde el inicio de los tiempos hasta fecha tan reciente como 1945, fue que los países se mataran entre sí y se mostraran beligerantes. La historia europea es una sucesión de escabechinas e invasiones, que sólo cesaron gracias a este proyecto hoy desdeñado, cuando no denostado. Esos jóvenes despreocupados y esos viejos irresponsables dan esa paz por descontada, y así nadie se afana por defender la mejor idea jamás alumbrada por nuestros antepasados.

Algo tendrá de buena y envidiable esa Unión cuando, si se fijan, hoy la ataca o la quiere debilitar casi todo el mundo. Trump la detesta y la boicotea, Putin procura disgregarla y romperla valiéndose de lo que sea, los *yihadistas* del Daesh y otros grupos intentan destruirla (¿cuántos atentados padecidos ya en nuestras tierras, incluido el de Barcelona que el ensimismamiento soberanista olvidó tras sus breves aspavientos? ¿Cuántos muertos?). La Venezuela de Maduro abomina de ella, y en nuestro propio seno es combatida con virulencia por los retrógrados de cada país: los xenófobos británicos ya han logrado abandonarla, y por consiguiente torpedear-la; en Francia, la racista Le Pen propone acabar con ella, como las extremas derechas holandesa, escandinava, ale-mana, austriaca y flamenca. También los grupos de la falsa y reaccionaria extrema izquierda la odian y desea-rían que desapareciera, y a toda esta gente se le han uni-do ahora los independentistas catalanes. Para uno de los más conspicuos, el comisario político Llach, los europeos son «cerdos», y para Puigdemont «una vergüenza». Y un par de naciones o tres forman ya una especie de quinta columna dentro de la propia Unión: Polonia, Hungría, Eslovaquia, que pretenden convertirse en semidictaduras sin separación de poderes y con prensa amordazada. Es seguro que si pidieran ahora su ingreso en el club, bajo sus actuales leyes y mandatarios, los demás miembros se lo denegarían. Es más fácil impedir el paso que expulsar a los ya instalados. En la Unión Europea no hay pena de muerte, hay elecciones democráticas y libertad de expre-sión y de prensa, y asistencia sanitaria aceptable; los di-ferentes países no pueden hacer cuanto se les antoje sin ser amonestados (por mucho que los «pueblos» aproba-ran referéndums para restablecer la esclavitud, por ejem-plo, eso no se consentiría). Con los Estados Unidos y Rusia convertidos en naciones autoritarias, por no hablar de la China, Turquía, las Filipinas, Egipto, Myanmar, Venezuela, Arabia Saudita y otros países musulmanes, y por supuesto Cuba, díganme si queda algún otro baluar-te de las libertades a este lado del Atlántico. Cierto que no hay una figura con el carisma y la retórica de Chur-chill. Pero tanto da: para quienes anhelan su épica, aquí la tienen: la defensa de un puñado de democracias caba-les contra el resto del globo, o casi.

7-I-18

Gratitud cada vez más tenue

Llevo tiempo observando que una de las cosas que más han cambiado en este siglo es la noción de agradecimiento. Si alguien se portaba bien con uno, o le hacía un favor, o le prestaba dinero y lo sacaba de un apuro, o lo consolaba en el desánimo, eso solía quedar en nuestra memoria *para siempre*. Bastaba con una sola ocasión, un solo gesto de generosidad, para que nuestra gratitud fuera imperecedera. Yo, desde luego, he procurado llevar eso al extremo: he tenido en cuenta hasta deferencias mínimas. Durante años un viejo amigo me dio motivos para retraerle la amistad, y sin embargo tardé muchísimo en hacerlo porque un día de 1981 le pedí que, ya que vivía en la misma calle que una novia extranjera que tenía yo por entonces y que estaba enferma (no recuerdo por qué, yo no podía desplazarme), se acercara a verla y a llevarle unos medicamentos. No era un gran sacrificio ni nada extraordinario, pero que se mostrara dispuesto me bastó para guardarle agradecimiento imprescriptible. Si alguien hacía algo por uno *una sola vez*, eso ya no se borraba. También he contado en alguna entrevista que mi ya larga amistad con Pérez-Reverte no es ajena a lo siguiente: en 1995 abandoné una editorial de prestigio y poderosa. La ruptura no estuvo relacionada con la mejor oferta de otra ni nada por el estilo (de hecho no tuve una nueva novela hasta 1998), sino con mi descontento y mis sospechas. Me encontré con un vacío y una insolidaridad absolutos por parte de mis colegas novelistas. No es que yo les pidiera ni esperara que dijeran nada públicamente, claro (no involucro a los demás en mis litigios), pero es que ni siquiera en privado casi nadie me dio el menor ánimo (se teme enemistarse con el poderoso). Pérez-Reverte, al que entonces no conocía, tuvo el detalle de acercárseme en una presentación y decirme: «Ya sé de tus problemas. Si te puedo echar una mano, o necesitas un abogado, cuenta conmigo». No tenía por qué, y en aquella época de soledad se lo agradecí muchísimo. Como también la solidaridad que me brindó Manuel Rodríguez Rivero. Son cosas que no se olvidan, o que yo no olvido. No necesitaba reiteración ni acumulación para tener a esas personas un miramiento (casi) eterno y a prueba de bombas.

Eso ya no existe mucho. Parece como si los favores no contaran a menos que se prolonguen indefinidamente. El que se rindió en el pasado es eso, pasado, y hay que renovarlo continuamente para mantener el agradecimiento. Es como si todo lo habido careciera de peso en cuanto los favores se interrumpen, por lo que sea. En lo personal y en lo público. Miren lo que le pasó a Puigdemont el día en que iba a renunciar a la DUI y a convocar elecciones. Quienes llevaban dos años jaleándolo y teniéndole gratitud se revolvieron al instante y lo llamaron traidor porque *ya* no hacía lo que ellos querían. Cuanto había hecho con anterioridad se había esfumado. Tanto pánico le dio que acabó por incurrir en la mayor sandez (bueno, una más de las suyas), y ahí lo tienen, con la chaveta perdida en Bruselas. En lo que a mí respecta, durante más de veinte años di un trato de amistad y privilegio a un matrimonio, con el que tuve incontables deferencias y al que ayudé a ganar dinero en tiempos difíciles, durante la crisis. Fue suficiente que en una ocasión no pudiera hacerles a marido y mujer el favor acostumbrado (o no quisiera del todo, tras un roce) para encontrarme con una actitud de insolencia y desprecio. Es más, precisamente por lo continuado de los favores, habían perdido de vista que se trataba de eso, de un favor entre amigos, pero favor al cabo, y se permitieron recriminarme que por una vez no se lo hiciera, o no a su gusto. Habían pasado a considerarlo una especie de obligación por mi parte, algo insólito. Y descubrí con amargura que nada de lo habido durante veinte años largos contaba: ni las molestias que me había tomado, ni las muchas horas dedicadas, ni el esfuerzo, ni el distanciamiento que me había ganado de otros por mi «favoritismo» hacia ellos. Se me quedó el alma helada, y no me cupo sino concluir que lo que para mí habían sido dos decenios de cordialidad y afecto, por el otro lado habían sido meros interés e hipocresía. Todo marchaba bien mientras el favor fuera permanente. Un solo «fallo» justificado bastaba para anular cuanto había acumulado.

Sí, el agradecimiento ha cambiado, se ha hecho tan tenue para muchos, que a uno a veces le dan ganas de no prestar más favores. ¿Para qué, si no se van a apreciar a menos que se perpetúen? ¿Y para qué va uno a perpetuarlos, si esa continuidad va a acabar convirtiéndolos en un «deber», en una «deuda» para quien los hace, y le van a reprochar que los suspenda? No sé, es como si una Navidad no pudiera darles aguinaldo a mis sobrinos (por andar mal de fondos, por ejemplo), y ellos me lo reclamaran y me lo echaran en cara y dejaran de hablarme. No pasaría, mis sobrinos son muy buenos chicos, y considerados. Pero miren a su alrededor y díganme si no han sufrido sorpresas de este tipo. Atrévanse a decirme que la noción de gratitud no ha cambiado. Pero, con todo y con eso, quien conserva la antigua nunca dejará de hacer favores, no sólo porque siempre haya excepciones, sino porque tampoco suele esperar que se los devuelvan. Sólo que le den las gracias.

14-I-18

Desdén

La Real Academia Española, que en 2013 cumplió tres siglos, solía financiarse en buena medida con las ventas de sus publicaciones, sobre todo con las del *Diccionario*, antes abreviado en DRAE y ahora en DLE (*Diccionario de la Lengua Española*, al ser obra de todas las Academias, no sólo de la de nuestro país). No es una institución estatal, sino mayormente privada. Desde hace años, sin embargo, esas ventas en papel han caído drásticamente, más que nada porque el DLE puede consultarse desde el ordenador, la tableta y el móvil, infinitas veces y gratis. De modo que casi nadie se molesta en adquirir el volumen impreso: para qué, si éste pesa y abulta y es más rápido buscar *online* las definiciones. De la utilidad del *Diccionario* da cuenta el número de consultas que recibe mensualmente: unos setenta millones, que a veces llegan a ochenta. Los visitantes no son sólo personas con curiosidad por la lengua ni «profesionales de la palabra» (escritores, traductores, editores, correctores). También sirve a los poderes del Estado a la hora de redactar leyes o enmendar la Constitución, por ejemplo; a los juristas, jueces, fiscales, abogados y notarios (más aún les servirá a todos éstos el reciente *Diccionario Jurídico*, dirigido por Muñoz Machado, actual Secretario). Cabe suponer que todo el mundo se congratula de que desde el siglo XVIII exista una norma, o más bien una referencia y orientación, para los vocablos. Que ayude a percibir los matices y las precisiones, que aclare los sinónimos y los que no acaban de serlo, que recoja y registre las evoluciones del habla, que señale lo que es anticuado o desusado y lo que es peyorativo. Que nos ayude a entender y a hacernos entender cuando hablamos o escribimos.

Hace una semana traté aquí de la gratitud menguante. Veo pocos casos de mayor ingratitud que la dispensada a la RAE. Lo habitual es que se lancen denuestos y burlas contra ella; que se la considere vetusta y «apolillada». Cuando tarda en admitir términos nuevos, se la critica por lenta y timorata; cuando se apresura a incorporarlos (y a mi parecer lo hace en exceso, sin aguardar a ver si una palabra arraiga o caduca en poco tiempo), se la acusa de manga ancha y papanatismo. Si rehúsa agregar vocablos mal formados, idiotas o espurios, probables flores de un día, se le achaca cerrazón, y si se niega a suprimir acepciones que molestan a tal o cual sector (es decir, a ejercer la censura), se la tacha de machista, racista, sexista o «antianimalista», sin comprender que las quejas han de ir a los hablantes, los cuales emplean las palabras que se les antojan independientemente de que figuren o no en el DLE. Lo que rarísima vez se expresa es gratitud hacia el trabajo de tantos académicos que han dedicado su mejor saber y su tiempo a precisar el idioma desde hace trescientos años. No digamos hacia los desconocidos lexicógrafos y filólogos sobre los que recae la mayor parte de la tarea. Huelga decir que esas personas perciben un sueldo, como es de justicia. Los académicos percibimos unos emolumentos modestísimos, en función de nuestras asistencias. Y si no asistimos, nada, como es lógico. Este año esos emolumentos se verán reducidos en un 30 %, por la escasez de ingresos y ayudas. Desde el inicio de la crisis la plantilla de trabajadores ha sufrido recortes y mermas y aun así no alcanzan los presupuestos.

Si una institución recibe entre setenta y ochenta millones de consultas al mes, su utilidad está fuera de duda. Bastaría con que cada usuario aportara diez céntimos al año para resolver las penurias. Pero es que además salen gratis, esas consultas. La RAE sirve a la sociedad española y a las latinoamericanas, sirve a los ciudadanos y al Estado. Pues bien, el Ministerio de Educación, que contribuía a su mantenimiento con una cantidad anual, la ha ido reduciendo a lo bestia. Si en 2009 aportaba 100 (es un decir, para entendernos), en 2018 aporta 42,34, y en 2014 se quedó en 41,26. Al Gobierno y al PP se les llena la boca de patriotismo y presumen sin cesar de que nuestra lengua es hablada por casi 500 millones de individuos, de que sea la segunda o tercera más utilizada en Internet y otras fanfarrias. Pero vean que es todo pura hipocresía. Su desinterés, su desprecio, su animosidad hacia la cultura son manifiestos. Buscan arruinar a la gente del cine, el teatro, la música, la literatura, el pensamiento y la ciencia. ¿Por qué no a la de la lengua? Quienes no deben hacerlo ignoran lo difícil que es definir una palabra. Hace poco, en mi comisión, nos tocó redefinir «reminiscencia». Había que diferenciarla de «rememoración», «remembranza», «recuerdo», cada vocablo está lleno de sutilezas. También nos ocupamos de términos coloquiales: ¿cuál es la diferencia entre «pedorra» y «petarda» (o «pedorro» y «petardo», desde luego)? Nos las vemos con lo más sublime, lo más técnico y lo más zafio, y a todo hemos de hacerle el mismo caso. Rajoy ha mostrado su desdén no pisando jamás la Academia. Muchos no lo echamos de menos. Pero a los trabajadores sí les preocupa su subvención cada vez más tacaña, ya que ven peligrar sus puestos. Y a la institución también, que a este paso bien podría dejar de prestar un día todos sus gratuitos servicios.

21-I-18

Invadidos o usurpado

Cada día me acuerdo más de aquella película de Donald Siegel, *La invasión de los ladrones de cuerpos*, de 1956, que además ha tenido por lo menos tres *remakes* (el último malo a rabiar, con Nicole Kidman). La original sigue siendo inigualable, con su modesto presupuesto en blanco y negro. En la localidad californiana de Santa Mira la gente empieza a sufrir una manía o alucinación colectiva: niños que aseguran que su madre no es su madre, sobrinas que niegan a su tío, pese a que la madre y el tío mantengan no sólo su apariencia física de siempre, sino todos sus recuerdos. A quienes denuncian la «suplantación» se los toma por trastornados, hasta que los personajes principales, encarnados por Kevin McCarthy y Dana Wynter, descubren que en efecto se está produciendo una usurpación masiva de los cuerpos: en unas extrañas vainas gigantes se van formando clones o réplicas exactas de todos los individuos, a los que sustituyen durante el sueño. Nadie cambia de aspecto, los clones heredan o se apropian de la memoria de cada ser humano «desplazado», todo parece continuar como siempre. Lo que alerta a quienes aún no han sido «robados» es la ausencia de emociones, de pasiones, la mirada hosca o neutra de los ya duplicados. Son los de toda la vida y a la vez no lo son. Son inhumanos.

Si me acuerdo tan a menudo de esa película y de la novela de Jack Finney en que se inspiró, es porque desde hace tiempo —y la cosa me va en aumento— tengo la sensación de que se está produciendo en el mundo una invasión de ladrones de cuerpos y mentes. No se trata de que las nuevas generaciones me resulten marcianas (no es así), sino que percibo esos cambios incomprensibles en personas de todas las edades. A muchos que juzgaba «normales» y razonables los veo ahora anómalos e irracionales. Demasiadas actitudes me son inexplicables y ajenas, negadoras o deformadoras de la realidad. Es inexplicable que millones de americanos hayan elegido a Trump como Presidente, y que los rusos estén encantados con la eternización en el poder de un autócrata megalómano; que los filipinos hayan votado a un asesino confeso, y buena parte de los franceses a Le Pen la racista, y no pocos alemanes a una formación neonazi, como los húngaros y polacos a sus actuales gobernantes. También que decenas de millares (incluidas mujeres) se hayan unido voluntariamente al Daesh sanguinario (y brutalmente machista). A una porción de catalanes los veo también «invadidos», sólo así se entiende que festejen los desafueros y mentiras constantes de los líderes independentistas. Pero mi extrañeza no se da sólo en política.

Algunas obras artísticas que me parecen muy buenas triunfan, pero cuanto me parece horroroso lo hace indefectiblemente. Si leo una novela o veo una película o una serie espantosas (según mi criterio, claro), no falla que las ensalce la crítica y reciban premios. Los cómicos de hoy los encuentro sin gracia en su mayoría, toscos y con mala leche, y a la vez me da la impresión de que el sentido del humor y la ironía han sido desterrados del universo. La gente que suelta las mayores barbaridades e insultos no tolera luego la más mínima crítica. La discrepancia es anatema: si cien francesas publican un manifiesto razonado y sensato, advirtiendo de una puritana ofensiva contra la sexualidad y las libertades, al instante se las tacha de «traidoras» y «cómplices del patriarcado», a las que éste *encarga* «el trabajo sucio». Sus congéneres frenético-feministas (más bien antifeministas disfrazadas) les niegan su capacidad de iniciativa y su autonomía de pensamiento, y las reducen a peleles, despreciando así a aquellas mujeres que no les dan la razón en todo, lo típico de los totalitarios. Yo escribo que los reiterativos textos y noticias sobre la proporción de mujeres en cualquier actividad no logran interesar a la mitad de la población (y dudo que a la otra mitad tampoco), y una articulista me acusa de pretender que las mujeres como ella se callen, nada menos. También a estas personas las veo «invadidas», para mi congoja. O no razonarían de manera a la vez tan falaz y ramplona.

Leo que a unas cajeras que robaban en su supermercado dicta la justicia que se les paguen unos miles de euros por no habérseles advertido que serían observadas por las cámaras que han probado sus sustracciones. Son incontables los jueces que parecen asimismo «invadidos»: los que ponen en cuestión, por ejemplo, la conducta o la vestimenta de una mujer violada, o si se mostró o no desolada después de su sufrimiento. No soy tan ingenuo ni tan soberbio como para no preguntarme si no seré yo el «invadido», si no soy yo a quien los ladrones han robado cuerpo y mente. Lo único que me impide darlo por seguro y concluir que soy el equivocado (que Trump es genial y beneficioso, etc.), es que aún veo a muchos ciudadanos tan perplejos como yo, y tan escamados. El día que me quede solo admitiré mi grave anomalía. O el día en que venere a Putin, a Maduro, a Berlusconi y a Al Sisi y a Erdogan, a Orbán y al jefe del Daesh Al Baghdadi, todo me parecerá perfecto en el mundo y sabré que por fin he sido usurpado.

28-I-18

El monopolio del insulto

Supongo que el personaje se da en muchos ámbitos, pero desde luego ha abundado y abunda en el mundo literario. Hay en él lo que podríamos llamar «el escritor matón», o de colmillo retorcido, o venenoso, que disfruta soltando maldades, principalmente contra sus colegas. A este escritor, en España, se lo suele venerar y se lo jalea, no es raro que se le erija un pedestal. Da una idea de nuestra proverbial mala baba, del gozo que nos provoca asistir al despellejamiento de alguien en primera fila. La figura se ha multiplicado con las redes sociales y la consagración del anonimato como algo perfectamente aceptable. Ya no hace falta ser escritor, ni conocido, para depositar a diario en el ordenador o en el móvil una buena ración de ponzoña. Los literatos que lo practicaban y practican, al menos, pretenden resultar ingeniosos en sus diatribas o mezquindades. A menudo no lo son, por mucho que sus acólitos les rían las gracias sin sal, pero, claro está, hay excepciones y las ha habido. Y hay que admitir que es tentador, lanzar pullas y echar por tierra falsos prestigios. No diré que yo no haya incurrido en ello, más como respuesta a un ataque previo —eso creo— que por propia iniciativa. Casi nadie está libre de ese pecado (se me ocurren Eduardo Mendoza y pocos más, entre los vivos). Pero una cosa es enzarzarse en una ocasional polémica o duelo y otra *dedicarse* a arrojar venablos, vengan o no a cuento.

Hay géneros que los propician, como las memorias, las autobiografías, las semblanzas de contemporáneos y los diarios. Los que más, estos últimos, y por eso nunca los he escrito y rarísima vez los leo. Nadie puede negar que una malicia oportuna y certera a veces tiene su encanto, sobre todo si es oral y después se la lleva el viento. Por escrito, en cambio —impresa—, a mí me produce casi siempre un pésimo efecto, del que sin duda no se percatan quienes las publican alegre y vanidosamente. Siendo admirador de Bioy Casares, me negué a leer su grueso volumen sobre sus charlas vespertinas con Borges al enterarme de que allí aparecían consignadas todas las malignidades que de viva voz esparcía el maestro más viejo. Habría sido divertido y provechoso, a buen seguro, asistir a esas reuniones privadas, pero intuí que asomarme a ellas luego, «encuadernadas» y en frío, me traería más malestar que placer, y que conocer los chismorreos y dardos de dos hombres inteligentes me los rebajaría. El espectáculo de la mala uva, del desdén, de la soberbia o del resentimiento nunca es grato, excepto para aquellos —españoles a millares, como he dicho— que viven gran parte del tiempo instalados a gusto en ellos.

Lo curioso es con cuánta frecuencia uno se encuentra con que los escritores más fustigadores y maledicentes son los de piel más fina. Sueltan sin cesar sus venenillos, pero si alguien les paga con la misma moneda, no es ya que se enfurezcan, sino que se sorprenden enormemente y se quedan desconcertados. El escritor matón (como los matones de cualquier índole) aspira además a la impunidad. Se permite toda clase de desprecios o exabruptos y no cuenta con que, yendo así por el mundo, lo más probable es que le toque fajarse y recibir unos cuantos golpes. Por el contrario, cuando le devuelven el mandoble, se duele, se escandaliza, no se lo logra explicar y se asombra. Sé de uno que reacciona así siempre: «Fíjate lo que ha dicho Fulano de mí, el muy agresivo». «Ya», le contesta su interlocutor, «pero es que tú habías dicho antes cien atrocidades de él». La respuesta del matón puede ser: «Eso no tiene que ver», o «Lo mío era bien poca cosa». Sí, lo del matón siempre es para él poca cosa.

Me he acordado de este tradicional personaje, tan hispánico, al ver el solivianto de los separatistas catalanes ante un par de guasas recientes. Se han ofendido y puesto severos por unas chirigotas gaditanas. Que éstas son de mal gusto e hirientes las más de las veces, a nadie se le escapa, es su esencia. También les ha sentado como un tiro la broma de Tabàrnia, son los únicos que se la han tomado en serio, aterrados. Por definición, los fanáticos carecen de sentido del humor cuando se les toma el pelo a ellos. Porque esos mismos separatistas han aplaudido durante años el programa satírico *Polònia*, que se choteaba un poquito de los catalanes ineptos y mucho de los ineptos del resto de España. Su creador y alma se preguntó hace poco en un tuit si era delito de odio desear que un camión arrollara a los jueces del Supremo (no sé si lo acompañó de risas enlatadas). Durante cinco años, esos separatistas no han tenido reparo en vilipendiar —ni siquiera en tono de chanza— a los andaluces, extremeños, castellanos, madrileños y españoles en general, tachándolos de ladrones, vagos, parásitos, fascistas, franquistas, magrebíes, atrasados, analfabetos y ordinarios, sin rehuir ellos mismos las expresiones ordinarias y analfabetas. Han bastado un par de burlas, las chirigotas y Tabàrnia, para que los pertinaces deslenguados se hayan hecho mil cruces y rasgado las vestiduras. Pretenden tener el monopolio del insulto, y ojito si les responde alguien, ni en broma. Lo propio de los matones.

4-II-18

Ojo con la barra libre

Mujeres violadas, acosadas, manoseadas sin su consentimiento, todo eso existe y ha existido siempre, por desdicha. Que haya una rebelión contra ello no puede ser sino bueno. Pero hay demasiadas cosas buenas que hoy se convierten rápidamente en regulares, mediante la exageración y la exacerbación y la anulación de los matices y grados. El estallido se produjo con el caso Weinstein, cuyas prácticas son viejas como el mundo. Ya hacia 1910 se acuñó la expresión «*couch casting*» («*casting* del sofá»), para referirse a las pruebas a que los productores de Hollywood y Broadway sometían a menudo a las aspirantes a actrices (o a los aspirantes, según los gustos). En el despacho solía haber un sofá bien a mano, para propósitos evidentes. La costumbre me parece repugnante por parte de esos productores (como me lo parece la de cualquier individuo poderoso), pero en ella no había violencia. Se producía una forma de transacción, a la que las muchachas podían negarse; y una forma de prostitución menor y pasajera, si aceptaban. «A cambio de que este cerdo se acueste conmigo, consigo un papel, iniciar mi carrera.» Pensar que la única razón por la que se nos dan oportunidades es nuestro manifiesto talento, es pensar con ingenuidad excesiva (ocurre a veces, pero no siempre). Con frecuencia hay transacciones, compensaciones, pactos, beneficios mutuos que entran en juego. La índole de algunos es repulsiva, sin duda, pero cabe responder «No» a tales proposiciones. Y tampoco hay que olvidar que no han sido pocas las mujeres que han buscado y halagado al varón viejo, rico y feo, famoso y desagradable, poderoso y seboso, exclusivamente por interés y provecho. No hay que recurrir a nombres para recordar la considerable cantidad de mujeres jóvenes y atractivas que se han casado con hombres decrépitos no por amor precisamente, ni por deseo sexual tampoco.

Ahora el movimiento MeToo y otros han establecido dos pseudoverdades; a) que las mujeres son siempre víctimas; b) que las mujeres nunca mienten. En función de la segunda, cualquier varón acusado es considerado automáticamente culpable. Esta es la mayor perversión imaginable de la justicia, la que llevaron a cabo la Inquisición y los totalitarismos, el franquismo y el nazismo y el stalinismo y el maoísmo y tantos otros. En vez de ser el denunciante quien debía demostrar la culpa del denunciado, era éste quien debía probar su inocencia, lo cual es imposible. (Si a mí me acusan de haber acuchillado a una anciana en el Retiro, y la mera acusación se da por cierta, yo no puedo demostrar que *no* lo hice, salvo que cuente con coartada clara.) De hecho, en esta campaña, se ha prescindido hasta del juicio. Las redes sociales (manipuladas) se han erigido en jurados populares, son la misma muchedumbre que exigió la ejecución de Jesús y la liberación de Barrabás en su día. Tal vez sean culpables, pero basta con la acusación, y el consiguiente linchamiento mediático, para que Spacey o Woody Allen o Testino pierdan su trabajo y su honor, para que pasen a ser apestados y se les arruine la vida.

La justificación de estas condenas *express* es que las víctimas no pueden aportar pruebas de lo que sostienen, porque casi siempre estaban solas con el criminal cuando tuvieron lugar la violación o el abuso y no hay testigos. Es verdad, pero eso (los delincuentes ya procuran que no los haya) les ha sucedido a todas las víctimas, a las de todos los crímenes, y por eso muchos han quedado impunes. Mala suerte. ¿Cuántas veces no hemos visto

163

películas en las que alguien se desvive por conseguir *pruebas* o una *confesión* con añagazas, porque sin ellas es palabra contra palabra y perderían el juicio? Así está montada la justicia en los Estados de Derecho, con *garantías*; no así en las dictaduras. Por eso me ha sorprendido leer editoriales y «acentos» en este diario en los que se afirmaba que las injusticias derivadas de todo este movimiento eran «asumibles» y cosas por el estilo. Es algo que contraviene todos los argumentos que, desde Beccaria en el siglo XVIII, si no antes, han abogado por la abolición de la pena de muerte. La idea de los defensores de la libertad, la razón y los derechos humanos ha sido justamente la contraria: «Antes queden sin castigo algunos criminales que sufra un solo inocente la injusticia de la prisión o la muerte». Ahora se propugna lo opuesto. Si la falta de pruebas contra los acusados se extendiera a otros delitos, y aquéllos dependieran de las volubles masas, se acabaría la justicia.

Dar crédito a las víctimas por el hecho de presentarse como tales es abrir la puerta a las venganzas, las revanchas, las calumnias, las difamaciones y los ajustes de cuentas. Las mujeres mienten tanto como los hombres, es decir, unas sí y otras no. Si se les da crédito a todas por principio, se está entregando un arma mortífera a las envidiosas, a las despechadas, a las malvadas, a las misándricas y a las que simplemente se la guardan a alguien. Podrían inventar, retorcer, distorsionar, tergiversar impunemente y con éxito. El resultado de esa «barra libre» es que las acusaciones fundadas y verdaderas —y a fe mía que las hay a millares— serán objeto de sospecha y a lo peor caerán en saco roto, haya o no pruebas. Eso sería lo más grave y pernicioso.

11-II-18

Contra el arte

Si ven hoy los episodios de la pionera serie de televisión *Alfred Hitchcock Presents*, de los años cincuenta (y se lo recomiendo: los hay en DVD y cuanto está avalado por Hitchcock merece la pena), comprobarán que en aquellas historietas en las que el mal triunfaba o un asesino engañaba a la policía, el irónico presentador salía a la conclusión del capítulo para advertir en tono burlesco: «No crean que Fulano o Mengana se salieron con la suya: cometieron tal o cual error y fueron descubiertos». Este colofón, tan humorístico que nadie le daba crédito, venía impuesto por la cadena, los patrocinadores, tal vez el productor y sin duda las estrictas reglas del Código Hays, que controlaron los contenidos del cine americano desde los años treinta hasta 1966. Este Código, establecido por uno de los mayores reaccionarios y puritanos de la historia de su país, Will Hays, fue el responsable de que los matrimonios de las películas durmieran en camas separadas, así que imagínense el resto de sus prescripciones. En España, los censores eclesiásticos franquistas ejercieron, aumentada, la misma misión «edificante». Prohibían a su gusto, tapaban escotes, cortaban escenas enteras y los besos, cambiaban los diálogos en el doblaje (recuérdese el archicélebre caso de *Mogambo*: para que no hubiera adulterio, convirtieron en hermanos a una pareja de casados, logrando así que el hermano tuviera un comportamiento raro respecto a su hermana, y haciendo sospechar al incauto espectador español que allí había incesto); condenaban las conductas de los personajes y los finales sin moraleja. Es decir, según su criterio, el arte debía servir a la moral, *su* moral: los descarriados tenían que acabar mal, los divorciados en la ruina o deshechos o arrepentidos, los adúlteros castigados, lo mismo que los criminales. Las historias habían de mostrar los peligros del pecado y sus nulos réditos, nadie debía quedar impune. Y, si así no sucedía, se prohibía, cortaba o alteraba el relato.

Casi nadie está enterado de que en nuestro país la censura es anticonstitucional desde hace cuarenta años, y lo mismo ocurre en otros países europeos (no en todos, ni desde luego en los mojigatos Estados Unidos). Así, es especialmente alarmante lo sucedido con esa representación de la *Carmen* de Bizet (y de Mérimée por tanto) en Florencia. Como todos sabemos, las obras clásicas están desamparadas, y cualquier idiota puede convertir *Macbeth*, el *Quijote* o *Edipo* en una patochada para su lucimiento, bajo el pretexto de las «relecturas» o las adaptaciones «creativas». Pero la alteración de esa *Carmen* tiene otro sesgo y va más allá de las ocurrencias de directores de escena o «versionadores». Recordarán que los de Florencia decidieron cambiar el final de la obra, que termina con el asesinato de Carmen a manos del despechado Don José. Esos memos italianos adujeron que el público no debía «aplaudir un feminicidio». (Hay que ser primitivo para creer que lo que aplauden los espectadores de una ópera es la historia, y no a los cantantes y a la orquesta.) Como eso les parecía intolerable, hicieron que fuera Carmen la que le pegara a Don José unos tiros (se los tenía merecidos por celoso y posesivo), para que así el público, con la conciencia tranquila, aplaudiera un «varonicidio», supongo que en legítima defensa.

Cualquier espectador o lector semiinteligente sabe que eso ya no es la *Carmen* de Bizet ni la de Mérimée, como no sería el *Quijote* una versión en la que éste no se retirara y muriese, ni *Madame Bovary* una en la que ella no tomara veneno, ni *Hamlet* una representación en la que Ofelia no se suicidase y acabara reinando, por ejemplo. Serán variaciones caprichosas y sandias, pero mantener los nombres de Cervantes, Flaubert y Shakespeare en tales tergiversaciones es sencillamente una estafa. Hace ya muchos años que se empezó a alterar los cuentos infantiles clásicos para que los niños no pasaran miedo y además recibieran relatos «ejemplares». Era sólo cuestión de tiempo que se intervinieran las obras para adultos y a éstos se los tratara como a menores. Ya hay quienes «dictan» qué clase de historias y de personajes deben crear los guionistas y escritores. Cuantos toman esas iniciativas «aleccionadoras» son idénticos a Will Hays y a los censores franquistas; como Clare Gannaway, responsable de la Manchester Art Gallery, se asemejó a los vándalos del Daesh que destrozaron arte en Palmira, cuando decidió retirar un empalagoso cuadro prerrafaelita con ninfas; por mucho que luego alegara que la retirada era en sí «un acto artístico» (también las hogueras de libros, según eso). (Y tenemos que ver cómo se quiere prohibir *de nuevo*, como cuando se publicó en 1958, la *Lolita* de Nabokov.) Da lo mismo cuáles sean ahora los motivos (siempre son «los buenos» para quienes ejercen la censura). Se trata, en todos los casos, de manipular el arte, de condenar su complejidad y sus ambigüedades, de coartar la libertad de expresión y de creación, de imponer historias simplonas, «edificantes» y con moraleja. Lo que también hicieron los nazis y los soviéticos: quemar o prohibir lo que no les gustaba, y convertir las manifestaciones artísticas en mera y burda propaganda de sus consignas y sus dogmas.

18-II-18

Una dictadura, necios

Contaba Juan Cruz en un artículo que, en un intercambio tuitero con desconocidos (a qué prácticas arriesgadas se presta), alguien lo había conminado a callarse con esta admonición, o semejante: «Estás desautorizado, perteneces a una generación que permitió a Franco morir en la cama». Que algún imbécil intervenga en estas discusiones ha de ser por fuerza la norma, pero Cruz añadía que se trataba de un argumento «frecuente» o con el que se había topado numerosas veces, y esto ya trasciende la anécdota, porque supone una criminal ignorancia de lo que es una dictadura. En parte puede entenderse: cuando yo era niño y joven, y oía relatar a mis padres las atrocidades de la Guerra, me sonaban, si no a ciencia-ficción, sí a lección de Historia, a cosa del pasado, a algo que *ya* no ocurría, por mucho que aún viviéramos bajo el látigo de quien había ganado esa Guerra y había cometido gran parte de las atrocidades. Pero sí lograba *imaginarme* la vida en aquellos tiempos, y los peligros que se corrían (por cualquier tontería, como ser lector de tal periódico o porque un vecino le tuviera a uno ojeriza y lo denunciara), y el pavor provocado por los bombardeos sobre Madrid, y el miedo a ser detenido y ejecutado arbitrariamente por llevar corbata o por ser maestro de escuela, según la zona en que uno estuviese. Me hacía, en suma, una idea cabal de lo que *no* era posible en ese periodo.

Tal vez los que pertenecemos a la generación de Cruz no hayamos sabido transmitir adecuadamente lo que era vivir bajo una dictadura. Hay ya varias que sólo han conocido la democracia y que sólo conciben la existencia bajo este sistema. Creen que en cualquier época las cosas eran parecidas a como son ahora. Que se podía protestar, que las manifestaciones y las huelgas eran un derecho, que se podía criticar a los políticos; creen, de hecho, que había políticos y partidos, cuando éstos estaban prohibidos; que había libertad de expresión y de opinión, cuando existía una censura férrea y previa, que no sólo impedía ver la luz a cualquier escrito mínimamente crítico con el franquismo (qué digo crítico, tibio), sino que al autor le acarreaba prisión y al medio que pretendiera publicarlo el cierre; ignoran que en la primera postguerra, años cuarenta y en parte cincuenta, se fusiló a mansalva, con juicios de farsa y hasta sin juicio, y que eso instaló en la población un terror que, en diferentes grados, duró hasta la muerte de Franco (el cual terminó su mandato con unos cuantos fusilamientos, para que no se olvidara que eso estaba siempre en su mano); que había que llevar cuidado con lo que se hablaba en un café, porque al lado podía haber un «social» escuchando o un empedernido franquista que avisara a comisaría. También ignoran que, pese a ese terror arraigado, Franco sufrió varios atentados, ocultados, claro está, por la prensa. Que mucha gente resistió y padeció largas condenas de cárcel o destierro por sus actividades ilegales, y que «ilegal» y «subversivo» era cuanto no supusiera sumisión y loas al Caudillo. O ser homosexual, por ejemplo.

Tampoco saben que, una vez hechas las purgas de «rojos» y de disidentes (entre los que se contaban hasta democristianos), la mayoría de los españoles se hicieron enfervorizadamente franquistas. Se creen el cuento de hadas de la actual izquierda ilusa o falsaria de que la instauración de la democracia fue obra del «pueblo», cuando el «pueblo», con excepciones, estaba entregado a la dictadura y la vitoreaba, lo mismo en Madrid que en Cataluña o Euskadi. De no haber sido por el Rey Juan Carlos y por Suárez y Carrillo, es posible que esa dictadura hubiera pervivido alguna década más, con el beneplácito de muchísimos compatriotas. Estas generaciones que se permiten mandar callar a Juan Cruz no saben lo temerario y arriesgado que era levantar no ya un dedo, sino la voz, entre 1939 y 1975. Que, si alguien caía en desgracia y tenía la suerte de no acabar entre rejas, se veía privado de ganarse el sustento. A médicos, arquitectos, abogados, profesores, ingenieros, se les prohibió ejercer sus profesiones, entrar en la Universidad, escribir en la prensa, tener una consulta. Hubo muchos obligados a trabajar bajo pseudónimo o clandestinamente, gente proscrita y condenada a la miseria o a la prostitución, qué remedio.

También hay frívolos «valerosos» que reprochan a los españoles no haberse echado a la calle para parar el golpe de Tejero el 23-F, olvidando que los golpistas utilizaron las armas y que había tanques en algunas calles. Cuando hay tanques nadie se mueve, y lo sensato es no hacerlo, porque aplastan. Hoy las protestas tienen a menudo un componente festivo (la prueba es que no las hay sin su insoportable «batucada»), y quienes participan en ellas se creen que nunca ha habido más que lo que ellos conocen. Reprocharles a una o dos generaciones que Franco muriera en la cama es como reprocharles a los alemanes que Hitler cayera a manos de extranjeros o a los rusos que Stalin tuviera un fin apacible. Hay que ser tolerante con la ignorancia, salvo cuando ésta es deliberada. Entonces se llama «necedad», según la brillante y antigua (retirada) definición de María Moliner de «necio»: «Ignorante de lo que podía o debía saber».

25-II-18

¿Bendita sea la incoherencia?

Hace cinco semanas hablé de la actual *Invasión de los ladrones de cuerpos*, uno de cuyos indicios me parecía la incomprensible manera de razonar de demasiada gente, de cualquier edad. Desde entonces me he encontrado con ejemplos conspicuos que me llevan a ver a más humanos «suplantados». En un artículo de este diario contra la prostitución, la autora terminaba con el siguiente argumento: «Si una madre no tiene dinero y su situación es acuciante, ¿nos planteamos que pueda vender, muy consentidamente» *(sic)*, «su riñón? Y entonces, ¿por qué sí puede vender su sexualidad *(sic)*? Los seres humanos no somos mercancías ni objetos de usar y tirar». Que alguien diga semejante absurdo en una sobremesa no tiene mucho de particular. Pero que lo escriba y publique una juez y profesora de la Complutense, a la que se supone discernimiento para elegir los conceptos y las palabras, y cuidado extremo con las comparaciones... Una prostituta nunca *vende* su cuerpo ni su sexo, sino que los *alquila*. A diferencia de quien vende un riñón, que se queda para siempre sin él, ella conserva su cuerpo y su sexo, y por eso puede *volverlos a alquilar*. Otra cuestión sería por qué escandaliza tanto que eso se alquile (entendámonos, sólo cuando se haga voluntariamente, o por preferencia sobre otros trabajos), si todos alquilamos algo sin parar: el estibador sus espaldas, el minero sus manos y su salud, yo mismo los dedos con que tecleo y mi cabeza, por supuesto su tiempo cada trabajador por cuenta ajena. Sin duda pueden encontrarse argumentos contra la prostitución, pero el del riñón es puro disparate demagógico y tergiversador.

A raíz de la innovación léxica de la diputada Irene Montero, mi docto compañero de la RAE Álvarez de Miranda dio aquí una impecable lección, y otros muchos han salido al paso de la voz «portavoza». A la inventora se le ha explicado que «portavoz» es un vocablo formado por un verbo y un sustantivo unidos, exactamente como «portaestandarte», «chupasangre», «lameculos» y muchos más, que, aplicados a una mujer, no necesitarían ser convertidos en «chupasangra» ni «lameculas». Se le ha recordado que la terminación en z no es masculina ni femenina, como demuestran los adjetivos «voraz», «mordaz», «feroz», «tenaz», «locuaz» o «veraz», cuyos plurales no son «vorazos» y «vorazas», «ferozos» y «ferozas», sino siempre «voraces» y «feroces». Tampoco la terminación en e indica género, y así «artífice» o «célibe» valen para mujeres y hombres y son invariables. Cabría añadir que ni siquiera la terminación en a es por fuerza femenina, como con simpleza se tiende a creer: lo prueban palabras como «atleta», «idiota», «colega», «auriga», «estratega», «poeta», «pediatra», «hortera», «esteta», «hermeneuta», y no digamos «víctima» o «persona», a las que se antepondrá «una» o «la» en todos los casos, así hablemos de Mia Farrow o de Schwarzenegger.

Que Montero y sus correligionarios suelten puerilidades no tiene nada de raro. Aunque la mayoría anden entre los treinta y los cuarenta años, suelen hablar, gesticular y comportarse como si todavía se agitaran por el instituto. Están en su derecho, por lo demás: cada cual puede decir lo que le venga en gana (eso no está multado aún, por fortuna), acuñar cuantos términos desee y utilizarlos a su discreción. Un escritor viajó a un bolo hace poco, y sus anfitrionas le preguntaban: «¿Qué, estás contenta de venir a nuestra ciudad?». Al mostrar el escritor su sorpresa, le contestaron: «Ah, es que nos dirigimos a todo el mundo en femenino, para visibilizarnos más». Son muy libres, faltaría más, a condición de que a mi colega se le hubiera autorizado a responder: «Y vosotros, ¿estáis contentos de tenerme aquí?». Lo que ya apunta sobremanera a los «ladrones de cuerpos y mentes» es que personas de más edad, como notables dirigentes del PSOE (partido determinado a instalarse en la bobería perpetua), hayan hecho suyo el barbarismo y lo hayan defendido con entusiasmo. Y más preocupante todavía es que una catedrática de Filología que terció a favor del idiotismo lingüístico, a falta de argumentos, concluyera así: «Estamos buscando un nuevo sujeto histórico y no hemos encontrado el modelo perfecto. Bendita sea» *(sic)* «la inconsistencia y el debate». Y al parecer remató «con orgullo»: «Ahora queremos una sociedad más justa, y llegaremos siendo incoherentes e inconsistentes». Una catedrática que, acorralada por sus propias incongruencias y contradicciones, da una patada a la mesa, rompe la baraja y lanza vivas a la incoherencia y a la inconsistencia, es como para temer por sus alumnos y por nuestra Universidad. Decir eso equivale a decir esto otro: «Sostendremos una cosa y su contraria, defenderemos una postura y su opuesta, según nos convenga y a nuestro antojo. No nos pidan que seamos consecuentes, porque aquí se trata de avanzar sin escrúpulos, de lograr como sea nuestro objetivo». No sé si les recuerda a alguien esta actitud. A mí, lo lamento (y por no traer a la memoria a otros siniestros y arbitrarios personajes del pasado), se me viene a la cabeza en seguida el incoherente e inconsistente Donald Trump.

4-III-18

También uno se harta

Una joven columnista publica una apasionante pieza enumerando cosas que le gustan y que no, y la primera que no, la que tiene prisa por soltar, es: «Despertar los domingos y que Javier Marías ya sea TT» (supongo que significa *trending topic*, no sé bien). Coincido plenamente con ella, a mí tampoco me gusta, y al parecer sucede a veces. Yo no escribo para «provocar», sino para intentar pensar lo no tan pensado. Pero el pensamiento individual está hoy mal visto, se exigen ortodoxia y unanimidad. Hace unas semanas saqué aquí un artículo serio, razonado y sin exabruptos (eso creo, «Ojo con la barra libre»), más sobre la prescindencia de los juicios y su sustitución por las jaurías que otra cosa. Uno acepta todos los ataques y críticas, son gajes del oficio. Lo que resulta desalentador es la falta de comprensión lectora y la tergiversación deliberada. (También uno se harta, y eso sí puede llevarlo a callarse y darle una alegría a la columnista joven.) Al instante, un diario digital cuelga un titular falaz, sin añadir enlace al artículo. Muchos se quedan con eso y se inflaman. No leen, o no entienden lo que leen, o deciden no entenderlo. Uno se pregunta de qué sirve explicar, argumentar, matizar, reflexionar con el mayor esmero posible.

Los ataques no importan, las mentiras sí. Y vivimos una época en que, si las mentiras halagan, se las aplaude. Una escritora que presume de sus erotismos y cuyo nombre omitiré por delicadeza, pidió con ahínco entrevistarme hace unos años. La recibí en mi casa, y se aprovechó de mi hospitalidad —veo ahora— para fisgonear con bajeza y educación pésima, y extraer conclusiones erróneas, o directamente imbéciles y malintencionadas. En otro diario digital me dedica un larguísimo texto lleno de falsedades, una diatriba. Me limitaré a señalar dos mentiras comprobables (imagínense el resto). Afirma que creé, «juguetón él», el ficticio Reino de Redonda. Mentira: ese Reino lo creó en 1880 el escritor británico M. P. Shiel, nacido en la vecina Montserrat. También asegura que en mi minúscula editorial de igual nombre «las escritoras brillan en general por su ausencia». Mentira: de quien más títulos he publicado —tres— es de la magnífica Janet Lewis; también dos de la excepcional Rebecca West, dos de Richmal Crompton, uno de Isak Dinesen y uno de Vernon Lee (quizá crea esa autora, en su ignorancia, que las tres últimas son varones, y no, son mujeres). Nueve libros de treinta, casi un tercio, no es «brillar por su ausencia». Y dicho sea de paso, no me ando fijando en el sexo de las obras buenas y que además están disponibles. Lo que admiro lo admiro, lo haya escrito una mujer, un hombre, un blanco, una negra o una asiática. Por otra parte, y si no recuerdo mal —y si recuerdo mal lo retiro y me disculpo de antemano, a mí no me gusta mentir—, esa gran defensora de sus congéneres, tan doliente por «las violadas, las acosadas, las muertas que dijeron no», ha alardeado de haber pagado ella y su pareja a una prostituta para hacer un trío. Si así fuera, ya me llevaría ventaja en la utilización y cosificación del cuerpo femenino, porque yo nunca he contratado a una puta.

Hoy lo llaman a uno «machista» muchas mujeres que justamente lo son, al despreciar y denigrar a las de su sexo que no obedecen sus preceptos: las tachan de «alienadas», «traidoras», «cómplices», «vendidas al patriarcado», negándoles su autonomía de pensamiento y tratándolas como a tontas. Como uno también se harta, ya lo he dicho, permítanme recuperar unas citas pioneras

175

(1995, 1997 y 2002) del «repugnante machista» que esto firma. Del artículo «El suplemento de miedo»:* «A veces pienso que para los hombres lo más inconcebible de ser mujer es la sensación de indefensión y desvalimiento, de fragilidad extrema con que deben de ir por el mundo. Supongo que si fuera mujer iría por la vida con un suplemento de miedo difícil de imaginar y que debe de ser insoportable. Por eso creo que una de las mayores vilezas es pegar a una mujer, materializar y confirmar ese intolerable miedo». O del titulado «No era tuya»: «Esos llamados crímenes pasionales —más bien fríos— deberían ser los más repudiados y penados. Pero no lo serán mientras parte de la sociedad siga pensando que las mujeres han de atenerse a las consecuencias de su insumisión y que los maridos, en cambio, no tienen por qué aguantarse». Hay muchas más, antiguas y recientes, vaya un fragmento de «Las civilizadoras»: «Las mujeres han sido el principal elemento civilizador y apaciguador de la humanidad. Quienes han hecho de los niños personas y han tenido mayor interés en conservar y proteger la especie, en rehuir o evitar las peleas, la violencia, las guerras. Quienes han hecho mayor uso de la piedad y la compasión, del afecto manifiesto, de la consolación, quizá también del perdón. Y de propiedades como la astucia, la transacción, el pacto, la persuasión, la simpatía, la risa, la alegría y la cortesía». Claro que a la semana siguiente, recuerdo, escribí «Y las incivilizadas». Son siempre éstas las que vociferan más y las que hoy fingen estar expulsando y suplantando a las civilizadoras.

11-III-18

---

* Recogido en *Mano de sombra* (Alfaguara, 1997). El citado más abajo, «No era tuya», se encuentra en *Seré amado cuando falte* (Alfaguara, 1999). Los otros dos artículos, «Las civilizadoras» e «Y las incivilizadas», pueden leerse en *Harán de mí un criminal* (Alfaguara, 2003). *(N. del E.)*

Nazística

En los últimos tiempos se ha impuesto una consigna según la cual, en cuanto alguien menciona en una discusión a Hitler y a los nazis, pierde inmediatamente la razón y no ha de hacérsele más caso. Me temo que esa consigna la promueven quienes intentan parecerse a los nazis en algún aspecto. Para que no se les señale su semejanza (y hay muchos, de Trump a Putin a Maduro a Salvini), se blindan con ese argumento y siguen adelante con sus prácticas sin que nadie se atreva a denunciarlas. Evidentemente, si la palabra «nazi» se utiliza sólo como insulto y a las primeras de cambio, se abarata y pierde su fuerza, lo mismo que cuando los independentistas catalanes tildan de «fascista» al que no les da la razón en todo, o las feministas de derechas llaman «machista» a quien simplemente cuestiona algunos de sus postulados o exageraciones reaccionarios, tanto que coinciden con los de las más feroces puritanas y beatas de antaño.

Pero hay que tener en cuenta que Hitler y los nazis no siempre fueron lo que todos *sabemos* que acabaron siendo. Hubo un tiempo en que engañaron (un poco), en que las naciones democráticas pactaron con ellos y no los vieron con muy malos ojos. También hubo un famoso periodo en que se optó por apaciguarlos, es decir, por hacerles concesiones a ver si con ellas se calmaban y se daban por contentos. En 1998 escribí un largo artículo en *El País* («El triunfo de la seriedad»),* tras ver

---

* Recogido en *Vida del fantasma* (Alfaguara, 2001; Debolsillo, 2007). *(N. del E.)*

el documental *El triunfo de la voluntad,* que la gran directora Leni Riefenstahl (curioso que las feministas actuales no la reivindiquen como pionera) rodó a instancias del Führer durante las jornadas de 1934 en que se celebró en Núremberg el VI Congreso del Partido Nazi, con más de doscientas mil personas y la entusiasta población ciudadana. Entonces los nazis no eran *aún* lo que llegaron a ser, aunque sí sumamente temibles, groseros, vacuos, pomposos y fanáticos. Faltaban cinco años justos para que desencadenaran la Segunda Guerra Mundial. Pero ya habían aprobado sus leyes raciales, que databan de 1933 y además fueron cambiando y endureciéndose. Una de sus consecuencias tempranas fue que muchos individuos que hasta entonces habían sido tan alemanes como el que más, de pronto dejaron de serlo para una elevada porción de sus compatriotas, que los declararon enemigos, escoria, una amenaza para el país, y finalmente se dedicaron a exterminarlos. Lo sucedido en los campos de concentración (no sólo con los judíos, también con los izquierdistas, los homosexuales, los gitanos y los disidentes demócratas) se conoció muy tardíamente; en toda su dimensión, de hecho, una vez derrotada Alemania.

Así que comparar a gente actual con los nazis no significa decir ni insinuar que esa gente sea asesina (eso siempre está por ver), sino que llevan a cabo acciones y toman medidas y hacen declaraciones reminiscentes de los nazis anteriores a sus matanzas y a su guerra. Y, lejos de lo que dicta la consigna mencionada al principio, eso conviene señalarlo en cuanto se detecta o percibe. Una característica nazi (bueno, dictatorial y totalitaria) es que, una vez ganadas unas elecciones o un plebiscito, su resultado sea ya inamovible y no pueda revisarse nunca ni someterse a nueva consulta. Es muy indicativo que en todas las votaciones independentistas (Quebec, Escocia), nada impide que, si esa opción es derrotada, se intente de nuevo al cabo de unos años. Mientras que se da por descontado que, si triunfa, eso será ya así para siempre, sin posibilidad de rectificación ni enmienda. A nadie le cabe duda de que el modelo catalán seguiría esa pauta: si en un referéndum fracasamos, exigiremos otro al cabo del tiempo; en cambio, si nos es favorable, eso será definitivo y no daremos oportunidad a un segundo.

El independentismo catalán actual va recordando a *El triunfo de la voluntad* en detalles y folklore (yo aconsejo ver ese documental cada diez o quince años, porque el mundo cambia): proliferación de banderas, himnos, multitudes, arengas, coreografías variadas, uniformes (hoy son camisetas con lema), patria y más patria. En uno de sus discursos, Hitler imparte sus órdenes: «Cada día, cada hora, pensar sólo en Alemania, en el pueblo, en el Reich, en la nación alemana y en el pueblo alemán». *Sólo eso, cada hora*, obsesiva y estérilmente. Se parecen a ensalzamientos del caudillo Jordi Pujol y de sus secuaces respecto a Cataluña. Hace poco Alcoberro, vicepresidente de la ANC, soltó dos cosas reveladoras a las que (siendo él personaje secundario) poca atención se ha prestado. Una fue: «Para muchos, España ya no es un Estado ajeno, sino que es el enemigo». No dijo el Gobierno central, ni el Tribunal Supremo, dijo España, así, entera. Son los mismos que a veces desfilan gritando «Somos gente de paz» en el tono más belicoso imaginable. La otra cosa nazística que dijo fue: «La independencia es irreversible porque los dos millones que votaron separatista el 21 de diciembre y en el referéndum del 1 de octubre no aceptarán otro proyecto». En Cataluña votan cinco millones y medio, pero las papeletas de dos abocan al país a una situación «irreversible». Porque ellos, está claro, no respetan la democracia ni «aceptarán otro proyecto», aunque las urnas decidan lo contrario.

18-III-18

Buen camino para el asesinato

Los siete magníficos de 1960 no era un *western* muy bueno, pero sí simpático. Inferior a otros de su director, John Sturges, era una adaptación, trasladada a México, de *Los siete samuráis* de Kurosawa. Entre los siete, capitaneados por Yul Brynner vestido de negro, estaban algunos actores principiantes o secundarios que después alcanzaron la fama: Steve McQueen, James Coburn, Charles Bronson y Robert Vaughn (éste sobre todo en la serie *El agente de CIPOL*), todos más bien blancos. En 2016 se hizo un *remake* poco apetecible con Denzel Washington, pero una noche perezosa lo pillé en la tele y le eché un vistazo. En seguida me desinteresó, porque los siete de ahora eran totalmente inverosímiles, como un viejo mural de la ONU representando a las razas del globo. Aparte de Washington, negro, había un hispano o dos, un asiático, un indio o «nativo americano» y no recuerdo si alguien con turbante (puede que lo soñara luego). Esto, de manera artificial y forzada, sucede cada vez más en el cine y en las series estadounidenses, y va ocurriendo en las británicas. Si hay un equipo de policías, suelen componerlo un par de negros o negras (por lo general son los jefes), alguna asiática, un hawaiano, un inuit, varios hispanos. Si la banda es de criminales, la diversidad racial se relaja: pueden ser todos blancos, y además fumadores, puesto que son «los malos».

Desde la penosa ceremonia de los últimos Óscars hemos sabido a qué se debe esa convención cuasi obligada. La sexista actriz Frances McDormand hizo ponerse en pie *sólo* a las mujeres nominadas (imagínense que un actor hubiera invitado a lo mismo *sólo* a sus colegas masculinos: se lo habría bombardeado por tierra, mar y aire), lanzó un discurso y concluyó reivindicando la *«Inclusion Rider»*. Como nadie sabía qué era eso, se multiplicaron las consultas en Internet y a continuación ha habido un aluvión de elogios tanto a la sexista McDormand como a esa cláusula opresiva que los artistas con poder pueden imponer en sus contratos para dictarles a los creadores (guionistas, adaptadores, directores) lo que tienen que crear. Porque esa cláusula exige que, tanto en el reparto como en el equipo de rodaje, haya *al menos* un 50 % de mujeres, un 40 % de diversidad étnica, un 20 % de personas con discapacidad y un 5 % de individuos LGBTI. Con ello se quiere «comprometer» a la industria a que muestre en sus producciones «una representación real de la sociedad», y a que éstas «reflejen el mundo en que vivimos». Uno se pregunta desde cuándo el arte está obligado a tal cosa. La exigencia recuerda a la de los retrógrados que reprochaban a Picasso no plasmar la realidad «tal como era». O a los que criticaban a Tolkien por evadirse en ficciones fantásticas. Huelga decir que, con esos porcentajes, nunca se podría haber filmado *El Padrino* ni *La ventana indiscreta* ni *Ciudadano Kane* ni casi nada.

La iniciativa de la efímeramente famosa *«Inclusion Rider»* al parecer se debe a Stacy Smith, profesora de una Universidad californiana, la cual se molestó en mirar con lupa, lápiz y papel novecientas películas estadounidenses de entre 2007 y 2016, y en indignarse al computar que el 70,8 % de los personajes eran blancos, frente a un 13,6 % de negros —que, dicho sea de paso, es justamente la proporción de la población de esta raza en su país— y un 3,1 % de hispanos. Más indignante: insuficientes homosexuales y ni un solo transgénero. También comprobó con espanto que en los guiones hablaba una mujer por cada 2,3 varones parlanchines. Y añadió furiosa: «Las películas no dan a todo el mundo la misma oportunidad de aparecer en ellas». Uno se pregunta por qué habrían de hacerlo. El arte no es lo mismo que la vida real, en la que, en efecto, todos deberían tener la misma oportunidad de educarse, trabajar, ganar dinero y demás. El arte depende de cada individuo. Cada novelista o dramaturgo escribe sobre lo que lo inquieta o atrae o conoce, cada pintor pinta lo que le parece o le inspira; y, si bien el cine es una industria, su éxito depende en gran medida de los que *inventan*, y a éstos, desde la defunción de la Unión Soviética y otros sistemas totalitarios, se les ha garantizado plena libertad... hasta hoy. «Exigimos más personajes femeninos», se oye con frecuencia en la actualidad, «y además que sean fuertes, inteligentes, positivos y de lucimiento». ¿Y por qué no los escriben ustedes a ver qué pasa —dan ganas de contestar—, en vez de forzar a otros a que creen historias ortopédicas y falsas, de mera propaganda, tan increíbles como las hagiografías que propiciaba el franquismo en nuestro país? *Mutatis mutandis*, es como si se pidieran más *Fray Escobas* y *Molokais*, sólo que los santos de hoy han variado. Si en mis novelas se me impusieran semejantes porcentajes (dos de ellas cuentan con protagonista y narradora femenina, y en todas aparecen mujeres, pero no negros ni asiáticos ni personas transgénero, porque no están en *mi* mundo y sé poco de ellos), nunca habría escrito ninguna. Si de lo que se trata es de eso, de que se acabe el arte libre y personal, no cabe duda de que cuantos aplauden a la sexista McDormand están en el buen camino para asesinarlo.

25-III-18

Aspavientos de rectitud

Un gravísimo ataque de rectitud recorre el mundo, y España en particular. Esto sería bueno en principio, dados los delirantes niveles de corrupción de nuestros políticos y de la sociedad, que hace cuatro días los reelegía a sabiendas, una y otra vez. Pero cuando la rectitud no es resultado de un convencimiento estrictamente personal, sino algo sobrevenido, impostado y narcisista, y además se da en forma de arrebatos o ataques, constituye uno de los mayores peligros que acechan a la humanidad. He dicho «narcisista» y es así, o así lo veo yo. Otros prefieren utilizar el neologismo «postureo», viene a ser lo mismo. El exceso de rectitud afecta a todas las capas sociales y a todas las ideologías, derecha, centro, izquierda, populismo o demagogia; a los tertulianos, a muchos columnistas y actores y actrices, escritores, cantantes e historiadores, y sobre todo a individuos desconocidos que creen haber dejado de serlo gracias a las redes y a sus plataformas.

En la discusión de hace unas semanas sobre la «prisión permanente revisable» o más bien «cadena perpetua hasta nueva orden», los partidos enfrentados en el Congreso escenificaron sus histriónicos alardes de rectitud. Los que defendían su mantenimiento se mostraban como dechados de compasión hacia las víctimas y sus familiares, a los que no tenían reparo en utilizar con obscenidad. Los que abogaban por derogarla representaban, con más exageración que convicción, la rectitud de quien cree en la redención de los pecadores por encima de cualquier cosa, de quien sostiene que nadie hay intrínsecamente malvado y que a todos se nos puede rehabilitar. Ambas posturas merecen tomarse en consideración, no digo que no. Lo que casi las invalidaba en ese debate era la forma aspaventosa y espúrea de presentarlas, la carrera por ver quién se alzaba con el trofeo a la rectitud.

No muy distinto es lo sucedido con la muerte del niño almeriense Gabriel Cruz. En las televisiones —repugnantes la mayoría— se libraba una competición para dilucidar qué presentador u opinador estaba más indignado, desolado y dolido. Y qué decir de las reacciones tuiteras de la gente: sus comentarios no iban a llegarle a la presunta asesina, así que el único verdadero sentido de los insultos, exabruptos y maldiciones era la recompensa y autocomplacencia de quienes los proferían. También similar ha sido la reacción de muchos ante la muerte de un mantero en Lavapiés, en Madrid. Incluso después de deshacerse el malentendido (no: malintencionada tergiversación) de que la policía le había provocado un infarto al perseguirlo, la «virtud» mimética se apoderó de políticos y tertulianos, que decidieron que lo que quedaba bien, lo más recto, era continuar atribuyendo su muerte a la xenofobia y al capitalismo, en abstracto. Sí, claro, cualquier persona pobre, excluida, desempleada, es, en sentido amplio, víctima del sistema. Pero no se organizan incendios y disturbios por cada una que fallece, y a fe mía que son millares.

¿Cuándo el noble afán de rectitud se convierte en exceso siniestro? En mi opinión es muy fácil detectar la frontera, y lo habitual de estos tiempos es que grandes porciones de la población la traspasen inmediatamente, casi por sistema. La rectitud —el concepto que cada cual tenga de ella— debería atañer tan sólo a nuestro comportamiento individual, es decir, a nuestro propósito de no hacer esto o lo otro, de regirnos por unos principios o normas más bien intransferibles y ceñirnos a ellos en la medida de lo posible. El exceso se da en cuanto alguien no aspira tan sólo a eso, sino a que los demás adopten su código particular y comulguen con él, por las buenas o por las malas. Entonces el recto se convierte en censor, en prohibicionista, en inquisidor y en dictador. Ese recto en exceso no se conforma con no fumar ni beber ni drogarse, no ir de putas ni a los toros, no ver porno y proteger a los animales, sino que pretende que *nadie* fume ni beba ni se drogue, etc., y que cada represión suya sea aplaudida y ensalzada. Lo mismo que quienes antaño pretendían que *todo el mundo* fuera a la iglesia y *nadie* pudiera fornicar ni ver porno, etc. Es probable que López, Marqués de Comillas, no mereciera la estatua que desde hace siglo y pico tenía en una plaza de Barcelona, pero la alcaldesa Colau fue incapaz de enviar a unos operarios para retirarla sobriamente, sin más: su exhibicionismo la llevó a organizar una kermés con juglares, bailarines, títeres y batucadas, lo cual delata que no le importaba tanto la injusticia a la que ponía fin cuanto cosechar una ovación, escenificar su rectitud chirriante, y con jactancia decirse: «Pero hay que ver qué bien quedo, mecachis en la mar».

Hoy, no cabe duda, se encuentra un desmedido placer en escandalizarse y en indignarse, y cuando anda por medio el placer —en lo que sólo debería provocar consternación—, es preciso desconfiar. Lamento decirlo, pero, con las excepciones que quieran, veo una sociedad farisaica, encantada de sí misma y más preocupada por la figura que compone ante su propio espejo que por las infamias y calamidades del mundo ante las que se subleva supuestamente. Es como si, más que ocuparse y dolerse de ellas, en cada ocasión se preguntara: «¿Qué postura nos conviene ahora, para mejor presumir?».

1-IV-18

185

Vals

He vuelto a escuchar el *Vals Kupelwieser*, de Schubert, al cabo de unos cuantos años. En la Academia hay tres grandes melómanos: el sabio Ignacio Bosque, el Doctor García Barreno y Félix de Azúa. De vez en cuando nos intercambiamos información acerca de obras raras que puedan desconocer los otros. Mi saber musical es limitado, pero alguna pequeña noticia puedo aportarles de tarde en tarde, y hace unas semanas, hablando con Bosque de piezas breves y sencillas y extraordinarias, le mencioné ese *Vals*. A mí me lo descubrió Juan Benet en otra vida, hacia 1971 o 1972, no mucho después de conocerlo. Cuando aún no existía el CD y no era posible repetir un tema en el tocadiscos sin poner la aguja cada vez en el surco, se las ingenió (al fin y al cabo era ingeniero) para oír *Kupelwieser* sin cesar durante todo un verano, mientras escribía parte de su novela *Un viaje de invierno*, de título schubertiano y en la que —no recuerdo si explícitamente, no la releo desde su publicación en 1972— esa música desempeñaba algún papel. De hecho, en la guarda posterior de la primera edición, Benet hizo reproducir el inicio de la partitura. Es un vals para piano, brevísimo (no dura ni minuto y medio), aparentemente modesto, según quién lo interprete el piano suena casi como una pianola. A lo largo de tanto tiempo transcurrido, sólo he encontrado dos versiones en CD, una de Michel Dalberto y otra de Hans Kann, lo cual indica que se graba poco y es más bien pasado por alto. Y, que yo sepa, en este soporte no existe la versión que, en vinilo, escuchó Benet incansablemente, y también los que nos quedamos deslumbrados por su hallazgo. Se trataba de un disco barato, a cargo de la pianista venezolana Rosario Marciano. Esa será siempre para mí la versión original, por mucho que las otras no difieran en demasía, dadas la brevedad y sencillez de la maravillosa pieza.

Esa música, a la vez melancólica y confiada, la tengo por tanto asociada a la figura de Juan Benet, y ahora me doy cuenta de que el pasado 5 de enero se cumplieron veinticinco años de su muerte, a los sesenta y cinco, y de que el aniversario ha pasado bastante inadvertido, y de que ni siquiera reparé yo en él en su día. Su memoria, con todo, está más viva que la de la mayoría de sus coetáneos desaparecidos (con la excepción de Gil de Biedma), así que tampoco es cuestión de quejarse en este siglo olvidadizo, o es más, deliberadamente arrasador de todo recuerdo. Es como si los vivos reclamaran cada vez más espacio, lo necesitaran *todo* para que nada ni nadie les haga sombra ni los obligue a comparaciones engorrosas o desfavorables. La obra de Benet está en las librerías gracias a la colección Debolsillo, y han salido varios volúmenes de correspondencia y de escritos dispersos merced a la labor recopilatoria y crítica de Ignacio Echevarría. Algunos autores jóvenes todavía se asoman a lo que escribió, y lo «salvan» del desdén habitual con que todas las generaciones españolas de novelistas hemos tratado a nuestros predecesores. Así que algo es algo, y a fin de cuentas tampoco Benet contó en vida con muchos lectores, ni lo pretendió: al no vivir de su pluma, se permitió lo que quiso, ajeno a las modas y a los «gustos»; sólo al final intentó «complacer» levemente, cansado de que sus esfuerzos no obtuvieran más que la recompensa del prestigio. Quizá llega un momento en el que eso no basta.

En estos días de escuchar su *Vals* me acude con persistencia un recuerdo concreto. Poco después de los primerísimos síntomas de su enfermedad, cuando aún se ignoraba su gravedad, llegué a su casa de la calle Pisuerga. Se levantó de su otomana, en la que solía leer y escuchar música, y, desde su gran altura (medía 1,90 o así), en un gesto en él infrecuente (era reacio a la cursilería), me abrazó tímida y torpemente y me dijo, todavía en tono de guasa, o fingiéndolo: «Esto es el fin, joven Marías, esto es el fin». «Pero qué dices», le contesté, sin darle el menor crédito; «qué va, qué tontería». No podía tomar la frase en serio, no me parecía posible. Si alguien vivía como si fuera eterno, ese era él: siempre con proyectos, siempre activo y despierto, disfrutando de lo que se trajera entre manos, siempre dispuesto a reír y a divertirse. No insistió, claro.

Cuando alguien muere, quienes le son cercanos tienden a consolarse y a reunirse, aunque no se conozcan previamente. Ese fue el caso de la hermana de Benet, Marisol, que ahora cumple noventa y cuatro años, creo. Durante los muchos que traté a Don Juan, nunca la vi. Un día, tras su muerte, una señora me saludó en la calle Juan Bravo y se presentó. Tenía un aire de familia, pero desprendía una dulzura que Benet, pese a ser un sentimental, no mostraba. Desde entonces, de una manera para mí conmovedora, Marisol aparecía en cuantas charlas o presentaciones tuviéramos en Madrid los amigos mucho más jóvenes de su hermano pequeño: Molina Foix, Azúa, Mendoza, yo mismo. Con una fidelidad infalible, pese a ir cumpliendo sus años; y aún lo hace. Como si con su presencia protectora y benévola, de apoyo a esos amigos, le estuviera rindiendo a él homenaje, y recordándolo por discípulos interpuestos. Si es que a estas alturas merecemos todavía ese título, y nos cuadra.

8-IV-18

Quitarse de la educación

Desde niño me enseñaron a ser educado, y en este siglo eso se ha convertido en un desastre y una desgracia, hasta el punto de que llevo años intentando «quitarme», con escaso éxito, como quien se quita del tabaco, el alcohol o la cocaína. Apenas avanzo en mi propósito. A cada escritor desconocido que me envía un libro le correspondo con uno mío dedicado, o con alguno de los que traduje o de los que publico en mi diminuta editorial Reino de Redonda; aunque el volumen que me haya mandado no me interese en absoluto y sólo vaya a ser un engorro en mis abarrotadas estanterías. Lo mismo hago con cada amable lector que por Navidad o por mi cumpleaños me hace llegar un pequeño obsequio. A menos que sea algo zafio o malintencionado: días atrás abrí un paquete que contenía unas bragas —santo cielo, a mi edad ya respetable—. No quise averiguar si por estrenar o usadas, las alcé con un largo abrecartas curvo de marfil y fueron directas a la basura. Supongo que de haber sido yo escritora y haberme llegado unos calzoncillos, habría denunciado al remitente por acoso sexual y lo habría empapelado. Cuando saco un libro nuevo, procuro regalar ejemplares no sólo a los amigos, sino a cuantos a lo largo del año son gentiles conmigo: a los de la papelería, la pastelería, la panadería, al fotocopista, al cartero. Si me dejan obras mías en portería para que las dedique (a veces bastantes), cumplo pacientemente y me molesto en empaquetarlas para devolverlas, aunque lo propio sería que esos lectores fueran pacientes y aprovecharan las sesiones de firmas estipuladas, en la Feria del Retiro o en

Sant Jordi o en librerías. No dejo de contestar nunca a las cartas de personas de larga edad o de muy corta, pienso que para ellas es más importante obtener una respuesta. De hecho contesto a la mayoría, en la medida de mis posibilidades. Entre unas cosas y otras, se me va muchísimo tiempo en procurar ser cortés.

Cada vez me siento más anacrónico, también en esto. Tal vez sea influencia de los malos modos y la generalizada agresividad de las redes sociales, en las que cada cual suelta sin prolegómenos sus denuestos y exabruptos, quizá eso se esté trasladando al trato personal y a otras formas de comunicarse. Lo cierto es que ahora recibo a menudo, más que peticiones, exigencias. Desde el señor que no sólo me conmina a que lea su libro, sino a que además le envíe una frase elogiosa para ponerla en una fajilla o en la contracubierta, hasta quien pretende hacerle a un amigo o a un marido «un regalo especial» consistente en un encuentro conmigo, dando por descontado que me sobra el tiempo y sin pararse a considerar si a mí me compensa dedicar una hora a charlar con un desconocido. Hasta a esas solicitudes contesto algo, disculpándome. He descubierto que eso a veces no basta: si no se le concede a cada cual lo que quiere, no hay ni una palabra de agradecimiento por la respuesta rápida, ni un acuse de recibo. Hace no mucho se le antojó a alguien que acudiera a la boda de una amistad suya y que en la iglesia dijera una bendición o unas palabras. A través de Mercedes L-B (que es la que usa el *email*) aduje que me faltaban horas en la vida, que nunca asistía a bodas (ni siquiera de familiares) y que le deseaba lo mejor a mi lector en su matrimonio. Silencio administrativo hasta ahora. A la gente se le ocurren toda clase de caprichos que en el mejor de los casos representan una interrupción y emplear un buen rato. Por no mencionar más que un par recientes, una biblioteca turca ha decidido enviarme diez ejemplares de novelas mías en esa lengua para que se los dedique, uno tras otro. Mi educación me impele a complacerla, pese al incordio de remitírselos una vez firmados. Un festival alemán desea que escriba a mano la primera página de una de esas novelas y que la fotografíe con el móvil y se la pase, sin preguntarse si tengo cámara en mi «premóvil» ni si me aburre repetir una página antigua con pluma para darle gusto. Suerte que carezco de *smartphone*, porque si no, me temo, habría acabado obedeciendo como un idiota.

Hay personas que escriben y que, tras un somero y vago elogio, pasan a señalarle a uno, por extenso, lo que consideran «fallos» o «errores» de una novela. A veces me molesto en explicarles —qué sé yo— la diferencia entre el acusativo y el dativo, o en recordarles que el narrador en primera persona es un personaje como los demás, susceptible de desconocer datos y tener lagunas. Es más, conviene que así sea, porque si hablara como un ensayista o un historiador o una enciclopedia resultaría inverosímil. No es raro que el corresponsal replique airado y se empeñe en tener razón en sus objeciones, hasta el punto de incurrir en ofensa y grosería. Sé que estas cosas les ocurren a la mayoría de mis colegas y a los directores de cine, no me creo un caso especial de mala fortuna. Pero estoy convencido de que casi todos ellos, más listos y expeditivos, han sabido «quitarse» de la buena educación hace tiempo, en esta época que la va desterrando y en la que lo habitual es recibir a cambio bufidos, cabreos, solicitudes abusivas, desplantes e impertinencias, como mínimo recriminaciones y frases del tipo «Jo, cómo eres». Definitivamente, hay que «quitarse».

15-IV-18

Cosas que no se disuelven

Tuvimos noticias de ETA hace poco. La banda terrorista anunció que, antes del Mundial de Rusia para que éste no le robara protagonismo «internacional», se disolvería o «desmovilizaría», término que al parecer prefiere para dignificarse y asimilarse a un ejército o a una guerrilla. Siempre fue su empeño: presentarse como *gudaris*, como bravos soldados contra un invasor, haciendo caso omiso de que el País Vasco jamás fue invadido por España, a la que se unió voluntariamente hace siglos (primero a Castilla), con enorme provecho económico prolongado hasta nuestros días. El único periodo en que estuvo oprimido —el franquismo—, lo estuvo como el resto de la nación, empezando por Madrid, donde teníamos instalada la dictadura y donde por tanto era más difícil sustraerse a sus tropelías, incluidas las urbanísticas, a su represión y a su vigilancia, más cercanas que en cualquier otro sitio.

Pero ETA, que empezó en el tardofranquismo, fue más activa que nunca después, durante la democracia, cuando el País Vasco estuvo tan oprimido como el resto, es decir: nada. Desde hace unos siete años, cuando ETA proclamó el cese de su «lucha» en la que los bravos soldados apenas corrían riesgo, la gente de ese territorio ha vivido con libertad plena, esto es, exactamente igual que desde 1978 —por poner una fecha—, aunque ETA y parte del PNV (que ganaba elecciones y mandaba) se empeñaran en asegurar lo contrario. Los derechos de los vascos son ahora los mismos que entonces, y ahora a pocos se les ocurre que haya que «liberarlos». La riqueza, que no fue escasa ni en los llamados «años de plomo», es más abundante que nunca, porque muchos españoles y extranjeros, que antes preferían evitar esas tierras, se aventuran allí sin sentir ya rechazo ni peligro. Florecen, así, el turismo y las inversiones, y no hay empresas que huyen despavoridas.

Así pues, hay que preguntarse ahora qué es lo que ha conseguido ETA y, sobre todo, por qué se dedicó a aterrorizar durante cuatro décadas a las poblaciones vasca y española. Hoy hay jóvenes que ya lo ignoran todo acerca de ese terrorismo, incluso en Euskadi. Bastan siete años para que todo lo anterior parezca antediluviano, así va el mundo. Pero algunos estamos acostumbrados a otro transcurrir del tiempo, y a recordar con nitidez. En Madrid ETA atentó muchísimo, y los madrileños sobrellevamos su terror, cotidianamente, a lo largo de cuarenta. Y qué decir de cómo lo sobrellevaban los vascos. Bueno, unos lo celebraban, y contribuían a extenderlo. Otros lo aplaudían desde sus casas y otros desde las calles, en las que actuaban como matones y chivatos. «Nos hemos quedado con tu cara», «Sabemos dónde vives», eran frases habituales dirigidas a los pocos que se oponían a los mafiosos abiertamente. Una forma de intimidación descarada, sobre todo cuando era notorio que no se trataba solamente de palabras. Una parte de los vascos se dedicó a acusar, a delatar, a pintar dianas, a señalarle a la banda cuáles debían ser sus objetivos. Y la banda no se sabe si obedecía o mandaba, pero lo frecuente era que quien se veía apuntado acabara recibiendo un tiro, o una carta exigiéndole dinero con el que «compensar sus delitos», o que asistiera a la voladura de su negocio o al repugnante boicot de sus vecinos. Y otra parte de la población volvía la vista y callaba, por miedo o por ambigüedad. Las víctimas y sus familiares eran execrados después de muertos o enlutados, no bastaba con eliminar a alguien, además había que ensuciarlo.

Una porción de la sociedad vasca ha estado durante décadas envilecida (en el peor de los casos) o acobardada (en el mejor, y no es bueno). No estoy seguro de que el tiempo verbal que he empleado sea adecuado, porque todavía se homenajea a lo grande a los etarras excarcelados y se vitupera a los deudos de quienes fueron asesinados por ellos. Y todavía Podemos y los independentistas catalanes hacen excelentes migas con los políticos bendecidos por la banda (o a la inversa), a los que consideran «gente de paz». ETA mató a 854 personas. Si se ponen a contar (una, dos, tres, cuatro...), el cómputo se les hará interminable, hasta llegar a 854. Además de los muertos, están los incontables heridos y mutilados, y los expulsados, y los amenazados, y los amedrentados, los que han vivido con el pavor permanente; los que han temido abrir el buzón y abrir la puerta, no digamos hablar en voz alta, hasta en el bar o en la taberna, imagínense en el periódico o en el púlpito o en el aula. Ha habido una telaraña de terror en todos los ámbitos, no muy distinta de la que tejieron el nazismo, el stalinismo, la Stasi de la RDA o el franquismo de los primeros quince años. ETA no tenía el poder oficial, pero actuó como si lo tuviera, ante la lenidad o connivencia de personajes como Arzallus. Desde que se retiró, pocos se acuerdan de él y muchos ni siquiera saben quién es. Y sin embargo son su rostro y su voz iracunda y achulada lo que se me aparece cuando pienso en el País Vasco de todos esos años, la figura dominante del periodo. ETA se disolverá de aquí a un mes, dicen. Pero para quienes la padecimos no se disolverán sus injustificables crímenes; pertenecen a una clase que jamás puede disolverse.

22-IV-18

La vuelta de mi abuela Lola

Que me disculpen los memoriosos, porque sé que esto lo he contado, aunque no seguramente en esta página: mi abuela Lola era una mujer muy buena, dulce y risueña, lo cual no le impedía ser también extremadamente católica. Y recuerdo haberle oído de niño la siguiente afirmación, dirigida a mis hermanos y a mí: «A ustedes les hace mucha gracia» (era habanera), «y quizá la tenga, pero yo no voy a ver películas de Charlot porque se ha divorciado muchas veces». Hasta hace cuatro días, este tipo de reservas pertenecían al pasado remoto. Mi abuela había nacido hacia 1890, y desde luego era muy libre de no ir a ver el cine de Chaplin por los motivos que se le antojaran, como cualquier otra persona. Lo insólito es que esta clase de argumentos extraartísticos y pacatos hayan regresado, y que los aduzcan individuos que se tienen por «modernos», inverosímilmente de izquierdas, educados, aparentemente racionales y hasta críticos profesionales.

Leo en un artículo de Fernanda Solórzano un resumen de otro reciente de un conocido crítico cinematográfico británico, Mark Cousins, titulado «La edad del consentimiento». Cuenta Solórzano que en él Cousins anuncia que a partir de ahora «dejará de *habitar* la imaginación de directores como Woody Allen y Polanski», a los que «negará su consentimiento». Compara ver películas de estos autores con visitar países con regímenes dictatoriales, o aún peor, con contemplar vídeos del Daesh con decapitaciones reales. «Aunque sus ficciones no muestren violencia, son imaginadas por sujetos perversos», explica. Se deduce de esta frase que las películas que sí muestren violencia —ficticia, pero el hombre no distingue— serán aún más equiparables a los susodichos vídeos del Daesh, por lo que, me imagino, Cousins tampoco podrá ver la mayor parte del cine mundial de todos los tiempos, de Tarantino a Peckinpah a Coppola a Siegel a Ford a todos los *thrillers, westerns* y cintas bélicas. Lo absurdo es que no haya anunciado de inmediato, en el mismo texto, que renuncia a las salas oscuras y por lo tanto a su labor de crítico, para la que es evidente que queda incapacitado. Al contrario, entiendo que asegura, con descomunal cinismo, que su adhesión a «lo correcto» no afectará su juicio estético. Un disparate en quien se propone juzgar desde una perspectiva moralista, «edificante» y puritana. Ojo, no ya sólo las obras, sino la vida privada de sus responsables. Siempre según Solórzano, «en adelante Cousins sólo visitará la imaginación de artistas de comportamiento íntegro».

Este Cousins es tan libre como mi abuela, y lo que haga me trae sin cuidado. Pero, claro, no es un caso aislado, ni el único primitivo que abraza esta visión retrógrada del arte. Constituye toda una corriente que amenaza no sólo el oficio de crítico, sino la libertad creadora. ¿Qué es un «comportamiento íntegro», por otra parte? Dependerá del criterio subjetivo de cada cual. Para los cuatro ministros de nuestro Gobierno que hace poco cantaron «Soy el novio de la muerte» en una alegre concentración de encapuchados, el concepto de «integridad» será por fuerza muy distinto del mío. Y luego, ¿cómo se averigua eso? Antes de ir a ver una película —de «visitar la imaginación» de un director, como dice Cousins con imperdonable cursilería—, habrá que contratar a un detective que examine la vida entera de ese cineasta, a ver si podemos dignarnos contemplar su trabajo. En algunos casos ya sabemos algo, que nos reducirá drásticamente nuestra gama de lecturas, de sesiones de cine y de museos. Nada de «visitar» a Hitchcock ni a Picasso, de los que se cuentan abusos, ni a Kazan, que se portó mal durante la caza de brujas de McCarthy, ni a Caravaggio ni a Marlowe ni a Baretti, con homicidios a sus espaldas, ni a Welles ni a Ford, que eran despóticos en los rodajes, ni a Truffaut, que cambió mucho de mujeres y algunas sufrieron. Nada de leer a Faulkner ni a Fitzgerald ni a Lowry, que se emborrachaban, y el tercero estuvo a punto de matar a su mujer en un delirio; ni a Neruda ni a Alberti, que escribieron loas a Stalin, ni a García Márquez, que alabó hasta lo indecible a un tirano; no digamos a Céline, Drieu la Rochelle, Hamsun y Heidegger, pronazis; tampoco a Stevenson, que de joven anduvo con maleantes, ni a Genet, que pagaba a chaperos, ni a nadie que fuera de putas. Ojo con Flaubert, que fue juzgado, y con Cervantes y Wilde, que pasaron por la cárcel; Mann se portó mal con su mujer y espiaba a jovencitos, y no hablemos de los cantantes de *rock*, probablemente ninguno cumpliría con el «comportamiento íntegro» que exigen el pseudocrítico Cousins y las legiones de policías de la virtud que hoy lo azuzan y lo amparan.

Ya es hora de que toda esta corriente reconozca su verdadero rostro: se trata de gente que detesta el arte y a los artistas, que quisiera suprimirlos o dictarles obras dóciles y mansas, y además conductas personales sin tacha, según su moral particular y severa. Es exactamente lo que les exigieron el nazismo y el stalinismo, bajo los cuales toda la gente de valía acabó exiliada, en un *gulag* o asesinada, lo mismo que Machado y Lorca en España. No a otra cosa que a la represión y la persecución está dando su consentimiento esta corriente de inquisidores vocacionales. Al menos mi abuela Lola no ejercía el proselitismo, ni intentaba imponer nada a nadie.

29-IV-18

Mejor que nada mejore

Hace bastantes años, una escritora feminista profesional —entiendo por tales a quienes han hallado una mina en la denuncia y el lamento continuos— le propuso a una editora participar en unas jornadas literarias y le pidió que elaborara un informe sobre la proporción de manuscritos de mujeres que llegaban espontáneamente a su editorial y cuántos de ellos eran aceptados y publicados, en comparación con los de los varones. La editora se tomó la molestia de hacer una reconstrucción histórica (hasta donde le fue posible) y le anunció el resultado a la escritora: acababan viendo la luz, proporcionalmente, más textos femeninos que masculinos. Su sorpresa fue grande cuando la feminista profesional, en vez de alegrarse del dato y suspirar aliviada al comprobar que no en todas partes se ninguneaba a las de su sexo, reaccionó con desagrado y le vino a decir: «Ah no, esto no puede ser, esto no me vale». La editora comprendió que no se había tratado de saber la verdad, sino más bien de encontrar un motivo más para cargarse de razón, algo con lo que fortalecer sus tesis sobre la discriminación sistemática de la mujer, algo que contribuyera a enardecer su queja habitual, que le permitiera afianzarse y exclamar una vez más: «¿Lo veis, lo veis?». No recuerdo si al final la editora dio su ponencia o se cayó del cartel, al contradecir sus conclusiones la inamovible teoría.

Hoy abundan las personas que protestan —con justicia a menudo— de una u otra situación, pero que por nada del mundo quieren ver mejoradas esas situaciones. Es más, lamentan que mejoren (cuando lo hacen), porque, si eso sucede, se quedan sin objetivo en la vida, sin lucha ni función, sin Causa, a veces sin manera de ganarse la vida. La anécdota que acabo de relatar me vino a la memoria hace un par de meses, al ver la gran encuesta que *El País* publicó con ocasión del Día de la Mujer. Las encuestas y las estadísticas son cualquier cosa menos fiables. Todas están desvirtuadas desde el inicio, por: a) las preguntas que se hacen; b) las que *no* se hacen; c) cómo están formuladas las que sí (son capciosas con frecuencia y «teledirigen» las respuestas); d) el tipo y el número de individuos interrogados; e) cómo son presentados los resultados. *El País* tituló aquel día: «Una de cada tres españolas se ha sentido acosada sexualmente», lo cual invitaba al lector a llevarse las manos a la cabeza y pensar: «Qué espanto, qué bochorno, ¡una de cada tres!». Pero cuando uno iba a mirar los diversos cuadros en detalle, veía que la pregunta rezaba, claro: «¿Se ha sentido acosada sexualmente en algún momento?», dando entrada con ese verbo («sentirse») a la más estricta subjetividad (hay gente más sensible y susceptible que otra). Se ofrecían cuatro apartados para contestar: a) una vez; b) algunas veces; c) muchas veces; d) nunca. Las que respondían «Nunca» eran en total el 63 %, porcentaje que entre las de sesenta y cinco años o más (es decir, entre las que habían dispuesto de mayor tiempo para sentirse acosadas) ascendía al 74 %.

Que en un país tan machista como *ha sido* España, el 63 % de sus mujeres no se hayan sentido acosadas sexualmente *nunca* (nunca en la vida), a mí —ustedes perdonen— me parece una buena noticia. Y, de haber sido el encargado de brindarla a los lectores, es lo que habría destacado porque lo habría visto como lo más destacable, y no tanto el tercio de las acosadas, repartidas así: una vez, el 7 %; algunas, el 23 %; muchas, el 2 %. Todas sumadas, el 32 %. Había otra serie de preguntas subjetivas, relacionadas con «el hecho de ser mujer». A «La han menospreciado por el desempeño de su trabajo», contestaba «Nunca» el 69 %. A «La han menospreciado por sus opiniones y comentarios», «Nunca» el 54 %. A «Se ha sentido juzgada por su físico o apariencia», «Nunca» el 50 % y «Muchas veces» el 17 %. A «La han tratado de intimidar», «Nunca» el 60 %. A «Le han tratado de hacer o le han hecho tocamientos», «Nunca» el 74 % y «Muchas veces» sólo el 2 %. Etc.

Sí, España fue un país brutal y legalmente machista. Hace poco más de cuarenta años, bajo la repugnante dictadura, una mujer casada o menor no podía sacarse el pasaporte, ni abrir una cuenta, ni montar una empresa, ni comprar bienes inmuebles, ni casi trabajar, sin el permiso expreso del marido o del padre. Su adulterio constituía un delito y podía ser denunciado, mientras que el del hombre no. Hoy hay todavía razones de queja: la brecha salarial es la más llamativa e intolerable, y resulta criminal que haya varones que aún se crean dueños de sus mujeres. Pero que precisamente aquí, con ese pasado, haya porcentajes tan altos de ellas que *nunca* se han sentido acosadas, ni menospreciadas, ni intimidadas, ni han sido toqueteadas, yo diría que es para congratularse y mirar el futuro con optimismo.

Me temo que quienes presentaron esta encuesta a los lectores se asemejan a la feminista profesional del principio. Si el resultado es esperanzador, si demuestra que ya se ha operado un enorme cambio de mentalidad para bien, «no me vale». Es un ejemplo de lo que hoy se da en muchos campos, no sólo en este, en absoluto. Existe demasiada gente furiosa que no quiere que nada mejore, para así poder seguir enfurecida.

6-V-18

Cuando la sociedad es el tirano

En 1859 no había teléfono ni radio ni televisión, no digamos redes sociales y móviles que expanden con alcance mundial, y en el acto, cualquier noticia; pero también cualquier consigna, bulo, mentira, calumnia y prejuicio. En esa fecha, sin embargo, John Stuart Mill, en su célebre ensayo «Sobre la libertad», escribió lo siguiente (me disculpo por la larga cita, cuyos subrayados son míos): «Como las demás tiranías, esta de la mayoría fue al principio temida, y lo es todavía, cuando obra, sobre todo, por medio de actos de las autoridades. Pero las personas reflexivas se dieron cuenta de que cuando es la sociedad misma el tirano, sus medios de tiranizar no están limitados a los actos que puede realizar mediante sus funcionarios políticos. *La sociedad puede ejecutar, y ejecuta, sus propios decretos*; y si dicta malos decretos en vez de buenos, *o si los dicta a propósito de cosas en las que no debería mezclarse, ejerce una tiranía social más formidable que muchas de las opresiones políticas*, ya que si bien no suele tener a su servicio penas tan graves, *deja menos medios para escapar de ella, pues penetra mucho más en los detalles de la vida* y llega a encadenar el alma. Por eso no basta la protección contra la tiranía del magistrado. *Se necesita también la protección contra la tiranía de la opinión y sentimiento prevalecientes; contra la tendencia de la sociedad a imponer, por medios distintos de las penas civiles, sus propias ideas y prácticas como reglas de conducta a aquellos que disientan de ellas*; a ahogar el desenvolvimiento, a impedir la formación de individualidades originales y a obligar a todos los caracteres a moldearse sobre el suyo propio».

Pese a lo levemente anticuado de léxico y sintaxis, parece que Stuart Mill esté hablando de nuestros días y alertando contra un tipo de tiranía que, por ser de la sociedad (vale decir «del pueblo», «de la gente» o «de las creencias compartidas»), no es fácil percibir como tal tiranía. «Si nuestra época piensa así», parece decirse a veces el mundo, «¿quién es nadie para llevarnos la contraria? ¿Quién los políticos, que han de obedecernos? ¿Quién los jueces, cuyos fallos están obligados a reflejarnos y complacernos? ¿Quién los periodistas y articulistas, cuyas opiniones deben amoldarse a las nuestras? ¿Quién los pensadores» (esas «personas reflexivas» de Mill), «que no nos son necesarios? ¿Quién los legisladores, que deben establecer las leyes según nuestros dictados?».

Esta imposición de dogmas y «climas», evidentemente, era ya perceptible en 1859. Imagínense ahora, cuando existen unos medios fabulosos de adoctrinamiento, conminación e intimidación, sobre todo a través de las redes sociales. Pero ha llegado el momento de preguntarse si esas redes, que hoy se toman por lo que antes era el oráculo, o la ley de Dios, no son tan fantasmales y usurpables como la voz de este ser abstracto en cuyo nombre se han cometido injusticias y atrocidades. Es muy sospechoso que en cuanto se piden firmas para lo que sea (desde cambiar una ley hasta el nombre de una calle), aparezcan millares en un brevísimo lapso de tiempo. No hay nunca constancia de que quienes envían sus tuits no sean cuatrocientos gatos muy activos que los repiten hasta la saciedad, los reenvían, los esparcen, aparentando ser multitudes. Se sabe de la existencia de *bots*, es decir, de programas robóticos que simulan ser personas y que inundan las redes con una intoxicación o una consigna. Rusia es pródiga en su uso, así como partidos políticos, sobre todo los populistas. En suma, detrás de lo que hoy se considera la sacrosanta «opinión pública», a menudo no hay casi nadie *real* ni reflexivo, sólo unos cuantos activistas que saben multiplicarse, invadir el espacio y arrastrar a masas acríticas y borreguiles.

Cualquier sociedad es por definición manipulable, y en muy poco tiempo se le crean e inoculan ideas inamovibles. Me quedé estupefacto el día de la famosa sentencia contra «La Manada». No me cabe duda de que esos cinco sujetos son desalmados y bestiales. Pero no se los juzgaba por su catadura moral ni por su repugnante concepción de las mujeres, sino por unos hechos concretos. Y me asombró que, nada más conocerse la sentencia, millares de personas que no habían asistido al proceso ni habían visto el vídeo que se mostró en él parcialmente, que no eran duchas en distinciones jurídicas, supieran sin atisbo de duda cuáles eran el delito y la pena debida. No digo que no tuvieran razón, los jueces yerran, y cosas peores. Pero nadie contestaba lo más prudente: «*Lo ignoro*: carezco de datos, de conocimientos y de pruebas, y por tanto no oso opinar». Vi en pantalla a políticos, tertulianos, ¡escritores y actores!, que afirmaban con rotundidad saber perfectamente qué había ocurrido en un sórdido portal de Pamplona en 2016. Vuelvo a la cita de Mill: «La sociedad puede ejecutar, y ejecuta, sus propios decretos». Una sociedad que hace eso, que prescinde de la justicia o decide no hacerle caso, que pretende que prevalezca la de su fantasmagórica masa, tiene muchas papeletas para convertirse en una sociedad opresora, linchadora y tiránica.

13-V-18

También por el pie de Cunningham

Ya se sabe que la memoria es sólo a medias gobernable, y cualquier detalle convoca recuerdos desterrados hacía décadas. En el momento en que supe que la Final de la Copa de Europa de este año, el próximo sábado, iba a ser Real Madrid-Liverpool, me he visto transportado a 1981, que es cuando se disputó el mismo partido, con el mismo título en juego, en el Parque de los Príncipes parisino. Si lo tengo grabado no es porque esa fuera una de las tres finales perdidas por el Madrid, de las quince a que ha llegado (serán dieciséis ahora). Las derrotas dejan tanta huella como las victorias, si no más, de igual manera que duran más las tristezas que las alegrías, los fracasos que los éxitos, las ofensas que los halagos. Es, sobre todo, porque en los preliminares, si no me equivoco, hice la única entrevista de mi vida, y por eso me sentí aún más involucrado y concernido. A título muy personal, además de como madridista.

Tenía por entonces una novia estadounidense que llevaba años viviendo en Madrid. Había sido trapecista del circo Ringling Brothers en su país, y ahora ejercía de modelo y empezaba a hacerlo también de fotógrafa. La verdad es que no teníamos mucho que ver. Era una de esas personas que no le ven sentido a estarse quietas, por lo general condición indispensable para leer libros. También era bastante calamitosa en la vida cotidiana: siendo bondadosa y encantadora, atraía los problemas como un imán (y algún desastre de vez en cuando). Yo procuraba ayudarla a salir de ellos, en la medida de mis posibilidades. Vivía con una gata blanca contagiada del carácter de su dueña, y por su culpa (de la gata) estuve a punto de perder mi amistad con Don Álvaro Pombo. Pero esa es otra historia. Aquel verano CB (esas eran y son sus iniciales) lo iba a pasar en su ciudad natal, Seattle, y se le ocurrió hacer en España una serie de entrevistas con personajes de aquí que se pudieran ofrecer y vender allí. Apenas había entonces españoles conocidos en los Estados Unidos. Creo que consiguió un encuentro con Antonio Gades, y, aunque nuestro fútbol no es popular en América, le sugerí probar con el extremo del Real Madrid Laurie Cunningham. Si el equipo se coronaba campeón y Cunningham destacaba... Cunningham fue el segundo futbolista negro en jugar para la selección inglesa a cualquier nivel, y el primer británico que el Madrid había fichado en toda su historia. Ese tipo de detalles podrían hacerlo atractivo en los Estados Unidos. Pero CB no entendía nada de fútbol, así que pueden imaginarse a quién le tocaba hablar con el gran e intermitente extremo izquierda. No tengo ni idea de cómo, logré contactar con él y me citó, me parece, en el gimnasio en que se recuperaba de una lesión que lo había tenido de baja bastante tiempo. Al menos tenía todo el rato un pie descalzo; me suena que lo habían operado de la rotura de un dedo. Grabé sus declaraciones en inglés (como casi todos los jugadores británicos —véanse hoy Bale y antes Beckham—, era incapaz de aprender lenguas), luego las transcribí y se las entregué a CB, que ya partía en breve. Cunningham dejó, sobre todo, una actuación espectacular en el Camp Nou, que lo ovacionó pese a haber marcado un gol o dos y haber traído de cabeza a la defensa *blaugrana*. No fue tan memorable su participación en aquella Final, en la que saltó al campo con Camacho, Del Bosque, Stielike, Santillana, Juanito y unos cuantos más con menos poso.

Así que el Madrid-Liverpool lo vi deseando no sólo que el Madrid ganara, como he deseado siempre salvo en alguna ocasión con Mourinho al frente, sino que Cunningham triunfara a lo grande, por él y por mi novia, que en ese caso quizá podría vender la entrevista. No fue así. En el minuto 82 el Liverpool sacó de banda (¡de banda!), un defensa nuestro se despistó y el lateral izquierdo Alan Kennedy metió el gol único y definitivo, uno de los poquísimos de su carrera. El Madrid era el perdedor. Cunningham brilló a ratos, pero andaba mermado. En 1983 o quizá 1984 el club lo dejó ir, y en 1989, a los treinta y tres años, se mató en un accidente de coche en Madrid, adonde había vuelto para jugar en Segunda con el Rayo Vallecano.

Llevo aguardando el resarcimiento de aquella derrota aciaga desde 1981, me doy cuenta ahora con sorpresa. Lo más probable es que ningún futbolista actual del Madrid sepa quién fue Cunningham, ni siquiera Zidane seguramente. Pero tengo el pálpito —es puro deseo— de que el próximo sábado ganarán su tercera Final consecutiva, impulsados por otros motivos. Pero, si así sucede, yo se lo agradeceré doblemente, porque no podré evitar pensar en el pobre Laurie Cunningham, que me cayó bien, que no tuvo suerte con las lesiones y además murió muy joven dejando viuda y un hijo españoles. Y me acordaré vagamente de la mañana en que lo entrevisté en un gimnasio con su pie descalzo, para ayudar a la novia de entonces, algo calamitosa y encantadora.

20-V-18

Extraña aversión o fobia

Uno de los mayores signos de civilización es, para mí, la capacidad de pedir disculpas y la disposición a hacerlo, y por consiguiente veo a la actual España como uno de los países más incivilizados que yo conozca. Da la impresión de que disculparse, rectificar, retractarse, reconocer una equivocación o un comportamiento inadecuado (no digamos arrepentirse), se hayan convertido aquí en baldones insoportables que menoscaban la virilidad de los hombres y la dignidad de las mujeres. Las únicas disculpas que se oyen, desde hace ya muchos años, son genéricas y forzadas por un clamor, nunca espontáneas o *motu proprio.* Cuando un político o un personaje público suelta unas declaraciones o unos tuits improcedentes, y mucha gente se enfurece por ellos, sólo entonces el metepatas dice algo como esto: «Mis palabras eran una broma, o fueron pronunciadas en un ambiente distendido y jocoso, o se me calentó la boca y no supe refrenarme. Pido perdón a cualquiera que se haya sentido ofendido por ellas». Es decir, se presentan excusas más o menos universales, y por lo tanto impersonales: «A cualquiera que...». Y únicamente porque el ofensor está a punto de ser defenestrado por la indignación que ha levantado.

En este país se dicen muchas cosas, sin cesar; la población es lenguaraz y precipitada. Se lanzan acusaciones, se insulta, se hacen predicciones sobre la conducta de otros, se vaticina lo que alguien va a decir o hacer. A menudo se comprueba que las acusaciones eran infundadas, los insultos injustos y sin base, las predicciones y los

207

vaticinios errados. Se llama «fascista», «franquista», «machista», «misógino», a cualquiera, simplemente porque esa persona no da a los injuriadores la razón en todo, los critica o les opone argumentos. Los argumentos nunca son contestados, se replica a ellos con el denuesto y el agravio. Si queda demostrado que quien fue tildado de franquista padeció persecución bajo Franco, o que quien lo fue de machista ha defendido en numerosas ocasiones a las mujeres, nadie reconoce su error o su destemplanza, jamás nadie se disculpa. Si ustedes se fijan, son incontables las entrevistas a celebridades en las que éstas aseveran: «Yo no me arrepiento de nada». A mí me parece siempre una afirmación brutal, porque no conozco a nadie, en la vida real, que no se arrepienta de un puñado de dichos o hechos. Las vidas suelen ser lo bastante largas como para que uno lamente algunas cosas, bien que llevó a cabo, bien que no se atrevió a llevar a cabo. ¿Por qué admitir eso en España supone un enorme oprobio?

Hay centenares de ejemplos, pero uno reciente fue el de la alcaldesa Colau tachando frívolamente de «facha» al Almirante Cervera cuando lo desposeyó de su calle en la Barceloneta para otorgársela a un cómico que —desde mi personal punto de vista— maldita la gracia que tenía. (Espero que se me permita reírme con lo que me hace gracia y no con lo que no me la hace; hoy en día ya no se sabe.) Un montón de personas, incluidos varios descendientes de Cervera, le han salido al paso señalándole que éste murió en 1909, mucho antes de que existiera el fascismo en ningún sitio; que fue más bien liberal, y víctima de gobernantes irresponsables que le ordenaron fracasar sin remedio durante la Guerra de Cuba. ¿Ha habido alguna rectificación, matización o disculpa por parte de Colau, ha retirado su improperio producto de la ignorancia y la demagogia? En absoluto. Ella, como la mayoría de los españoles, es soberbia, y se considera tan infalible como hasta hace poco lo era el Papa. Yo me pregunto por qué cuesta tanto reconocer: «Me he pasado, he hablado atolondradamente; he sido injusto, me he excedido; retiro lo dicho y me disculpo».

No sé. Hace unos días, mi ayudante ML-B debía enviarle por *mail* una nota a CLM, la editora de Reino de Redonda, relativa a unos fallos observados por un lector en la traducción de nuestro libro *Los Papas*. Era ya la segunda vez que me advertía, y le comenté a ML-B cuán puntilloso era ese lector. En la nota, ella convirtió «puntilloso» en «plasta», y en vez de enviársela a CLM, por error se la mandó al amable señor que se tomaba tantas molestias. Me lo comunicó compungida («Dimito, soy imperdonable», me dijo). Inmediatamente le escribimos otro *mail* al lector pidiéndole disculpas, y aún no sé si nos las habrá aceptado. Comprendería que no. Pero era lo mínimo y no cuesta nada. Al contrario, uno se siente ligeramente aliviado del peso que lo agobia cuando ha sido grosero o injusto o desabrido o ha metido la pata. En España casi nadie siente ese peso, por lo visto. Los políticos, por desgracia, influyen más de lo que deberían en el resto de la gente; también los periodistas, que si tratan indebidamente a alguien durante meses, a lo sumo confiesan su falta una sola vez, y en letra pequeña, o a veces nunca. Mientras eso no cambie, mientras la población siga dedicada a arrojar venablos sin reflexión ni fundamento y jamás retirarlos, España —con parte de Cataluña a la cabeza en los últimos tiempos, por cierto— seguirá siendo un lugar habitado por individuos brutos e incivilizados.

27-V-18

Nostalgias del primitivismo

Paloma Varela Ortega, que siendo ella muy joven y yo adolescente me dio clases en el colegio, me envía unas cuantas postales escritas por mi madre a la suya a lo largo de varios veranos. La más antigua (destinada a su abuelo Don José, de hecho) es de 1955, la más reciente de 1960. Son postales de pequeño tamaño y en blanco y negro, casi siempre con motivo de felicitarle mi madre el santo a la suya, así que cuentan poco. En 1956, sin embargo, le dice Lolita a Soledad: «Pensamos con pena en tu día de la Virgen y en el otro que pasaste aquí sin la niña ya, pero con tu padre. Deseo que Palomita tenga alegría y que eso te ayude a ti. Nos dan mucha tristeza los rincones sorianos llenos de recuerdos». Las dos mujeres habían perdido, respectivamente, un hijo y una hija pequeños. Un año más tarde le dice: «Te deseamos mañana un día con felicidad, junto a las penas». Los textos son tan breves que lo más destacable sea quizá la mención, un par de veces, de un collar que al parecer mi padre le había traído a Soledad de Nueva York. En un *post scriptum* él le anuncia: «Tu collar va de camino; como verás, te da tres vueltas. Pendientes que igualaran no encontré». Y más adelante Lolita y Julián insisten en que se trata de un mínimo, modestísimo regalo; supongo que Soledad se ofrecía a pagarlo, o que acaso era un encargo suyo. En esos años mis padres no tenían una perra, así que me imagino que en efecto era modesto.

En una cartita, fechada el 3 de agosto de 1958, mi madre explica: «No me cogieron aquí los fríos: la temperatura y una leve varicela de Álvaro» (mi hermano pequeño) «me retuvieron en Madrid hasta el día 13. Pronto me metí en la varicela doble —fuerte y muy fuerte— de Fernando y Xavier» (mi hermano inmediatamente mayor y yo mismo, que me llamé con *X* largos años). «Ya están completamente bien y Julián de vuelta.» Y aquí, claro, me ha acudido el recuerdo. Me he visto guardando cama durante un montón de días, o a mí se me hicieron eternos, en la habitación que compartíamos en los veranos de Soria. En efecto, Fernando y yo la padecimos al mismo tiempo, él con menos de nueve años y yo con menos de siete (más aguda, me entero ahora). El picor era insoportable, pero estábamos bien advertidos de que no podíamos rascarnos, ni siquiera tocarnos, las feas vesículas repartidas por el cuerpo. Algo debí de tocármelas, porque, aunque feas, sé que eran lisas y suaves al tacto. Supongo que por entonces no había aún vacuna. Sí la habría para la mucho más peligrosa viruela, pariente suya, porque no sentíamos su amenaza. No mucho antes no la habría para la poliomielitis, porque durante el curso 1954-1955, que pasamos en New Haven (mi padre iba de un lado a otro para ganar lo que el régimen de Franco le había prohibido ganar en España), mi madre no quiso que fuéramos allí al colegio, por temor al contagio.

Es asombroso que ahora haya tantas personas —una corriente de irresponsables que rayan en la criminalidad— dedicadas a poner en cuestión las vacunas, y resueltas, en muchos casos, a no administrárselas a sus criaturas. Sin el menor fundamento, hay individuos «influyentes» —actores y gente por el estilo, sin ninguna autoridad en la materia— que han lanzado una campaña aseverando no sólo la inutilidad de las vacunas, sino denunciando sus perjuicios... para la salud, santo cielo. Y como toda necedad y toda superstición tienen hoy eco y prosperan, hay una legión de tontos «naturales» que les hacen caso. El resultado de esta moda no puede ser más desastroso, porque esos padres no sólo desprotegen a sus hijos contra buena cantidad de enfermedades para las que hoy hay prevención y remedio, sino que ponen en peligro a los demás críos (a los demás no vacunados, pero el mundo es ancho). Y aún es más: están reapareciendo dolencias que se daban ya por casi extinguidas. Hace nada ha habido en Europa un brote de sarampión incomparable con el de anteriores años. Los niños de mi época contábamos, si la memoria no me falla, con que debíamos «pasar» casi por fuerza (y cuanto antes mejor) tres o cuatro enfermedades no graves: el sarampión, la rubeola, las paperas y la comentada varicela. Pero ya éramos inmunes a la mayoría de las más graves. Las muertes por viruela (que no era de las obligadamente funestas) se cuentan por millares a lo largo de la historia, no digamos las causadas por las más malignas. Mi abuela, de la que hablé aquí hace poco, dio a luz a once vástagos, de los que dos murieron pequeños y otros dos muy jóvenes (bien es verdad que a uno de éstos le pegaron un tiro en la sien, por nada, los chequistas madrileños del asesino Agapito García Atadell, a los dieciocho años). Durante siglos y siglos las proles eran diezmadas, la mortandad era espantosa entre niños y jóvenes. Hoy está espectacularmente reducida, pero como cada vez hay más sujetos deseosos de regresar al medievo en todos los aspectos, y proliferan las imbecilizadas nostalgias del primitivismo más aciago, se ataca uno de los mejores inventos de la humanidad y se prescinde de sus beneficios. Quienes rechazan las vacunas propagan y resucitan las enfermedades, lo cual no debería estarles permitido en nuestra sociedad tan sanitaria.

3-VI-18

Lengua hiriente y superior

Los independentistas catalanes llevan ya tantos años alejados del raciocinio, inventándose agravios imaginarios y negando la realidad, que poco les importa caer una y otra vez en la contradicción. Si se les señala alguna, hacen caso omiso, como si no hubieran oído, o bien incurren en una nueva para intentar enmendar la denunciada. El resultado es un embrollo sin ton ni son, un magma pegajoso en el que nada es discernible, una acumulación de grumos. Se han hecho impermeables a la crítica (les trae sin cuidado), al ridículo y al razonamiento. Ni los dirigentes ni los fieles sabrían responder a casi ninguna pregunta sensata: «¿Cómo vivirían en una Cataluña aislada, con qué economía y qué medios? ¿Con qué reconocimiento internacional (Putin y Maduro aparte)? ¿Qué harían con más de la mitad de la población catalana contraria a su decisión? ¿Iniciarían purgas y expulsiones (mejor no hablar por ahora de limpieza étnica)?». La mayoría de la gente no se leyó o ha olvidado la llamada Ley de Transitoriedad, según la cual los jueces serían nombrados por el Govern (acabando así con la separación de poderes propia de los Estados democráticos), y los medios de comunicación estarían controlados por la Generalitat (acabando, *de facto*, con la libertad de prensa y de opinión). Para los que llevamos tiempo sosteniendo que el *actual* proyecto independentista —tal como lo planean quienes lo propugnan— es de extrema derecha, clasista, racista, de ricos contra pobres, insolidario y totalitario, el nombramiento de Quim Torra como *President* ha venido a confirmar nuestro pronóstico, ay, con meridiana claridad.

Ya Vidal-Folch, Cercas y otros se han molestado en mirar sus libros, artículos y tuits anteriores a su entronización (que son los que cuentan: lo que los individuos declaran una vez bajo los focos ya no es creíble): una ristra de insultos, expresiones de odio y desprecio hacia los españoles y los catalanes «impuros», es decir, que no piensan como él. De éstos ha afirmado que son «bestias con forma humana, carroñeras, víboras, hienas», esto es, los ha animalizado, que es lo primero que han hecho todos los exterminadores que en el mundo han sido, de los nazis a los hutus de Ruanda a los serbios de la Guerra de los Balcanes. Es asombroso que personas supuestamente de izquierdas no hayan montado en cólera ante semejante suciedad y no hayan exigido su inmediata destitución. Torra es idéntico a Le Pen (al padre, que no disimulaba como la hija), a Orbán, al gemelo polaco superviviente, a Salvini de la Liga italiana, a los Auténticos Finlandeses, a la Aurora Dorada griega, a los supremacistas noruegos (uno de ellos llevó a cabo una matanza de críos en una isla, ¿recuerdan?). Admira a pistoleros fascistas de los años treinta, los equivalentes independentistas de Falange. Lo bueno de este nombramiento tan inequívoco es que alguien como Torra contamina a quien lo aupó, Puigdemont, y a Mas, y por ende a todo el movimiento independentista *actual*, incluidas las falsamente izquierdistas Esquerra y CUP, que con sus votos o su abstención le han dado el cargo máximo. Ya nadie que lo apoye puede reclamarse ignorante ni inocente ni «de buena fe». Se ha visto que las «sonrisas» eran muecas y que la «democracia» sólo interesaba para enarbolarla un rato en vano y después pisotearla.

En las aseveraciones megalómanas de Torra hay una flagrante contradicción a la que nadie, de nuevo, hará caso, pero que vale la pena destacar. Según él o sus maestros, los catalanes son más «blancos» que el resto de España *y por lo tanto superiores*. Los españoles son inmundicia, exportadores de miseria material y espiritual, creadores de discriminaciones raciales (!) y subdesarrollo. Puede ser. Como saben mis lectores, no soy un gran entusiasta de mi país. Ahora bien, ¿cómo puede una nación «superior» llevar tres o cinco siglos sojuzgada, según él y sus compinches, por una «inferior»? Las colonizaciones, conquistas y sometimientos siempre han sido de los «superiores» sobre los «inferiores», nunca al revés. Así, el de Cataluña sería un caso inexplicable, sin parangón en la historia de la humanidad. Un caso único de opresión y «ensañamiento» perpetuos por parte de los tontos a los listos, de los desgraciados a los sobresalientes. Sería como si el Congo hubiera sojuzgado a Bélgica, Argelia y Marruecos a Francia, los indios americanos a los pioneros, los indios de la India al Imperio Británico. Un caso digno de estudio, en verdad insólito: ¿cómo unos «superiores» han aguantado cinco o tres siglos de «dominación»? Sólo cabe concluir lo evidente para cualquiera salvo para Torra y sus secuaces: nunca ha habido tal sometimiento (excepto bajo el franquismo, pero los sometidos fuimos todos), y aún menos lo hay ahora, pese a estas palabras del flamante *President*: «Nos tienen acorralados en el gueto, sin medios de comunicación, ni poder económico, ni influencia política». Qué paraíso sería tal «gueto» para los verdaderamente oprimidos, palestinos, rohingyas, venezolanos y cuantos ejemplos se les ocurran. Torra se deleita ofendiendo a los españoles y a más de la mitad de los catalanes. Pero además no le importa ofender también a los auténticos desheredados, perseguidos y masacrados del mundo. Que Mussolini le conserve la lengua, tan hiriente y superior.

10-VI-18

215

Exasperación inducida

Cierto que la situación de nuestro país no invita al optimismo ni a la tranquilidad. Tampoco la del mundo, con individuos ególatras como el lunático Trump, el artero Putin y el ya vitalicio Xi como máximos acumuladores de poder. Pero todavía (cuando esto escribo) no hay nada demasiado trágico ni absolutamente irremediable. No existen guerras de entidad, y eso ya es mucho teniendo en cuenta cuál es la empecinada historia de la humanidad. Numerosas familias viven en la pobreza o están a punto de caer en ella, pero tampoco hay una hambruna generalizada (hablo sólo de nuestros países occidentales, claro está). Por suerte, ninguna de las plagas con que la OMS nos alarma cada año se han convertido en tales. En cuanto a España, dentro de la gravedad, a lo largo de casi seis años de *procés* no se ha producido un solo muerto, y no era difícil que cayera alguno. ETA paró de matar y se ha disuelto, y nunca está de más recordar cuántos asesinatos cometía al mes durante los ochenta y los noventa del pasado siglo.

Y sin embargo, desde hace por lo menos un lustro percibo en la gente un estado de exasperación al que personalmente no veo mucha justificación. Lo percibo a nivel colectivo y a nivel individual. He hablado aquí de esos sujetos que no pasan una; que, si cometen una infracción y alguien se atreve a afeársela, son capaces de agredir a ese alguien (como a aquel anciano que perdió la vida en un paso de cebra) o de pegarle un tiro (como a aquel vecino de La Coruña que le reprochó al homicida que orinara en plena calle). Hay demasiados sulfurosos que saltan por cualquier cosa, y a la primera. Lo mismo sucede con las masas: en seguida se encolerizan, no vacilan en echarse a la calle para protestar o maldecir, unas veces con razón y otras con exageración. Están de moda —extraña y desagradable moda— la ira, la indignación, el furor. Todo es «intolerable» e «histórico» y «cataclísmico», cualquier abuso es tildado de «genocidio» (hubo quien así calificó las estúpidas cargas policiales del 1 de octubre en Cataluña), las multitudes deciden qué es punible, y lo que opinen jurados o jueces les trae sin cuidado. El asunto más baladí se convierte en cuestión de Estado o por lo menos de referéndum. Yo supongo que parte de la culpa de la exasperación continua y en el fondo inmotivada la tienen las redes sociales, que por suerte no he frecuentado jamás. Muchos ingenuos se informan sólo a través de ellas, y así tienen una visión permanentemente distorsionada, falseada y melodramática de la realidad. Pero no son sólo ellas, o bien es que ellas han contagiado e infectado a los periódicos y a los telediarios.

Estos últimos (sean los parciales y torpísimos de TVE o los parciales y bufonescos de La Sexta) no sólo disparan sus decibelios para tratar cualquier tontada, sino que exprimen la tontada en cuestión hasta convertir sus informativos en extenuantes monográficos. Si hay nevadas, se anuncian catástrofes varias durante veinte minutos; si se cae un árbol que mata o no mata, logran que la población entera mire todos los árboles con pavor y no ose entrar en un parque; si un par de políticos han falseado o inflado sus *curricula* (algo que seguramente hace el 80 % de la ciudadanía), eso ocupa horas y horas de noticias y tertulias a lo largo de jornadas sin fin; si una pareja de líderes se compra un chalet, corren ríos de tinta y palabras al respecto y se organiza un megalómano plebiscito para ver si puede seguir en el cargo (en este sentido estoy muy decepcionado de que en su momento Pablo Iglesias no consultara a las bases podemitas si podía ponerse corbata o no; se le ha visto llevar sin permiso tan sospechosa prenda más de una vez). Los sucesos, que hasta hace unos años eran noticias secundarias, se han adueñado de los informativos, trasladándole al espectador una sensación de que se delinque sin parar, de que estamos amenazados por mafias internacionales sin cuento, de que millares de ciudadanos son asaltados o violados, de que vivimos acogotados: cuando lo cierto es que España es, por fortuna, uno de los países con más bajos índices de criminalidad del planeta (no quiero ni pensar que nuestra situación fuera la de Venezuela, México, Honduras o Estados Unidos, con sus demenciales matanzas en las escuelas y por doquier). Este alarmismo perpetuo, esta exageración deliberada, esta alerta inducida en la que nos sumergen los medios, va minando nuestro ánimo y nuestra templanza. La gente vive en vilo e innecesariamente sobresaltada, va de susto en susto y de irritación en irritación. Yo mismo he comprobado este histerismo, tras escribir opiniones tan inocuas como que cierto tipo de teatro no *me* gustaba o que *me* era imposible suscribir la grandeza de una poeta santificada por decreto municipal. Se ha conseguido no sólo que muchas personas estén exasperadas, sino que busquen más motivos de exasperación, que se nutran de ella y se regodeen en ella; y que, si no los hallan, se los inventen. Hace demasiado tiempo que nada se vive con sosiego, que la existencia cotidiana está contaminada de desquiciamiento, que casi todo es objeto de desmesura y exageración. Francamente, no creo que sea la mejor manera de pasar de un día a otro, y eso, nos guste o no, es lo que nos toca a los vivos, pasar serena y modestamente de un día a otro y atravesar las noches sin angustias extremas. Inclementes políticos, periodistas y tuiteros: déjennos intentarlo, por favor.

17-VI-18

Los insistentes

Fue una conversación hace cuarenta años, yo vivía en Barcelona entonces. Mi muy querida amiga de allí Montse Mateu y yo expresábamos nuestra sorpresa de que una mujer que conocíamos, francamente tonta e incapaz (lo mismo podía haberse tratado de un hombre: en estos tiempos susceptibles hay que avisarlo todo), consiguiera no sólo publicar, sino cargos y prebendas con inverosímil facilidad, mientras otras personas de más valía apenas lograban nada. Mi perplejidad era mayor que la de Montse, porque recuerdo su contestación, y además he visto, a lo largo de las décadas, cuánta razón tenía. Esto vino a decir, más o menos: «En realidad no es muy extraño. Yo estoy convencida de que si alguien dedica *toda* su voluntad, *todo* su empeño y su esfuerzo a un fin determinado; si pone en ello los cinco sentidos y centra sus energías en un objetivo, acaba casi siempre alcanzándolo, independientemente de su ineptitud, sus limitaciones, su absoluta falta de talento y de perspicacia. No importa cuán obtusa sea esa persona: si posee cierta habilidad social, pero sobre todo una voluntad que jamás se distrae ni desvía, antes o después conseguirá sus propósitos. Todo es cuestión de tesón y de poner el ojo en una meta».

No me quedé muy conforme, pero sí callado. Andaría por los veinticinco años, y todavía creía en una vaga justicia universal, que situaba a cada uno en el lugar que merecía. Pero, como resulta evidente, registré aquella opinión de Montse, y desde que se la escuché he detestado y temido, a partes iguales, a los insistentes, acaso los individuos más peligrosos de la tierra. Y quien dice los insistentes dice los tercos, los voluntariosos, los empecinados, los que antiguamente se llamaban «inasequibles al desaliento». Los detesto y me guardo de ellos. Son esa gente que nunca admite un «No» por respuesta. Pretenden que uno vaya a un sitio al que no tiene interés en ir, o que escriba un artículo insulso, o que lea un libro, o que dé una entrevista reiterativa (hablo de las peticiones que suelen llegar a los escritores; según el oficio de cada cual, serán de otra índole). Uno responde civilizadamente que no le es posible, evita decir la pura verdad («No me apetece o no me compensa») porque eso se considera una grosería, y aduce excusas aceptables, verdaderas o aproximadas («Estoy escribiendo una novela, me espera un periodo de viajes y compromisos, estoy de trabajo hasta las cejas» —esta es la fórmula que le oí a mi padre mil veces—, «le ruego que me disculpe»). Pero el insistente no se da por vencido, insiste y persiste. Si no de inmediato, al cabo de unos meses. Jamás se olvida de sus presas, no renuncia a ellas y vuelve a la carga. Y, claro está, consigue a menudo derribar las resistencias. A uno le acaba dando apuro negarse tantas veces, o bien cree ingenuamente que, cediendo, se quitará al pesado de encima. «Me dejará en paz si me avengo a lo que quiere. Cualquier cosa con tal de perderlo de vista», piensa. Así que acaba aceptando algo que le viene fatal, o que le sienta como un tiro, o que es solamente un engorro, por hartazgo. Conviene señalar rápidamente lo erróneo de esta creencia, porque el insistente nunca se da por satisfecho con lo arrebatado. Todo lo contrario: una vez obtenido un botín, una vez comprobada la eficacia de su táctica, retorna al cabo del tiempo con una nueva solicitud abusiva y con su terquedad a prueba de bombas.

Trasladen estos ejemplos menores a asuntos políticos y por lo tanto más graves y colectivos. ¿Cuántas veces no han sentido el impulso de desistir ante la obstinación de los independentistas catalanes, pongo por caso, que llegan a negar la realidad y a falsearla? ¿Cuántas veces no han pensado, por saturación y agotamiento, «Pues que se vayan y nos dejen en paz», olvidando que con esa postura abandonaríamos a su negra suerte a más de la mitad de la población catalana, que no quiere verse bajo el yugo y las flechas de Torra, Puigdemont y compañía, los cuales no rendirían cuentas a nadie y harían lo que les viniera en gana? La política está plagada de sujetos así, que no cejan, que fuerzan e imponen, y no son pocas las ocasiones históricas en que gentes tan ineptas como aquella mujer de mi conversación con Montse Mateu consiguen hacerse con el poder y regir naciones, a veces durante interminables decenios. Esto no anda muy lejos de la famosa frase de Burke (cito de memoria): «Para que el mal triunfe, solamente se precisa que los hombres buenos no hagan nada». Es decir, que desistan por extenuación o indiferencia, que admitan su carencia de tozudez para oponerse a la inagotable de los individuos-apisonadora. Y éstos, hoy en día, son millares. Ya han triunfado en los Estados Unidos y en Gran Bretaña, en Rusia, Polonia, Hungría, Eslovaquia, Eslovenia e Italia, por supuesto en Egipto y las Filipinas. Si no queremos ser arrasados por ellos en todas partes, empiecen a resistirse —a ejercitarse— también en lo personal, en la vida cotidiana. En cuanto alguien les insista en que se presten a algo que no quieren, y a lo que *pueden* negarse, aléjense de ese alguien y manténganse en sus trece; en su «No», contra viento y marea.

24-VI-18

Líbranos de los puros, Señor

Me fui dos días de viaje. Al partir había un Presidente del Gobierno con sus ministros y al volver había otro, todavía sin gabinete. Unas fechas más tarde, cambió el director de este diario (suerte al saliente y suerte a la entrante, y a sus respectivos equipos). Al poco había nuevos ministros, saludados con cierto respeto (con alguna excepción), cosa rara en España. El siguiente miércoles ya se había hecho dimitir a uno de ellos, y también se había destituido al seleccionador de fútbol, la víspera de comenzar el Mundial. (Había un Presidente de la Federación reciente, así que dio un martillazo en la mesa para que se le notara personalidad.) El cesante llevaba dos años en su cargo y no había recibido más que parabienes, pero inoportunamente se había anunciado que al término del campeonato pasaría a dirigir al Real Madrid, del cual, unas semanas antes, se había despedido Zidane tras ganar tres Copas de Europa consecutivas y gozar de la devoción de sus jugadores. Por cambiar, ha cambiado de pronto hasta el jefe de El Corte Inglés, que en su campo es una institución.

Sin duda cada relevo es distinto y obedece a distintas circunstancias. Pero, sea como sea, en estas semanas se ha comprobado que este es un país de vaivenes y extremos, y de éstos no se sabe nunca cuál es peor. Uno de los más perniciosos efectos de la insoportable y prolongadísima corrupción de políticos, constructores y empresarios es que —en apariencia— se ha pasado a lo opuesto. De boquilla, claro está; sin entrenamiento previo; sin tradición de honradez; con los aspavientos y la ira inquisitorial de los conversos, es decir, de los hipócritas. Es como si se hubiera iniciado una competición por demostrar quién está más limpio, quién es más puro e incontaminado, quién más intransigente con los podridos, quién defenestra mejor a los sospechosos. Y claro, no nos engañemos: este, como Italia, es un país secularmente indulgente con los hurtos, las picardías, la transgresión leve, los pecados veniales, las pillerías. Es más, ha admirado todo eso, tácita o abiertamente. Ha envidiado a quienes osaban cometerlos y se salían con la suya y rehuían el castigo. No es esta una actitud de siglos remotos. Hace pocos años causaba incredulidad que, sabiéndose cuanto se sabía de la corrupción del PP de Valencia, este partido siguiera ganando allí elecciones generales, autonómicas, municipales, una y otra vez. Por no hablar del consentimiento catalán de décadas a los Pujol y al 3 %. En casi todas las comunidades encontraríamos el mismo panorama, de Galicia a Baleares a Andalucía a Madrid.

Esto era lamentable (¿era?), pero era nuestra historia y la verdad. Ahora, de repente, el país se ha llenado de virtuosos que miran con lupa hasta el más insignificante *curriculum* de cualquiera, para ver si ha mentido o lo ha inflado, algo que probablemente hace o ha hecho el 80 % de la población con *curriculum*. Se escudriñan las declaraciones de la renta, como si hubiera algún español (¿el 5 % quizá?) que jamás hubiera intentado mejorar su tributación con algún recurso legal o semilegal. En esto, además, es difícil que nadie esté limpio, porque Hacienda se encargó de que todos metiéramos la pata: lo que un año admitía, al año siguiente o dos ya no, y a veces la falta era retroactiva. Uno ve clamar al cielo a políticos de lo más dudoso (ver a Monedero o Hernando con el manto de la Inmaculada produce irrisión), acusando con el dedo al individuo caído en desgracia o víctima de una cacería. Lo mismo a periodistas y tertulianos, muchos de los cuales habrán incurrido exactamente en lo mismo que el linchado de turno: lejos de mostrarle comprensión o solidaridad, se ensañan con él, sin caer en la cuenta de que ellos pueden ser los próximos. El resultado de esta falsa furia purificadora es el habitual en casos así: todo se agiganta y no hay matices; cualquier pequeña omisión es presentada como un grave crimen; alguien con una multa por haber aparcado mal corre el riesgo de acabar inhabilitado para cualquier cargo público, o docente, o empresarial; se confunde una infracción con un delito; se considera corrupto a quien meramente fue mal aconsejado o cometió un error; la buena fe está descartada y se presupone siempre la mala.

Pero, como nuestra tradición es la que es (y éstas no cambian en un lustro ni dos), todo este espíritu flamígero es impostado, farisaico, artificial, suena a fanfarria y a farsa. Después de hacer la infinita vista gorda ante la corrupción más descarada, ahora toca no pasar una, con razón o sin ella. Darse golpes de pecho y exigir a los demás (eso es invariable: a los demás) una trayectoria sin tacha en todos los aspectos. Y aquí ya no apuntaré porcentajes: niños aparte, no hay en España un solo ciudadano con una trayectoria impoluta en todos los ámbitos de la vida. Lo peor es que quienes mejor lo saben son los políticos, los periodistas y los tertulianos que (con la honrosa excepción, que yo sepa, de Nativel Preciado y Carmelo Encinas, justo es reconocérselo) se han puesto súbitamente el disfraz de la Purísima, sin pecado concebida.

1-VII-18

Hacia Bizancio

El pasado 1 de junio, a los ochenta y ocho años, murió John Julius Norwich, con quien había tenido leve contacto a raíz de la publicación de su libro *Los Papas. Una historia* en mi diminuta editorial Reino de Redonda. Como era uno de los poquísimos autores vivos de la colección, y mi admiración por él venía de antiguo, en seguida le ofrecí la posibilidad de convertirse en *Duke* del Reino fantasmal. Aunque ya poseía un verdadero título, el de Vizconde Norwich, heredado de su muy singular padre Duff Cooper, mi propuesta le hizo aparente ilusión, sobre todo porque le sugerí ser Duke of Bizancio, a cuyo imperio había dedicado tres gruesos volúmenes entre 1988 y 1995. También es enorme su *Historia de Venecia* en dos tomos, y son varias sus obras sobre un asunto que, cuando él lo abordó por primera vez en 1967, se había estudiado poco o nada, a saber, la larga dominación de Sicilia por los normandos, que ha dejado en esa isla varias maravillas arquitectónicas y un extraño bagaje cultural que se mezcla con el de tantos otros dominadores, incluidos los españoles. Pero, además de sus numerosos libros (el más reciente, sobre Francia, apareció poco antes de su muerte), durante años dirigió y condujo programas de radio y televisión en la BBC, sobre cuestiones tan variadas como la caída de Constantinopla, Napoleón, Cortés y Moctezuma, Maximiliano de México, los Caballeros de Malta, la Guerra Zulú, Turquía y Toussaint l'Ouverture. Fue un hombre modesto, que reconoció no haber «descubierto» un solo hecho histórico en su vida, y haberse limitado a contarlos de forma clara, ordenada, amena y también ingeniosa —pero en todo caso rigurosa—. Tituló sus memorias *Trying to Please*, o *Intentando agradar*, haciendo suya la frase que le dedicó su niñera: «Este bebé trata de agradar». Según me cuentan ahora su hija y su yerno, los distinguidos escritores Artemis Cooper y Antony Beevor, se ha despedido procurando no molestar: «Ha sido lo bastante listo», decían, «para cesar justo antes de entrar en el mundo de las sillas de ruedas y los cuidadores permanentes».

Siempre que se muere alguien con inmensos saberes, me pregunto por la extraña cesación de esos saberes, que, por mucho que hayan quedado plasmados en tinta, desaparecen con la persona que los fue acumulando a lo largo de toda una vida. La idea me causa tanta desazón como la de la desaparición de los recuerdos de cada individuo, que, sean anodinos o llamativos, espectaculares o vulgares, son los suyos, y como tales únicos y queridos. Haberlos contado en memorias o en diarios o en una autobiografía no sirve de mucho desde mi punto de vista, porque los recuerdos ajenos, por sobresalientes que sean, suelen dejar indiferentes a los demás. Nadie es capaz de apreciar nuestros recuerdos como nosotros mismos: lo que para nosotros tiene un sentido o es relevante, o nos conmueve de manera poco explicable, suele dejar frío al resto de la humanidad, que, en el mejor de los casos, lo escucha o lo lee con una combinación de impaciencia e intermitente curiosidad.

Esa desaparición final de los saberes —la difusa conciencia de que eso sucederá tarde o temprano— creo que es lo que lleva a muchos miembros de la sociedad actual a no intentar ni siquiera adquirirlos. Para qué tanto esfuerzo, debe de pensar hoy la mayoría de la gente, cuando los «datos» están ahí, al alcance de unos pocos clics, en caso de necesidad. Para qué asumir o asimilar, como hicieron Norwich y tantos otros, la complicadísima y entera historia de Bizancio, o de Venecia, o del Papado. Ya se ve que las personas pueden atravesar tranquilamente la tierra *ignorándolo todo*, desde lo ocurrido en el mundo antes de su llegada hasta lo pensado por los filósofos y los escritores; desde quién fue Newton hasta qué fue *Lo que el viento se llevó*; qué enseñó Platón y cómo cantó Elvis Presley, hoy se borra todo con suma facilidad. A los gobernantes no parece importarles un planeta lleno de analfabetos virtuales y de ignorantes profundos. Al contrario, lo propician por todos los medios, con unos planes de educación cada vez más «lúdicos» y más lelos, en los que se prima lo estrictamente contemporáneo, es decir, lo efímero y fugaz, lo obligatoriamente sin peso ni poso, lo forzosamente necio y superficial. Hace ya décadas que se crean sujetos para los que el mundo empieza con su nacimiento, a los que les trae sin cuidado saber por qué somos como somos y qué nos ha traído hasta aquí; qué hicieron nuestros antepasados y qué pensaron las mejores mentes que nos precedieron. Para colmo, se ha convencido a estos cerebros de conejo de que son «la generación mejor preparada de la historia», cuando probablemente constituyan la peor, con frecuencia primitivos atiborrados de información superflua y sólo práctica. Pero ochenta y ocho años son muchos, y no todos pueden pasarse en la inopia, la autocomplacencia y el desconocimiento, si queremos abrirnos paso y enterarnos de algo. Pensar que total para qué, si un día todo desaparecerá, es tan absurdo como no afanarse en ganar dinero (y bien que se afana la gente en eso), dado que tampoco nos lo podremos llevar a la tumba, o que tan sólo necesitaremos una moneda para remunerar al barquero, cuando tal vez zarpemos hacia Bizancio en la travesía final.

8-VII-18

Tiempo sin transcurso

En una vieja novela hay un personaje llamado Mateu, guardián del Museo del Prado, al que el padre del narrador, Ranz, con un cargo en dicha pinacoteca, sorprende una noche chamuscando con un mechero el marco del único Rembrandt de la colección, que no se sabe —o no estaba claro cuando se escribió la novela— si representa a Artemisa o a Sofonisba. Mateu va acercando su llama peligrosamente al lienzo. Ranz descuelga un extintor de la pared y lo sujeta oculto a su espalda, considerable peso. Como cualquier movimiento en falso puede dar al traste rápidamente con la obra maestra de 1634, se aproxima con cautela e intenta distraer a Mateu, que lleva veinticinco años en el museo. «¿Qué hay, Mateu? ¿Viendo mejor el cuadro?», le pregunta con calma. «No, estoy pensando en quemarlo», responde éste desapasionadamente. «Pero, hombre, ¿tan poco le gusta?» Contesta el guardián: «No me gusta esa gorda con perlas, estoy harto. Parece más guapa la criadita que le sirve la sopa, pero no hay manera de verle bien la cara». El cuadro muestra a tres mujeres, a Sofonisba iluminada y de frente (que en efecto es gruesa y luce perlas), a la criadita joven de espaldas, que le ofrece una copa quizá con veneno (según sea Artemisa o Sofonisba), y a una vieja en sombras. «Ya», dice Ranz, «fue pintado así, claro, la gorda de frente y la sirvienta de espaldas», a lo que Mateu responde, cargándose de razón: «Eso es lo malo, que fue pintado así para siempre, y ahora nos quedamos sin saber lo que pasa; no hay forma de verle la cara a la chica ni de saber qué pinta la vieja del fondo, lo único que se ve es a la gorda con sus dos collares que no acaba nunca de coger la copa. A ver si se la bebe de una puta vez y puedo ver a la chica si se da la vuelta». Ranz le razona: «Pero comprenda que eso no es posible, Mateu, las tres están pintadas, ¿no lo ve usted?, pintadas. Usted ha visto mucho cine, esto no es una película. Comprenda que no hay manera de verlas de otro modo, esto es un cuadro. Un cuadro». «Por eso me lo cargo», reitera Mateu con gran fastidio.

No contaré el desenlace, no vayan a acusarme de destripar, pese a los veintiséis años transcurridos desde que se publicó este episodio. Lo cierto es que no he podido por menos de acordarme de él al ver la reciente película *Loving Vincent*, de Dorota Kobiela y Hugh Welchman. En ella sucede justamente lo que anhelaba el guardián Mateu: los muy famosos cuadros de Van Gogh, sus paisajes, sus retratos, cobran vida, se independizan y continúan. Las personas que pintó, el jefe de correos Roulin, su hijo Armand, el Père Tanguy, el célebre Doctor Gachet, su hermano Theo, Marguerite Roulin a la que inmortalizó tocando el piano, el gendarme, el zuavo, el barquero, todos hablan y se mueven y se los ve desde diferentes ángulos. Los cuervos sobrevuelan los campos de paja, el tren avanza por el puente que atraviesa el río, las farolas y las estrellas titilan, la tormenta se abre paso y se arremolina. Si mal no he entendido, cada escena se rodó con actores (destaca el excelente Jerome Flynn, de *Juego de tronos*) y después cada fotograma (más de 65.000) fue pintado a mano «a la Van Gogh». El efecto es sorprendente y sin duda grato de contemplar. Los movimientos de los personajes son pastosos y espasmódicos como sus pinceladas, las perspectivas distorsionadas como las de sus cuadros, pero bien reconocibles; los colores son fieles, sobre todo los amarillos (los de los campos, el de la chaqueta de Armand Roulin). El parecido de los actores con sus modelos pictóricos resulta extraordinario (salvo Van Gogh), aunque eso tal vez no sea lo más difícil, la pincelada posterior puede cambiarlos a gusto.

El problema es que lo que la película cuenta (una mínima indagación sobre el suicidio del pintor, con insinuaciones muy débiles de que pudiera haber sido asesinado) carece de interés. Quizá eso es lo que nos ocurriría las más de las veces si los instantes de los cuadros tuvieran un antes y un después; si fuera posible complacer al Mateu que todos albergamos. Hasta hace no muchos años, bastantes espectadores de pintura sabían ese antes y ese después, cuando se trataba de escenas bíblicas o mitológicas griegas. Reconocían el momento que el artista había decidido aislar y detener en el tiempo, estaban familiarizados con el relato del que estaba sacado. Ahora demasiados no tienen ni idea de nada, y no es raro que un estudiante de Historia del Arte identifique a un Cristo simplemente como «hombre crucificado». Y cuando las escenas son inventadas, o costumbristas, o retratos, quizá lo que nos fascina y debe fascinarnos es su falta de referentes y de antecedentes, de antes y después, de historia. «Esto es un cuadro», le decía Ranz a Mateu en aquel viejo episodio. Hay pinturas ante las que quisiéramos ver más de lo que se nos enseña: el rostro de alguien que estará de espaldas hasta la eternidad, para entendernos. Pero esa extraña y a ratos hipnótica película, *Loving Vincent*, nos muestra por qué un pintor debe ser sólo un pintor, jamás un novelista ni un cineasta. La pintura no es narrativa, sino acaso lo contrario: tiempo sin transcurso, elegido y congelado.

15-VII-18

El verdadero mausoleo

Habría preferido no añadir una miga más al empacho de fútbol, tras un mes entero de Mundial. Pero lo sucedido con la selección española ha sido tan prototípico, tan revelador del carácter aún dominante en nuestro país, que quizá vale la pena echarle un vistazo a esta luz. Más de una vez he mencionado el asombro y el escándalo que me produce con frecuencia el ejercicio del poder en España. Cómo es que, por ejemplo, los alcaldes y alcaldesas tienen capacidad ilimitada para transformar las ciudades que *temporalmente* gobiernan de manera *irreversible*, y con total impunidad. Cómo es que no hay —o si lo hay, no se hace notar— algún organismo complementario o superior que ponga freno a sus arbitrariedades, sobre todo cuando afectan irremediablemente al paisaje, a la estructura y al carácter del lugar. Por mucho que estemos en una democracia desde hace cuarenta años, la manera de mandar de muchos sigue siendo la propia de los largos años dictatoriales. No pocos individuos que acceden a un cargo se sienten no sólo omnipotentes, sino facultados para realizar sus caprichos y ocurrencias sin atender al daño que causan, a veces definitivo. No se sabe por qué, tanto Ana Botella como Manuela Carmena se han dedicado a complacer al colectivo ciclista en un espacio más bien contraindicado para la bici, por las largas distancias y las pronunciadas cuestas. La prueba del disparate la tengo cerca: Botella acometió una obra de meses para crear un inútil carril-bici en la calle Mayor, transitado, a lo sumo, por una docena diaria de pedaleantes. Lo mismo ha hecho Carmena con Santa Engracia, hoy destruida e intransitable, Alcalá y otras vías. El cierre de la Gran Vía al tráfico es ya y va a ser un descalabro monumental para comerciantes, hoteleros y la ciudadanía en general. En este caso, además, como en el de la Plaza de España, la alcaldesa y su cínico equipo organizaron referéndums-farsa para «quedar bien», cuando ya estaba todo decidido antes de que votaran los cuatro partidistas que se prestaron a la pantomima. Y no olvidemos que Gallardón quiso pulverizar uno de los más armónicos espacios urbanísticos de Europa, Recoletos y el Paseo del Prado. Baronesa Thyssen aparte, sólo lo impidió la crisis, la falta de dinero para consumar la tropelía. Y ahora a Carmena no se le ocurre otra majadería que crear una «playa» —sí, con arena a raudales— en plena Plaza de Colón. Aún no sé si nos hemos salvado de tal porquería, porque la señora y sus palmeros están... eso, batiendo palmas ante el estropicio que preparan junto con unos desaprensivos.

Así que también resulta incomprensible y escandaloso que un solo individuo, recién llegado al poder, tenga la potestad de cargarse en un solo día de fatuidad el trabajo de cuatro años y la ilusión de muchos millones de españoles. Sí, claro, aquí hay que contar con el egoísmo, y nunca con el interés de los demás: Florentino Pérez es un constructor, y me imagino que suele ir a lo suyo. Era natural que, al fichar a Lopetegui como entrenador del Real Madrid, le trajera sin cuidado el perjuicio que nos podía ocasionar a todos. Lopetegui ha ido asimismo a lo suyo sin importarle su compromiso previo, aunque no le arriendo la ganancia: ojalá me equivoque, pero no lo veo terminando la temporada en el puesto en que la iniciará. Inoportuno, feo y desconsiderado lo hecho por el Madrid y el ex-seleccionador. Pero mucho peor todavía la reacción autoritaria, chulesca, engreída del novísimo Presidente de la Federación, Rubiales. Dos fechas antes del comienzo del Mundial, lo sensato y generoso habría sido encajar con flema el desmán ajeno y esperar al término del campeonato, poniendo por delante los mencionados trabajo e ilusión. No podía ser tan ingenuo como para creer que semejante rabieta no iba a desconcertar, desestabilizar y desalentar a los jugadores, como sucedió. Tuvimos que soportar partidos narcotizantes, en los que el balón iba de un lado a otro sin propósito, como si se hubieran olvidado de que el fútbol consiste en meter goles para ganar. Infinitos pases horizontales y hacia atrás, un equipo deprimido y sin la menor incisividad, con un portero estático que contagiaba al resto. Era fácil prever que ocurriría algo así. El cabreo del ofendido Rubiales se impuso sin cortafuegos, sin consultar ni escuchar. Como a menudo acontece en España, en cuanto a alguien se lo elige o nombra algo, se inviste de autoritarismo; es como si se dijera en el acto: «Se van a enterar de que ahora mando yo. *A mí* nadie se me sube a las barbas, y decapito a quien ose hacerlo, aunque con ello destroce el trabajo de cuatro años y la ilusión de millones». Así funciona todo aquí, por fortuna con bastantes excepciones. Ese es el máximo legado silencioso franquista, la verdadera pervivencia del dictador. El egoísmo de cada parte, que se ha de dar por descontado, y la destemplanza y engreimiento de muchos al alcanzar el poder, cualquier poder. Más alarmante que la permanencia de los restos de Franco en su tenebroso mausoleo es el estilo de mando que de él han heredado numerosos cargos democráticos de derechas e izquierdas, llámense Gallardón, Botella, Carmena, Torra/Puigdemont, Villar, Rubiales o Colau. Por no hacer la lista más larga.

22-VII-18

233

Suyo es el reino

Desde que hace años se desató, entre muchos hombres, una desaforada carrera por adular a las mujeres (y entre muchas mujeres por adularse a sí mismas), son frecuentes las versiones periodísticas, críticas, literarias y cinematográficas según las cuales el mérito de las obras de los varones notables correspondía en realidad a sus mujeres, amantes, amigas o secretarias. A veces fue así, sin duda: en España es conocido que María Lejárraga hacía de «negra» de su marido, el dramaturgo Martínez Sierra, si bien éste nunca fue notable, la verdad. Pero toda fabulación es admisible, sobre todo en la ficción, y así, nada hay que oponer a que se presente a Zenobia Camprubí como la fautora de los versos de Juan Ramón Jiménez, a Alma Reville como el genio tras las películas de Hitchcock, a una joven como fuente de las imágenes de Shakespeare, a Gala como poseedora del talento de Dalí (yo a éste no le veo ninguno, pero en fin), a la copista de Beethoven como alma de su *Novena*, y así hasta el infinito. Que por ilusión no quede, todo puede ser.

Pero en los últimos tiempos se ha dado un paso más. La operación consiste no ya en atribuirles o restituirles los méritos a las mujeres que quedaron en sombra, sino en presentar a todo varón notable como a un redomado imbécil. Es en el cine donde esto se percibe mejor. Hará un lustro le tocó el turno a Hitchcock, creo que algo escribí ya en su día, discúlpenme. Hubo al menos dos películas sobre él. En una lo encarnaba el gnómico actor Toby Jones (que ya había hecho de Truman Capote) y en la otra Anthony Hopkins en una de las peores interpretaciones de su muy decadente carrera. Por supuesto su mujer, Alma Reville, aparecía como la lista y sabia de la pareja, pero eso es lo de menos. Sin duda trabajaron juntos. Lo llamativo es que en esos retratos Hitchcock no sólo era un sádico, un histérico, un déspota, un engreído y un acosador, sino un completo idiota. Tal vez fuera todo lo anterior, pero idiota es seguro que no. Basta con leer su célebre libro de conversaciones con Truffaut para comprobar que sabía lo que se hacía, y por qué, en mayor medida que casi ningún otro artista. Hopkins lo representaba, en cambio, como si hubiera sido deficiente, y ni siquiera imitaba bien su forma de hablar.

Ahora le ha tocado a Churchill, al que en poco tiempo he visto deformado en tres ocasiones. En la serie *The Crown*, le daba caricatura John Lithgow, que no se parece nada al *Premier* británico y lo hacía fatal, en vista de lo cual fue elogiado y premiado. En la película *Churchill*, el actor era Brian Cox, que tampoco se parece nada y ofrecía escenas grotescas sin parar. (La abandoné tras ver a Churchill arrodillado a los pies de su cama y rogándole histriónicamente a Dios unos cuantos disparates.) En *El instante más oscuro*, la tarea se había encomendado a Gary Oldman, que merece ser ahorcado —metafóricamente, todo hay que advertirlo— y en cambio se llevó el Óscar de este año. Como aún se parece menos a Churchill, le colocaron prótesis y maquillaje a raudales, y el resultado es una fofa figura de cera que recuerda más a Umbral (esos labios finos y cuasi paralíticos, esas gafas) que al pobre Sir Winston. Pero, más allá de eso, en las tres versiones Churchill resulta ser un memo integral. Su mujer, Lady Clementine, es más inteligente, pero eso nada tiene de particular y acaso fuera verdad. Por supuesto es un borracho *constante*, un grosero, un iracundo, un balbuciente, un confuso, un dementoide, alguien que se equivoca en casi todo, otro histérico feroz. Yo no conocí a Churchill, claro está, pero he oído sus discursos, lo he visto en imágenes, lo he leído e incluso seleccioné y traduje un excelente relato suyo de miedo en mi antología *Cuentos únicos*. De la bonhomía irónica de su expresión no queda rastro. Tampoco de su contrastado ingenio (y puede que fuera la persona más ingeniosa de su tiempo). De su magnífica oratoria, poco, o la estropean. De su visión política y bélica, más bien nada. Ya he dicho: un bobo insoportable y zafio.

Mi impresión es que, una de dos: o hay una campaña anti-Churchill en su país (váyase a saber por qué), o todo esto responde a la necesidad de nuestro siglo de *no admirar nunca a nadie*. No se trata ya de las vetustas «desmitificaciones» de moda en los años setenta, sino de convertir en mamarrachos a cuantos llevaron a cabo algo sobresaliente. Es como si nuestra época se hubiera contagiado del mal humor y el resentimiento, presentes y retrospectivos, que dominan las redes sociales. Nadie ha sido nunca digno de respeto, y aún menos de admiración. Todo el mundo ha sido un farsante y el genio no existe ni ha existido jamás. Así que ya no basta con «descubrir» que tal individuo insigne fue un racista, el otro un imperialista, el otro un adúltero sexista, tiránico el de más allá. No, es que todos eran unos cretinos sin excepción. Es como si la sociedad actual no soportara su propia atonía o inanidad general y, para consolarse, tuviera que negarles el talento, la perspicacia, el valor, a todo bicho viviente y a todo predecesor bien muerto. Siempre he estado convencido de que la incapacidad de admirar (o sólo aquello que se sabe que es malo y que por lo tanto «no amenaza» de verdad) es lo que más delata a los acomplejados y a los mediocres. Suyo es, por desgracia, el reino en el que vivimos hoy.

29-VII-18

Motivos ocultos y caballerosidad maldita

Hace ya mes y medio que concluyó el Mundial de fútbol, pero nos dejó, en su despedida, un par de imágenes hacia las que vale la pena volver la vista, o eso creo. Justo antes de los dos partidos finales, la FIFA emitió una prohibición, con amenaza de multa si no me equivoco. Desde hace no mucho está a su frente un italiano, Infantino, que sustituyó al corrupto y al parecer bebedor Blatter, el cual se había eternizado en el cargo como todos sus predecesores. Así que, si la tradición se mantiene, el mundo del fútbol sufrirá a este Infantino varias décadas. Si digo «sufrirá» es por la prohibición a que me he referido: las cámaras de televisión planetarias debían abstenerse de sacar planos de mujeres vistosas o agraciadas en los estadios, «porque» —y el motivo aducido es lo más idiota de todo— «tienen como propósito atraer a los espectadores masculinos», y por lo tanto son machistas o sexistas o las dos cosas. O sea que, de no ser por estos fugaces vislumbres de chicas, los hombres no se pondrían ante el televisor ni locos. Resulta que los varones nunca han estado interesados en admirar las evoluciones sobre el césped de veintidós mozos esmerándose en dominar la pelota y meter goles, sino que se han tirado hora y media ante el aparato —eso si no hay prórroga— a ver si captaban brevísimamente la imagen de una chica guapa: su motivo oculto. Bueno es saberlo, al cabo de tanto tiempo. Lo que no ha especificado la lumbrera Infantino es: a) si las cámaras pueden sacar a aficionadas feas o entradas en años (lo cual sería probablemente discriminatorio); b) si se deben permitir planos de niños, no vaya a ser que eso atraiga a los espectadores pedófilos; c) si las muchachas atractivas no estarían tentando también al público lesbiánico; d) si las imágenes de hombres jóvenes (muchos a torso descubierto) no serán un señuelo para las mujeres salaces y los homosexuales varones; y e) si se debe prohibir enfocar a los futbolistas mismos, en el caso de ser apuestos y atléticos, por si acaso. Mejor que no se televise nada. Lo más sorprendente de esta sandez censora es que ha sido aplaudida por algunos columnistas masculinos, que implícitamente han reconocido ser unos «salidos» enfermizos y haberse pasado la vida viendo partidos para atisbar mujeres. Eso, o son de ese género bajo que prolifera hoy tanto, los hombres que les hacen la pelota a las mujeres. Lo cierto es que en la Final la imagen fue su ausencia: apenas si hubo, en efecto, planos de las gradas. De nadie.

La otra fue la entrega de la copa y las medallas. Sobre una tarima, las autoridades: Putin, Macron, la Presidenta de Croacia Kolinda Grabar-Kitarović, el talentoso Infantino y otros que no sé quiénes eran. Empezó a llover a lo bestia, una de esas cortinas que, si nos pillan en la calle, nos obligan a guarecernos a casi todos. Los jugadores están acostumbrados, pero no los paisanos. Al cabo de un par de minutos, apareció un esbirro con un paraguas, con el que cubrió... a Putin, que en Moscú era el anfitrión, para mayor grosería. Éste no le indicó en ningún momento a aquél que mejor protegiera a alguno de sus invitados, por hospitalidad al menos. Durante un par de minutos el único a salvo de la ducha fue el ex-agente de la KGB, famosa por su falta de escrúpulos. Por fin aparecieron dos o tres esbirros más con sendos paraguas, que sostuvieron sobre las cabezas de Macron, Infantino y otros. Así que durante un rato todos estuvieron a resguardo menos Kolinda G-K, mujer afectuosa: con su camiseta de la selección croata enfundada, abrazaba con calidez —quizá por astucia— a todos los futbolistas, a los suyos y a los rivales franceses.

Ante lo insólito de la situación —para mí, que soy anticuado—, dudé entre atribuirla a que la vieja caballerosidad ya ha sido erradicada del mundo, y a varios calvos o semicalvos les traía sin cuidado que se empapase la única persona con larga melena rubia (Kolinda G-K estaba hecha una sopa), o a las consignas actuales que tildan de machista cualquier deferencia hacia una mujer. Cubrir en primer, segundo o tercer lugar a la Presidenta habría sido de un sexismo intolerable, así que se la abandonó hasta el final deliberadamente (para cuando le llegó su paraguas, daba lástima). Más allá del indiferente sexo de las personas, hay una cosa que se llamaba educación, urbanidad o cortesía, que a la mayoría solía impelernos a ceder el paso a cualquiera (mujer u hombre), a ceder el asiento en el metro o el autobús a quien menos le conviniera permanecer de pie (mujer u hombre), a no empezar a comer hasta que todos los comensales estuvieran servidos (mujeres y hombres), a proteger con paraguas a quien más lo necesitara, por llevar ropa ligera, por tener una edad a la que los resfriados se pagan caros o por lucir larga melena frente a un grupo de calvos conspicuos sin riesgo de que sus cabellos parezcan estopa tras un buen rato de jarreo. Si todo esto se ha abolido, no vaya a ser uno acusado de machista, fascista, paternalista, elitista, discriminatorio o civilizado, más vale que lo comuniquen con claridad las autoridades, aunque sean las de la estupidísima FIFA.

2-IX-18

Siglo medievalizante

En este 2018 han alcanzado o alcanzarán la mayoría de edad los nacidos en el esperado y celebrado 2000. Los que en esa fecha tenían diez años son ya adultos o deberían serlo (ya se sabe que el infantilismo abarca hoy la vida entera). Pero gran parte de los vivos tuvimos conciencia de que cambiaba el siglo, y aun el milenio (con doce meses de antelación, pues la gente, fascinada por la redondez del número, decidió que el giro se producía el 31 de diciembre de 1999, sin aguardar a que transcurriera el 2000 completo, como correspondía). Cada cual, dentro de sus posibilidades, procuró que fuera especial aquella Nochevieja. Yo, aprovechando el dinero llovido de un premio literario o de un golpe de suerte, invité a seis amistades a un precioso hotel de Bath, en el sur de Inglaterra, a las que se unieron, para la cena, otros dos amigos ingleses que se acercaron desde Oxford. (Me doy cuenta ahora de que si incurrí en el dispendio —vuelo y estancia de varias noches—, fue también porque entonces se gastaba con más alegría y porque nadie se metía con uno ni lo criticaba por cómo se fundiera su dinero honradamente ganado; se fiscalizaba menos a las personas, se las espiaba menos, se las delataba y denunciaba menos.)

Ha transcurrido suficiente tiempo del siglo XXI, en fin, como para rememorar y echar un vistazo. Uno se da cuenta de que es mucho tiempo si lo compara con el periodo 1900-1918. A los que lo vivieron les tocó una época convulsa o más bien espantosa, en la que todo quedó patas arriba. Hace exactamente cien años todavía no había acabado la Primera Guerra Mundial, iniciada más de cuatro antes, en julio de 1914, de manera harto estúpida. Como saben, esa Guerra ensangrentó Europa como nunca (que ya es decir), y se calcula que murieron en ella unos dieciocho millones de individuos. También en 1918, como colofón, se produjo la epidemia de la llamada «gripe española», que añadió más de cincuenta millones de cadáveres repartidos por el planeta. Antes, en 1912, se había hundido el *Titanic*, por mencionar algo que ha perdurado en la memoria colectiva. Y si retrocedemos cien años más, el periodo 1800-1818 es el de las guerras napoleónicas, con sus millones de muertos y nuestro país invadido. En realidad, para 1818 la larga dominación de Bonaparte había concluido, y el Emperador se hallaba preso en la isla de Santa Helena, donde moriría en 1821.

Así que si comparamos 2000-2018 con sus equivalentes del XX y el XIX, podemos darnos con un canto en los dientes. Al menos no ha habido matanzas masivas ni guerras en nuestro continente, ni una plaga demencial como la de la célebre gripe. Pero también es cierto que aquella Nochevieja en Bath mis amigos y yo no podíamos imaginar que el siglo XXI se desarrollara como lo viene haciendo. Aún estaban bastante recientes la caída del Muro de Berlín (en 1989), el desmantelamiento de la Unión Soviética, la improbable democratización de Rusia y la liberación de los países del Este. No se habían producido los atentados contra las Torres Gemelas, que lo trastocaron todo, ni por tanto las Guerras de Afganistán y de Irak, la primera aceptada por la comunidad internacional y la segunda no, gratuita, nefasta e impuesta por Bush Jr. Nadie podía prever la virulencia fanática del Daesh, ni que en 2008 habría un elegante negro en la Presidencia de los Estados Unidos, ni un fantoche blanco —o naranja— en 2016. Ni que esos países del Este, admitidos en la Unión Europea, se iban a revolver contra ella convirtiéndose en autoritarios de extrema derecha coincidentes con la falsa izquierda. Tampoco se vislumbraba una recesión económica como la que afecta al mundo desde hace un decenio. Ni que políticos catalanes iban a aspirar a un Estado propio intransigente, malversador y totalitario, y a torpedear también la Unión Europea, lo mismo que el zafio fascista Salvini en Italia —otro separatista en su raíz, lo cual muestra cuán fácilmente éstos se tornan fascistas de manual en casi todas partes—. Con todo, ya digo, podemos congratularnos.

Pero lo que no esperábamos aquella Nochevieja era que tanta gente fuera a entontecer (aún más) masivamente. Que fuera a ser tan contradictoria, y a pedir a la vez libertades absurdas (eliminar la gramática y la ortografía, por poner un ejemplo inocuo pero especialmente idiota) y exigir regularlo todo y prohibir mucho y censurar a mansalva. Que gran parte de la población viviría abducida por sus pantallas y se vería impelida a opinar de todo, con o sin conocimiento, casi siempre para echar pestes. Que esa gente sería pusilánime y se sentiría «amenazada» hasta por una opinión disidente (y aspiraría a suprimirla), y quemaría virtualmente —o no tanto— a cuantos contrariasen sus convicciones. Que una porción de las mujeres decidiría ver a los varones, en conjunto, como verdugos y enemigos, desatando la desconfianza entre los sexos y el desinterés de uno por otro hasta niveles desconocidos. Que demasiadas personas renunciarían a razonar y a argumentar, y relegarían la verdad a un segundo o tercer planos, en favor de sus creencias, supersticiones e irreales deseos. Ninguno preveíamos, en suma, que en tantos aspectos el siglo XXI sería tan reaccionario y medievalizante. Ojalá tome otra senda, para que el periodo 2039-2045 no se asemeje en nada al de cien años antes.

9-IX-18

242

Qué raro virus

Descuiden, detesto que me cuenten sueños, sobre todo en las películas y en las novelas. En cuanto me aparece uno en imágenes, o me lo cuela un escritor, me dan ganas de salirme del cine o de abandonar la lectura, y lo hago si se reitera el latoso recurso. Así que el mío será brevísimo: soñé, hace un par de meses, que me metían en la cárcel; tenía que compartir celda con una señora de mediana edad, y mi mayor preocupación era si me permitirían fumar a mis anchas o no. Eso es todo.

Ahora bien, me quedé preguntándome por qué había soñado tal cosa, y en seguida llegué a la conclusión de que no tenía nada de particular, dada la grandísima cantidad de personas, en principio «respetables», repartidas por las prisiones o con visos de acabar en ellas, es decir, inmersas en procesos que pintan mal, o ya condenadas y en libertad provisional a la espera de sentencia en firme, o bajo elevada fianza hasta que se inicie su juicio. Nos hemos ido acostumbrando y ya no nos sorprende. Pero constituye una gigantesca anomalía una sociedad con las cárceles llenas de ministros (pongan ustedes los «ex-»), presidentes autonómicos, alcaldes, concejales, militares, sacerdotes, empresarios, constructores, directores de bancos, miembros de consejos de administración variados, directores del FMI (bueno, el único español que ha habido), presidentes de clubs de fútbol y de federaciones deportivas, *consellers* catalanes y valencianos, políticos andaluces y madrileños, insignes profesores, responsables del Liceu y del Canal de Isabel II, tesoreros de partidos, sindicalistas, comisarios de policía, abogados, fiscales y jueces. Y hasta el cuñado del Rey.

La mayoría de esta gente recibía excelentes sueldos, a diferencia de sus conciudadanos, muchos de los cuales no pasan de mil euros al mes desde hace años. Además, ejercían cargos vistosos e influyentes, que les daban popularidad (a cada uno en su ámbito) y proyección social. Ninguno era un «don nadie» frustrado o resentido con el mundo en general. Eran más bien privilegiados, individuos con suerte (los méritos ya son discutibles) y en todo caso bien relacionados, porque a nadie se le otorga nada si no resulta de utilidad. Lo natural sería que se hubieran estado quietos en sus magníficos despachos; que hubieran ejercido sus respectivas tareas impecablemente, y aun agradecidos; que se hubieran dado con un canto en los dientes cada mañana al levantarse y comprobar lo bien que les iba en su mundo. ¿Cómo es posible que tantos de ellos se hayan jugado sus carreras, su prestigio, su respetabilidad, su familia, su dinero y su libertad por un exceso de ambición, de codicia, de nacionalismo locoide o de salacidad? Uno entiende el delito de quien ante sí ve un negro futuro sin posibilidad de mejorar, de quien poco posee y nada tiene que perder. No, en cambio, el de quienes tienen tantísimo que perder. El extraño fenómeno se ha achacado a la sensación de impunidad dominante entre «los importantes». Esa explicación tal vez valga para los primeros casos, pero no para el resto, para cuantos ya habían visto las barbas del vecino puestas a remojar. ¿Qué raro virus atraviesa nuestra sociedad, que ni siquiera tiene la excusa de estar visiblemente amenazada por mafias, como la italiana?

Sea cual sea, ese virus no ha remitido pese a los escarmientos acumulados. Pedro Sánchez ha alardeado demasiado pronto de «Gobierno ejemplar». Está por ver. Lo cierto es que, sin cometer delito por ello, en sus primeros 54 días de Presidencia el BOE publicó 484 decretos de ceses y nombramientos. Según contó aquí Carlos Yárnoz, los relevos afectaron a casi todas las empresas y entes públicos: Hunosa, Sepi, Tragsa, RTVE, Renfe, Adif, Correos, Instituto Cervantes, Cetarsa, Navantia, Sociedad de Caución Agraria, Red Eléctrica, Paradores, Agencia del Medicamento... ¿Tantos funcionaban mal? Algunos de los agraciados con los nuevos cargos son amigos de Sánchez o gente que le ha servido bien. Algunos están remunerados con 200.000 euros anuales o más. La medida será sin duda legal, y es la misma que antes tomaron Rajoy, Zapatero y Aznar, nada más ocupar el poder. Pero es muy fea y huele fatal, a todo menos a «ejemplar». En cuanto al remedo de «República Catalana pura y sin mácula» en que ya está convertida la semidictatorial Generalitat, 240 cargos del Govern (240, no 24) cobran más que el propio Sánchez. Frente a los 81.000 euros anuales de éste, Torra el Tenebrós percibe 147.000, y encima tiene a su servicio 413 «personas de confianza» —413— con sus abultados salarios. Los *consellers* reciben 110.760 euros, un 55 % más —un 55 %— que los ministros del Gobierno estatal. Los directores de TV3 y de Catalunya Ràdio, Vicent Sanchis y Saül Gordillo, no les van a la zaga, con 109.080 cada uno. No es extraño que actúen como felpudos. También son cuantiosos los sueldos para los famosos fugados: 82.210 euros para Meritxell Serret, 85.000 para Lluís Puig, etc., etc. El virus demuestra que Cataluña es tan brutalmente española como Andalucía o Madrid. Si la «República» iba a ser «incorruptible y sin tacha», es obvio que la infección ha prendido en ella con aún más virulencia que en ningún otro lugar.

16-IX-18

¿No tan mujer?

Este verano han sucedido dos cosas que me han llevado a desconfiar de la sinceridad de otros tantos «colectivos». Y uno de ellos, lo lamento, es el feminismo actual, o, como gustan de llamarlo algunas de sus militantes, «la cuarta ola» de ese movimiento, que en las tres anteriores anduvo sobrado de razón, fue digno, estimulante, argumentativo, a menudo inteligente y rara vez contradictorio. Por ello mereció el apoyo de gran parte de la sociedad, que celebró sus éxitos como conquistas de todos.

Los hechos no están muy claros, pero sí alguno. Como recordarán, cerca de la Ciutadella de Barcelona, una mujer española de origen ruso, casada con un militante de Ciudadanos (que la acompañaba en aquel momento junto a los hijos pequeños de ambos), quitó lazos amarillos anudados a la verja del parque, ya saben que Cataluña está inundada, los activistas muy activos. Un hombre la increpó, se produjo la discusión consiguiente y a continuación el individuo le propinó un puñetazo en la cara que la tumbó al suelo. No le bastó con eso, sino que, al tratar de incorporarse la mujer, se abalanzó sobre ella y le dio más puñetazos en la cara y en otras partes del cuerpo. El marido intentó quitarle al agresor de encima, con escaso éxito, y el atacante se dio a la fuga tras el forcejeo. Esta es la versión de la mujer, que añadió un dato: al dirigirse a sus críos en ruso, el independentista le espetó: «Extranjera de mierda, vete a tu país y no vengas aquí a joder la marrana».

La versión del varón, identificado y detenido al cabo de unos días, naturalmente difiere. Según él, la recriminó «sólo por su incivismo». «No que quitara los lazos sino que ensuciase la ciudad porque los tiraba de malos modos al suelo.» Entonces ella le dio una patada en los testículos «y después ambos cayeron al suelo peleándose, hasta que fueron separados». Como en todo caso de palabra contra palabra, las dos narraciones pueden ser ciertas, o, mejor dicho, lo será una tan sólo, pero no podremos saber cuál hasta que los testigos corroboren una (y siempre que sean veraces). En principio, sin embargo, la segunda suena bastante inverosímil. Si cada vez que alguien enguarra las calles tirando cosas al suelo en vez de a una papelera (bolsas de patatas, botes de refrescos) reaccionáramos como ese sujeto, tendríamos un permanente paisaje de peleas y riñas a puñetazos y patadas, o aun con armas. Cuesta creer que el motivo de la increpación fuera el incivismo, ya que en todas las ciudades españolas —en Madrid en la que más—, esa clase de incivismo es incesante. Me juego la paga de este artículo a que si la señora de origen ruso hubiera arrojado una docena de kleenex usados al suelo, ese guardián de la limpieza no se habría irritado hasta semejante punto. El agresor, por cierto, al salir más bien libre del juzgado, se tapó la cara con una toalla —oh casualidad— amarilla.

Lo que sí es seguro es que la mujer recibió atención sanitaria por una «desviación del tabique nasal, con dolor intenso a la palpación» y «presencia de contusión maxilar», como consta en el parte médico. De los testículos del varón no hay noticia, pero puedo atestiguar desde niño que si uno encaja un golpe en ellos, queda inmovilizado de dolor durante un par de minutos por lo menos, e incapacitado para abalanzarse sobre nadie mientras ese dolor no remita. Así pues, de lo que no cabe duda es de que un hombre pegó a una mujer en plena calle y en presencia de sus hijos. Para las feministas de la «cuarta ola», tan dadas a la susceptibilidad y a la condena sin pruebas, eso debería haber bastado para poner el grito en el cielo, independientemente de que la mujer hubiera respondido o no a los golpes. Y sin embargo no he visto manifestaciones de apoyo a la hispano-rusa, ni he leído artículos indignados de escritoras, ni sé de campañas de linchamiento en las redes como las que han sufrido muchos otros sin haber llegado nunca a las manos.

A partir de ahora no podré creerme una palabra de lo que digan, reclamen, protesten o acusen muchas hipócritas feministas actuales, sobre todo catalanas. Me pregunto qué se ha hecho de la plataforma anónima Dones i Cultura, que ha logrado la dimisión del director Lluís Pasqual «por malos tratos verbales» a una actriz hace años. *Verbales*, insisto: no puñetazos. Me pregunto por el silencio o la «prudencia» de las políticas Colau, Artadi, Rovira, Gabriel, Boya, Borràs y otras, de las periodistas Terribas y Chaparro y otras, de la neófita y gurú Dolera, todas ellas catalanas y muy o superfeministas. Algunas saltan por nada, y en cambio no han dado un brinquito por este caso. Si este feminismo tan jaleado resulta ser selectivo, su sinceridad está en tela de juicio. Si una mujer es antiindependentista y de origen ruso, ya no es tan mujer, por lo visto. Si el varón que le pega es secesionista y xenófobo (una pelea así es casi siempre desigual por sexo, todavía), entonces es menos agresor y quizá no condenable. No hay que «precipitarse» a juzgarlo, pobrecillo: no merece la misma vía rápida e irreflexiva que Woody Allen, Dustin Hoffman y tantos otros con los que no ha habido contemplaciones. Está blindado, si es de los nuestros. Del otro «colectivo» decepcionante, deberé ocuparme un domingo futuro.

23-IX-18

De Salvini y de Saviano

Oportunamente, la revista *Claves* nos ha recordado algunas citas de uno de los mejores ensayistas del XIX, el inglés William Hazlitt: «El principio de la idolatría es siempre idéntico: necesidad de encontrar algo venerable, sin saber qué es o por qué se lo admira... Cuanto más innoble sea el objeto de culto, más esplendorosos serán sus atributos. Cuanto mayor sea la mentira, mayor entusiasmo habrá al creer en ella y mayor codicia al tragársela». O he aquí esta otra: «Hay países que adoran a las bestias más destructivas... Tal parece que las cosas más repulsivas a la razón y al sentido común son las más veneradas por la pasión y la fantasía».

Da la impresión de que Hazlitt esté hablando de los éxitos electorales de Trump, Putin, Erdogan, Orbán, Kaczynski, Maduro, Duterte, Puigdemont y el brutal e inminente Bolsonaro (si en el Brasil no lo remedian). También del Vicepresidente y Ministro del Interior italiano Matteo Salvini, entronizado por el «izquierdista» Movimiento 5 Estrellas. Este individuo es abiertamente racista, zafio, chulesco, matón, despreciativo, ignorante hasta el paroxismo, con muchos visos de ser también deshonesto. La justicia de su país ha hallado a su partido, la Lega separatista, culpable de un fraude de 49 millones de euros que, procedentes de subvenciones electorales, el maestro y mentor de Salvini, Bossi, utilizó para reformar una casa, adquirir coches de lujo e incluso comprar una licenciatura en Albania (?) para su torpe hijo. Salvini procura abandonar a la muerte a los inmigrantes «esclavos» o ilegales, en la medida de sus notables posibilidades. Ha propuesto un censo de gitanos con vistas a expulsarlos (incluidos, quizá, los que son tan italianos como él o más); es decir, por fortuna aún está bastantes pasos por detrás de Hitler, que los gaseó junto con judíos y homosexuales. Como además es asnal, quiere prohibir las vacunas obligatorias, ya que, según él, nada menos que «diez de las catorce preceptivas son inútiles y en muchos casos peligrosas, si no dañinas». Pues bien, este sujeto amigo de Bannon enfervoriza a buena parte de sus compatriotas (ya avisaron con Berlusconi), haciendo deprimentemente actual la segunda cita de Hazlitt, nacido en 1778 y muerto en 1830.

Sorprendentemente (porque los «intelectuales» nos apuntamos a cualquier causa que dé lustre), en torno a él se ha hecho el silencio internacional. Incluso tras amenazar, grave y mezquinamente, al escritor Roberto Saviano, uno de los pocos (que yo sepa, junto con Massimo Cacciari) que ha alertado sobre su peligrosidad e idiotez profundas. Saviano lleva doce años en el punto de mira de la Camorra por haberla ofendido y expuesto en su célebre libro *Gomorra*. Desde entonces vive escondido y protegido por cinco *carabinieri*. Como a Salvini no le gustan sus críticas, ya ha anunciado que «las instituciones competentes valorarán si Saviano corre algún peligro, porque me parece que pasa mucho tiempo en el extranjero. Valoraremos cómo se gasta el dinero de los italianos. Le mando un beso». Un beso de Judas de manual, porque el Ministro del Interior de un país de la UE, que debería combatir a las mafias y proteger a sus ciudadanos, tiene que revisar si un escritor condenado a muerte por una de ellas «corre algún peligro»; e ignora, en su incompetencia, que los sicarios viajan a todas partes, incluido «el extranjero». Amenaza a Saviano con retirarle la protección porque «se gasta el dinero de los italianos»: la propia Lega podría sufragar los escoltas con sus 49 millones defraudados. Es decir, este Vicepresidente y Ministro está dispuesto a facilitarles a unos criminales su tarea vengativa, y nadie lo ha destituido tras semejantes declaraciones. Es como si un homólogo español suyo, cuando Savater era blanco de ETA y se movía con guardaespaldas, le hubiera advertido que se lo quitaría si se le ocurría criticar sus políticas. No habría durado diez minutos más en el puesto, y eso que nuestro país no se distingue por su decencia.

Es llamativo que el «colectivo» de intelectuales y escritores (es el otro al que me referí el domingo pasado) apenas haya dicho palabra. Quizá recuerden cómo mis colegas se movilizan ante cualquier abuso o injusticia: que si los saharauis, y los palestinos, y el Subcomandante Marcos (hubo procesiones a visitarlo, con cámaras), y la fetua contra Rushdie, y los ataques a Pamuk, y Saramago privado de su nacionalidad, y *«Je suis Charlie»*, y Assange y Snowden y cuanto esté en su memoria. Pocos han elevado la voz ante esta intimidación-mordaza a Saviano, y desde luego no he visto protestas ni manifiestos firmados en tropel por sus colegas y míos. Tal vez es que Salvini, como los autoritarios acomplejados que no aguantan ni una crítica, individualiza a los discrepantes y toma represalias. La mínima o nula reacción de este «colectivo» me tienta a concluir con otra cita de Hazlitt, que *aún no* suscribo del todo: «La vanidad del hombre de letras es descomunal, mientras que su apego a la verdad es francamente remoto... Sólo admitiría que algo está bien o mal en el mundo si ha sido él quien lo detectó. Incluso..., por hacerse el interesante (sobre todo si recibe un buen pago), está dispuesto a probar que las mejores cosas del planeta son las peores, y las más detestables ideales».

30-IX-18

Antes de que me mojen

Una de las películas aclamadas este año, *Tres anuncios en las afueras de Ebbing, Missouri*, de Martin McDonagh, me ha parecido un reflejo fiel de nuestra época, seguramente sin pretenderlo. No creo destriparle nada importante a nadie si cuento lo siguiente (pero absténganse de leerlo los quisquillosos): la hija del personaje interpretado por Frances McDormand (lo peor de la película: se limita a poner caras desafiantes y encabronadas, y por tanto obtuvo el Óscar) fue violada y asesinada salvajemente hace unos siete meses. La policía no ha encontrado al culpable ni ha hecho detención alguna, lo cual McDormand achaca a desinterés y dejación de sus funciones. La mayoría de los policías, como casi todos los de los pueblos en el cine estadounidense, son brutales y racistas. La reacción de los vecinos contra McDormand por la colocación de los tres carteles denunciatorios es propia de cafres y desmedida, con lo que el espectador toma partido por la madre doblemente herida. Según avanza la historia, sin embargo, es ella la que se comporta de manera cada vez más desproporcionada, y además se intuye que quizá no hubo dejación por parte de la policía local, sino que realmente no había pistas que condujeran a la detención de nadie. Hay casos difíciles de resolver o que no se resuelven nunca. Y eso es lo que la madre no parece entender ni acepta. Quiere detenciones, más o menos fundadas. (Sin ser nada del otro mundo, *Tres anuncios* se va viendo con agrado, pese a los palos en las ruedas de su protagonista.)

252

Si digo que la veo como un reflejo de nuestra época es porque esa actitud exigente hasta lo irracional se va extendiendo, desde hace lustros, a velocidad de vértigo. Demasiada gente se empeña en que las cosas sean como ella quiere, aunque eso resulte imposible. Demasiada cree tener derechos ilimitados, cuando sólo tenemos unos cuantos. Hace ya años puse este ejemplo paradigmático de este egoísmo enloquecido: la crónica televisiva desde Roma, cuando Juan Pablo II estaba moribundo, mostró a una señora española que se quejaba airada de que no se asomara el Papa. Alguien le explicaba que el hombre estaba en las últimas, a lo que ella respondía cargándose de razón: «Ya, pero es que yo estoy aquí estos días, y si no sale al balcón ya no podré verlo». La obligación del agonizante pontífice era arrastrarse hasta allí para darle gusto a la señora cuando a ella le convenía. Lo mismo sucede con esos bañistas que, si ven bandera roja en la playa, se indignan y se meten en el agua poniendo en riesgo sus vidas y tal vez la de un socorrista que deba lanzarse a rescatarlos. «Ah», suelen argumentar, «es que para tres días de vacaciones que tengo, no me los van a chafar los de la bandera roja». Como si quienes la izan lo hicieran por fastidiarlos arbitrariamente y no para protegerlos. Demasiada gente no admite la existencia del azar, ni de los accidentes, ni de las contrariedades, ni de los imponderables. Este verano se armó un motín porque no sé qué famoso *disc-jockey* se vio varado en Rusia al suspenderse allí los vuelos por inclemencias del tiempo, y no pudo desplazarse a Cantabria, donde tenía una actuación programada. El público que lo aguardaba montó en cólera pese a que el *dj* se disculpó, dio explicaciones y prometió cumplir más adelante con su compromiso, y los organizadores ofrecieron devolver el dinero a quienes lo deseasen. Las personas acostumbraban a entender lo que se llamaba «causas de fuerza mayor». Ahora no. Si el Papa debía reptar por el suelo gastando en ello su postrer aliento, el *dj* tenía que haber previsto el mal tiempo y haber emprendido viaje en tren desde Moscú, fechas antes, para complacer a sus cántabros.

El nivel de exigencia demente ha llegado al punto de que, antes de que nada ocurra, muchos ya protestan furiosamente «por si acaso». Cuando todavía se ignoraba si Arabia Saudita cancelaría o no el encargo de unas corbetas a los astilleros gaditanos (por lo de las bombas y eso), sus trabajadores ya estaban cortando carreteras e incendiando neumáticos «por si acaso». Ellos, y muchos otros, me recuerdan a Don Quijote cuando decidió «hacer locuras» en unos riscos (cabriolas en paños menores, creo) para que Sancho se las relatara a Dulcinea, que por fuerza no le había sido infiel ni había hecho nada. Y Don Quijote le dice a su escudero, más o menos (cito de memoria y que me perdone Francisco Rico; Cervantes ya sé que sí): «Así entenderá que, si en seco hago esto, ¿qué hiciera en mojado?». Es decir, si me comporto de este modo sin causa ni motivo, cómo reaccionaría si me los proporcionara. Hoy lo llamaríamos «acciones preventivas», a las que el mundo es cada vez más adicto. «Aún no ha pasado nada, aún no me han perjudicado; pero protesto y destrozo de antemano para que no se les ocurra perjudicarme.» En la película mencionada dudo que el espectador vea a McDormand como un caso de intolerancia a la frustración (comprensible) y exigencia chiflada. «Quiero culpables.» «Ya, y nosotros también, pero es que no los encontramos. ¿Quiere usted que nos los inventemos?» La respuesta (deduzco yo al menos) parece ser: «Sí. No me importa. Ustedes tienen la culpa de no encontrarlos». Así no podemos seguir ninguno, espero que estén de acuerdo.

7-X-18

254

Literatura de penalidades o de naderías

«Otra vez no, ¿cuándo va a cesar esta moda?», pensé al leer sobre el penúltimo fenómeno de las letras estadounidenses: una joven autora que relata las penalidades que pasó de niña en su familia de mormones. Ni médicos, ni lavarse, ni mundo exterior, un hermano mayor violento consentido por los padres... Una de las razones por las que leo tan pocos libros contemporáneos (y quien dice leer libros dice también ver películas) es, me doy cuenta, que demasiados autores han optado por eso, por contar sus penalidades, a veces en forma de ficción mal disimulada, las más en forma de autobiografía, memorias, «testimonio» o simplemente «denuncia». La de denuncia suele ser espantosa literatura, por buenas que sean sus intenciones.

En esta época de narcisismo, no es raro que esta patología haya invadido todas las esferas. Hay pocos a quienes les haya ocurrido una desgracia que no la cuenten en un volumen. El uno ha perdido a una hija, el otro a su mujer o a su marido, el de más allá a sus padres. Todas cosas muy tristes y aun insoportables (sobre todo la primera), pero que por desgracia les han sucedido y suceden a numerosísimas personas, nada poseen de extraordinario. Otro describe su sufrimiento por haber sido *gay* desde pequeño, otra cómo su padre o su tío (o ambos) abusaron de ella en su infancia, otro cuánto padeció tras meterse en una secta (los de este género dan menos pena, por idiotas), otro sus cuitas en África y cómo debía recorrer kilómetros a pie para ir a la escuela, otro las asfixias que sintió en su país islámico. También los hay no tan dramáticos: mis padres eran unos *hippies* descerebrados y nómadas que no paraban de drogarse; mi progenitor era borracho y violento; yo nací en una cuenca minera con gentes bestiales y primitivas que no comprendían, y zaherían, a alguien sensible como yo; mi padre era un mujeriego y mi madre tomaba píldoras sin parar hasta que una noche se pasó con la dosis; me encerraron en reformatorios y después en la cárcel, por cuatro chorradas. Etc., etc.

Sí, todas son historias tristes o terribles, a menudo indignantes. Millares de individuos las han padecido (en el pasado, mucho peores) desde que el mundo es mundo. Yo comprendo que algunos de estos sufridores necesiten poner por escrito sus experiencias, para objetivarlas y asimilarlas, para desahogarse. Lo que ya entiendo menos es que ansíen publicarlas sin falta, que los editores se las acepten y aun las busquen, que los lectores las pidan y aun las devoren. Quien más quien menos las conoce por la prensa, por reportajes y documentales. A mí, lo confieso, en principio me aburren soberanamente, con alguna excepción si la calidad literaria es sobresaliente (Thomas Bernhard). Que la vida está llena de penalidades ya lo sé. No preciso que cada cual me narre las suyas pormenorizadamente. Soy un caso raro, porque no se escribirían tantos libros así si no hubiera demanda. Creo que ello es debido a la necesidad imperiosa y constante de muchos contemporáneos —una adicción en regla— de «sentirse bien» consigo mismos, de apiadarse en abstracto, de leer injusticias y agravios y pensar del autor o narrador: «Pobrecillo o pobrecilla, cuánta empatía siento, porque yo soy muy buena persona»; y de quienes les arruinaron la infancia o la existencia: «Qué crueles y qué cerdos».

Pero la tendencia se ha extendido. Quienes no acumulan aberraciones han decidido que pueden contar sin más su biografía, porque, como es *la suya*, es importante.

La crítica internacional elogió sin mesura los seis volúmenes del noruego Knausgård. Como ya conté, leí las primeras trescientas páginas, y me pareció todo tan insulso y plano, y contado con tan mortecino detalle, que tuve que abandonar pese a mi sentido de la autodisciplina. «No puedo dedicar mi tiempo a tres mil páginas de probables naderías, con estilo desmayado», me dije. A partir de este éxito, cualquiera se siente impelido a relatar sus andanzas en el colegio, o en la mili si la hizo, sus anodinos matrimonios y sus cansinos divorcios, sus dificultades como padre o madre o hijo, sus depresiones e inseguridades. Por supuesto sus encuentros con gente famosa, aunque esta modalidad es antiquísima, no todo lo ha propulsado Knausgård. Cada una de estas obras, las de penalidades y las de naderías, suelen ser alabadas por los críticos y por los colegas escritores, que han hecho una regresión monumental y ya sólo se fijan en lo que antes se llamaba «el contenido». Si esta novela o estas memorias denuncian injusticias, ya son buenas. Si relatan atrocidades, aún mejores. Si dan a conocer lo mal que lo pasan muchos niños, *gays*, mujeres o discapacitados, entonces son obras maestras. Puede que en algún caso así sea. Pero cada vez que leo sobre la aparición de una nueva maravilla «disfuncional» o de las características descritas, echo de menos a los autores que *inventaban* historias apasionantes con un estilo ambicioso, no pedante ni lacrimógeno, y además no procuraban dar lástima, sino mostrar las ambigüedades y complejidades de la vida y de las personas: a Conrad, a Faulkner, a Dinesen, a Nabokov, a Flaubert, a Brontë, a Pushkin, a Melville. Y hasta a Shakespeare y a Cervantes, por lejos que vayan quedando.

14-X-18

El histerismo y la flema

Nuestro país se viene rigiendo por el histerismo desde hace tiempo. Casi cualquier cosa que sucede, o declaración u opinión pronunciadas, se convierten en motivo de aspaventoso escándalo. Las redes, los tertulianos y no pocos periodistas «serios» se rasgan las vestiduras por hechos o dichos menores, por nimiedades. Es costumbre que todo se tergiverse, se adultere o se exagere: si alguien califica lo manifestado por otro de tontería, el primero es acusado al instante de insultar y llamar «tonto» al segundo, cuando todos podemos soltar tonterías a veces sin que ello nos condene como tontos cabales y definitivos. También se sabe desde hace siglos que llamar idiota, ignorante o necia a una persona puede no constituir un insulto, sino una mera descripción subjetiva, u objetiva. En meses recientes hemos asistido a alborotos mayúsculos causados por minúsculos problemas con Hacienda, en una nación en la que raro es el individuo al que Hacienda no le haya planteado problemas, con sus cambios de criterio retroactivos, sus constantes subidas de impuestos (con Rajoy como con Sánchez) y sus frecuentes arbitrariedades. Luego se han desatado batallas y sermones por títulos semificticios o regalados y aparentes plagios de tesis, en un lugar en el que, tradicionalmente, quien no ha copiado en un examen ha dejado que le copiaran, y era el que se oponía el que incurría en deshonra, un mal compañero.

Sin duda es deseable que todo el mundo tribute debidamente, que nadie copie ni plagie ni obtenga lo que no se ha ganado. Pero no se puede caer en el ridículo continuo, agigantando a las amebas. Ahora bien, lo más extraño es que, cuando por fin acontece algo en verdad gravísimo, los histéricos habituales reaccionan con inaudita flema, como si no tuviera importancia o jamás hubiera ocurrido. El pasado 1 de octubre se produjo en Barcelona el asalto al Parlament, con intención de *ocuparlo y secuestrarlo*, por una turba de mastuerzos. Se les permitió entrar en la Ciudadela, alcanzar y arrojar las vallas que mal protegían el edificio, acorralar a los escasos *mossos* que lo custodiaban (a los que se prohibió cargar durante largo rato), hasta verse éstos obligados a encerrarse, por los pelos, tras el último portón. Más o menos como hemos visto en cien películas en el asedio a un castillo o fortaleza. La marea embistió el portón y trató de forzarlo por las bravas. Huelga recordar que un parlamento, el que sea, es la sede del pueblo soberano, que ha elegido a sus representantes.

Conviene recapitular. El asalto, diga lo que diga el actual y servil director de los Mossos, Martínez, se debió a los llamados Comités de Defensa de la República, copiados de los Guardianes de la Revolución cubanos y de la Guardia Revolucionaria iraní, que patrullan, espían, delatan y castigan a los «desafectos». Estos CDR son conocidos por cortar autopistas e impedir el paso de trenes cuando se les antoja, dañando la economía y tomando como rehenes a sus conciudadanos. Se sabe que no son precisamente respetuosos de la convivencia ni de las libertades ajenas, ni sonrientes ni apacibles. Pues bien, horas antes del acoso (se vio en las televisiones), el Presidente de la Generalitat se acercó a un grupo de ellos, los llamó «amigos» y los felicitó por «apretar» con sus acciones. A otro grupo les dijo «No tengáis miedo». ¿De qué podían tenerlo? Sólo de la policía autonómica, encargada de mantener el orden. Pero como ésta está bajo el mando de Torra, les vino a dar carta blanca. Los dos mensajes eran fácilmente traducibles: «Haced lo que os plazca, que nadie va a castigaros y yo apruebo lo que se os ocurra». El resultado fue el intento de toma del Parlament, y —como habría previsto cualquier político mínimamente instruido y no lerdo— la masa vuelta contra su protector de horas antes, contra el «amigo». Ni siquiera hubo detenciones, ni una, ¿cómo iba a haberlas?

Torra no ha dado explicaciones ni ha dimitido, nadie de su Govern las ha dado. Tampoco Pedro Sánchez, insólitamente, después de episodio tan amenazante. Todos se lo han tomado con la flema que les falta ante las fruslerías. Incomprensible en este país de perpetuo histerismo. No está en mi ánimo comparar a nadie con los nazis, pero no he podido evitar acordarme de que en 1933, poco después del incendio del Reichstag o cámara baja berlinesa, y poco antes de las elecciones generales, la policía la comandaba Göring (fundador de la Gestapo y mano derecha de Hitler), quien dio plena libertad e impunidad a los mastuerzos de camisa parda para reventar con violencia los mítines de los demás partidos adversarios. Con esa oposición silenciada, Hitler obtuvo una exigua mayoría que no obstante lo facultó para asumir el poder absoluto. Al año siguiente organizó la matanza de los disidentes de su Partido Nazi en la «noche de los cuchillos largos», y el resto ya lo conocen, más o menos, espero. Cuando un cómplice de los facinerosos o matones está al mando de la policía que ha de frenarlos, o se destituye a ese jefe o deben sonar todas las alarmas con fuerza. Y sin embargo, cuánta flema, como si aquí nada hubiera pasado.

21-X-18

Ampliación infinita del pecado original

Por edad y por país, fui educado en el catolicismo, y uno de mis primeros recelos, siendo aún niño, me lo trajo el disparatado e injusto concepto de «pecado original», por el que todo recién nacido debía purificarse mediante el bautismo. Si no me equivoco, las consecuencias de no recibirlo no eran baladíes. Al niño «manchado», si moría, le estaba vedado el cielo, y en el mejor de los casos acabaría en el limbo, lugar que siempre me pareció ameno y que no sé por qué decidió abolir un Papa contemporáneo. Por supuesto los «infieles» y paganos, por su falta de bautismo, tampoco podían acceder al paraíso. Así que ese «pecado original» era grave, y se cargaba con él por el mero hecho de haber nacido. Como ya casi nadie sabe nada, convendrá aclarar en qué consistía: era el de nuestros primeros padres según la Biblia, Adán y Eva, que desobedecieron (la serpiente, la manzana, el mordisco, confío en que eso aún se conozca popularmente, aunque la ignorancia crece sin freno en nuestros tiempos). Me parecía una locura digna de miserables decidir que una criatura apenas viva, que no había podido hacer mal a nadie —ni siquiera de pensamiento—, estuviera *ya* contaminada por pertenecer a una especie cuyos antepasados más remotos habían «pecado» a los ojos de un Dios severo.

Hoy la gente sigue bautizando a sus vástagos, pero la mayoría no tiene ni idea de por qué lo hace ni le da la menor importancia: en las crónicas sociales y en las televisiones el bautismo es siempre llamado «bautizo», es decir, la celebración ha sustituido al sacramento, que de hecho está olvidado por absurdo y anacrónico. Y sin embargo, paradójicamente, el mundo entero —más o menos laico o agnóstico— ha abrazado ese dogma cristiano con un fervor incomprensible y funestos resultados. Se buscan y señalan sin cesar culpables que no han hecho nada personalmente, contraviniendo la creencia, más justa y más democrática, de que uno sólo es responsable de sus propios actos. Ha habido bastantes años durante los que a nadie se le ocurría acusar a Pradera o a Sánchez Ferlosio, por poner ejemplos cercanos, de ser, respectivamente, nieto de un notorio carlista e hijo de un falangista conspicuo. Estábamos todos de acuerdo en que los crímenes o lacras de los bisabuelos no nos atañían ni condenaban, y en que sólo respondíamos de nuestras trayectorias.

Escribí un artículo parecido a este hace más de veinte años («Vengan agravios»),* y lo que rebatía entonces no ha hecho más que incrementarse y magnificarse. No es ya que se exija continuamente que naciones e instituciones «pidan perdón» por las atrocidades cometidas por compatriotas de otros siglos o por antediluvianos miembros con los que nada tienen que ver los actuales, sino que hemos entrado en una época en la que casi todo el mundo es culpable por su raza, su sexo, su clase social, su nacionalidad o su religión, es decir, justamente por los factores por los que nadie debe ser discriminado, según las constituciones más progresistas. La noción de «pecado original», lejos de abandonarse, se ha enseñoreado de las conciencias. Si usted es blanco, ya nace con un buen pecado; si además es varón, lleva dos a la espalda; si europeo, y por tanto de un país que en algún momento de su historia fue colonialista, apúntese tres; si nace en el seno de una familia burguesa, será culpable de

---

* Recogido en *Vida del fantasma* (Alfaguara, 2001; Debolsillo, 2007). *(N. de. E.)*

explotaciones pretéritas; si encima lo inscriben en una religión monoteísta (todas violentas y opresoras), usted está todavía en la cuna, acostumbrándose al planeta al que lo han arrojado, y la culpa ya se le ha quintuplicado. Claro que, si es chino, cargará con las matanzas de tibetanos hacia 1950, por no remontarse más lejos. Si japonés, habrá de pedir perdón precisamente a los chinos, por las barbaridades de sus soldados en la Segunda Guerra Mundial. Si su ascendencia es criolla, le aguarda más arrepentimiento que a cualquier conquistador de América. Y si es árabe, no olvidemos que la *yihad* bélica se inició en el siglo VII, con carnicerías y sojuzgamientos. No creo, en suma, que nadie se libre de las tropelías de sus ancestros, sobre todo si las responsabilidades se extienden hasta el comienzo de los tiempos. Pocos pueblos no han invadido, asesinado, conquistado y esclavizado. (Por otra parte, pedir perdón por lo que *otros* hicieron resulta tan arrogante y pretencioso como atribuirse sus hazañas y méritos, cuando los hubo.)

De manera que en el soliviantado mundo actual la gente se pasa la vida acusando al individuo más justo, apacible y benéfico de pertenecer a una raza, un sexo, un país, una religión o una clase social determinados y con mala fama. El triunfo del «pecado original» es tan mayúsculo, en contra de lo razonable, que hoy no es raro oír o leer: «Ante tal o cual situación, se nos debería caer a todos la cara de vergüenza». Cada vez que me encuentro esta fórmula, me dan ganas de espetarle al imbécil virtuoso que nos quiere incluir en su saco: «A mí déjeme en paz y no me culpe de lo que no he hecho ni propiciado. Hable usted por sí mismo, y haga el favor de no mezclarme en sus ridículas vergüenzas hereditarias».

28-X-18

¿Quieran o no?

En un país tan tradicionalmente propenso al autoritarismo, cuando no a lo dictatorial, hay que estar con cuatro ojos y cuatro oídos ante cualquier veleidad de este tipo, aunque sea sólo verbal. Al contrario de lo que sostiene Carmen Calvo, las palabras encierran a menudo peligro, y dan avisos, sobre todo cuando «se le escapan» al que habla, cuando no se da cuenta de lo que delatan. Si Torra anima a atacar al Estado, no se puede tomar a la ligera, porque de hecho es lo que él y sus correligionarios llevan años haciendo, y continúan, y continuarán, con más ahínco cuanto más explícito se haga el objetivo. Tanto los independentistas como el PP como Podemos tienen el tic autoritario en la punta de la lengua, sin cesar. Esta última formación lo tiene además tan arraigado que casi no hay manifestación de sus dirigentes en la que no aparezca, quizá involuntariamente. Un ejemplo reciente es la frase de su fundador Monedero durante una charla pública titulada *La Corona, ¿pa' cuándo? Llaves para abrir el candado democrático (sic)*. «Compañeros, hay algo muy claro», dijo con arrogancia. «A la Monarquía en España no le queda mucho si nosotros estamos aquí.» No resulta claro dónde es «aquí» (¿en La Moncloa, ahora que ya han metido el pie?), pero sí meridiana la idea de Monedero de la democracia, al creer que algo tan fundamental como la forma de Estado dependerá de la decisión de un partido, o de un hipotético Gobierno, que ni siquiera se dignaría consultar a los ciudadanos. Con toda nuestra larga historia de autoritarismos diversos, lo último que me esperaba es que esa tentación se expresara de manera diáfana en el periódico en el que escribo desde hace cuarenta años, y que leo desde hace algo más. Si digo «en el periódico» es por esto: los editoriales de *El País*, como los de todos los diarios, no van firmados, lo cual significa que la publicación los suscribe y los hace suyos sin reservas ni matices. De haber llevado firma el editorial «Corte necesario», del 17-X-18, quizá no me vería impelido a escribir esta columna. El texto parecía inspirado por un concejal del Ayuntamiento de Madrid o por un entusiasta de Manuela Carmena y su (para mí) nefasto y cínico equipo, el peor de la democracia, y cuidado que hay candidaturas a ese título en nuestra ciudad. El editorial era una defensa y un aplauso incondicionales a la disparatada medida (entrará en vigor el 23 de noviembre) de prohibir el tráfico privado, salvo escasas excepciones, por un «centro» de Madrid de amplitud colosal. Nunca he tenido coche ni sé conducir, así que poco me afecta en lo personal, pero espero que, tras semejante restricción, y en coherencia, el Ayuntamiento deje de cobrar a los automovilistas el impuesto de circulación, ya que apenas podrán circular.

El escrito alababa las bondades del plan, sobre todo para la salud y en la lucha contra el cambio climático. Pero callaba ladinamente que: a) el tráfico que no pueda acceder a esa enorme «almendra» (más bien un «melón») abarrotará el resto de calles, que estarán en permanente colapso; b) eso hará que los desplazamientos lentísimos, con los motores encendidos, contaminen el aire todavía más; c) si a eso se añade la reciente prohibición de sobrepasar los 30 km por hora en el 85 % de la ciudad (aunque las avenidas estén despejadas), el atasco perpetuo, y la consiguiente emisión de gases, están asegurados; d) mientras se aplica este delirio, los voluminosos y pausados buses turísticos (ah, que le dan dinero a la alcaldía) bloquean calles estrechas, a veces de cinco en cinco; e) la situación infernal se verá agravada por la inhabilitación de la Gran Vía, ya ejecutada, y por la que se planea de la Castellana, al parecer; f) los caprichosos carriles-bici, apenas usados, ya han herido mortalmente a la capital.

El editorial reconocía que «una parte de los empresarios y comerciantes» están desesperados. Por lo que sé, lo están la gran mayoría, y también los hoteles, restaurantes, bares, los taxistas y una altísima porción de la población. No conozco a nadie que no sea un podemita o un carmenita furibundo que no se tire de los pelos ante el despropósito que convertirá Madrid en un insalubre caos (aún más). Pero bien, cada uno tiene su opinión. Lo que no es aceptable es que *El País* terminara así: «El camino de Madrid es el único posible si se quiere [...] proteger la salud de los ciudadanos, quieran o no». He ahí el tic dictatorial español. ¿Cómo que «quieran o no»? Esa frase supone una violentación de las libertades individuales, y tratar a los madrileños, a semejanza de lo que hacía el franquismo, como a menores de edad. Se empieza por proteger la salud y a continuación también cabe proteger su «salud moral», «quieran o no». Se dictamina qué pueden ver, leer, escuchar y decir. «Por su bien» se les puede imponer o prohibir cualquiera cosa, porque los gobernantes o los periódicos saben mejor que ellos cuál es «su bien». Que a *El País*, defensor de las libertades y la democracia, se le deslice semejante expresión, la suscriba y haga suya, me parece un grave síntoma, y la prueba, una vez más, de que los vientos de autoritarismo son demasiado contagiosos.

4-XI-18

De quién cobramos

El asesinato del periodista Jamal Khashoggi en el consulado de Arabia Saudita en Estambul ha desencadenado cuestiones de interés, a saber: para quién se trabaja, quién le paga a uno su salario, qué uso hace ese empleador de nuestro esfuerzo. La mayoría de las personas no se preguntan por lo general nada de eso. Bastante tienen con no saberse en el paro y cobrar a fin de mes (o excepcionalmente, si por ejemplo se trata de premios o de encargos ocasionales). Su sentido de la «ética» —por llamarlo de alguna forma— no va más allá de cumplir sus tareas o de esmerarse en su desempeño. Su exigencia no va más allá de recibir lo pactado con justicia y puntualidad, y de no ser engañados ni explotados. De ahí que los trabajadores de Navantia, ante los amagos del Gobierno de suspender la venta de armas a la propia Arabia Saudita hace unos meses, por su bombardeo de un autobús con escolares en Yemen, montaran en cólera incendiaria con sólo oír de esa posibilidad: lo esperable era que el país «castigado» tomara sus represalias y cancelara el encargo de cinco corbetas —buques de guerra, dicho sea de paso— a esos astilleros gaditanos, con la consiguiente pérdida de ingresos y empleos. Llamó la atención entonces la reacción (no fue la única) del podemita alcalde de Cádiz, quien dejó claro que lo que a él le importaba era el sustento de sus conciudadanos, y que le traía sin cuidado lo que hubiera hecho el régimen de Riad a millares de kilómetros. Ahora, tras el asesinato de Khashoggi, la actitud de nuestro Gobierno ha dado un giro y se ha alineado con el alcalde llamado Kichi (creo, es difícil recordar los apelativos pijos), y se ha visto secundado por el PP y algún partido más. El de Kichi, en cambio, para completar las contradicciones, aboga por suspender los tratos comerciales con Riad, o al menos la venta de armas. En esta línea está también Alemania, mientras que Francia considera tales medidas «demagógicas». Los Estados Unidos del sacaperras Trump ni se plantean el dilema.

No seré yo quien critique a unos ni a otros. Ya se ha dicho muchas veces que la dignidad, los principios, la moral y la integridad son virtudes que los modestos y los pobres apenas se pueden permitir. Cuando está en juego ponerles un plato a los churumbeles, la mayoría se traga todo eso y aguanta lo que le echen. Ahora bien, lo interesante es esto: si lo prioritario son los puestos de trabajo y el bienestar de la población (o por lo menos que no muera de inanición), no veo por qué no se admite que el negocio del narcotráfico también da a mucha gente de comer. Hace poco vimos cómo individuos «normales» se enfrentaban a la policía y protegían a narcos en Algeciras o en La Línea de la Concepción, porque la aprehensión de un alijo de droga les suponía un considerable revés económico (lo mismo sucedió en Galicia, en Colombia y en otros lugares). Y quien habla de narcotráfico lo hace asimismo de prostitución, que da dinero a raudales, y no sólo a los dueños de los prostíbulos, sino a ciudadanos «normales». En Madrid y en Barcelona, los manteros son mimados por las respectivas alcaldesas, las cuales no pueden ser tan pardillas como para no saber que detrás de los inmigrantes que ofrecen en plena vía sus mercancías falsificadas, y con ello se sacan unos euros para subsistir, están unas mafias que se dedican a muchos otros negocios, más crueles y dañinos que la venta callejera (armas y trata incluidas). Es decir, Carmena y Colau, a sabiendas (insisto: no lo pueden ignorar), están facilitándoles a esas mafias sus actividades, y encima con la conciencia satisfecha. En la idea de ayudar a los pobres inmigrantes, las enriquecen, y por tanto contribuyen a financiar sus crímenes y a propiciar su expansión.

Son sólo unos ejemplos. Yo suelo mirar, en la medida de lo posible, de dónde procede el dinero que se me paga. Quizá se recuerde que ni siquiera acepto emolumentos del Estado español, en forma de premios, invitaciones o lo que se tercie. Pero yo no tengo churumbeles (no directos) que alimentar, así que me permito eso, mal que bien. Comprendo que la gente no esté mirando cómo se ha conseguido el dinero que se le paga, de dónde viene, por qué manos ha pasado antes, si nuestro pagador es intachable o no. En España hay periodistas y columnistas que al parecer cobran directamente del Kremlin, y los fundadores del ahora purista Podemos recibieron remuneraciones de Venezuela y de Irán, todos países poco menos dictatoriales que Arabia Saudita, y que de hecho tienen también por costumbre deshacerse de periodistas o rivales molestos para sus regímenes, a veces con tanta alevosía y violencia como la empleada contra Khashoggi en el consulado de Estambul. El propio Erdogan, Presidente de Turquía hoy indignado, tiene a más de cien reporteros encarcelados o exiliados a la fuerza. Nadie se plantea en serio dejar de hacer negocios con él, ni con Putin y otros de su jaez. Los países aún democráticos tienen que decidir si lo importante es cobrar, venga de donde venga el sueldo. Y si es así, quizá no deban perseguir con tanto ahínco a los narcos, a las mafias y a las redes de prostitución. Claro que lo propio de nuestra época es contradecirse sin parar, y ni siquiera percatarse de sus flagrantes contradicciones.

11-XI-18

Cuándo conviene marcharse

Entre sus muchos viajes y mis largas ausencias, hace tiempo que no veo a Pérez-Reverte, así que a finales de octubre hablamos por teléfono un poco con nuestros respectivos «premóviles», dos antiguallas que no hacen fotos ni graban ni tienen Internet ni nada. El suyo es muy turbio, nos oíamos fatal y no nos dio tiempo más que a cruzar unas frases. Eran las fechas en que se iba a consumar la entronización de un tercer Trump en el mundo, un cabestro brasileño llamado Bolsonaro (el segundo ha sido Salvini en Italia, aunque hay que reconocer que de allí salió en realidad el ídolo y modelo de Trump, Berlusconi, que hoy, por comparación con sus émulos, parece un tipo sutil y respetuoso). En fin, en vista de la deriva actual, Arturo me dijo: «Esto no hay quien lo aguante. Es hora de irse», a lo que yo le contesté: «¿Adónde? Ya no hay a donde ir. Los que padecimos el franquismo teníamos muchas opciones, si las cosas se ponían muy crudas y debíamos imitar un día a los de generaciones anteriores: Francia, Inglaterra, Italia, México... Mira cómo están ahora esos países». Y él me corrigió: «No, me refería a morirse. A gente como nosotros nos va tocando salir, sin ver más deterioro». Mi reacción fue espontánea y algo cómica, supongo: «No, no lo veo conveniente ahora. Nos despediríamos con la sensación de dejarlo todo manga por hombro, hecho un desastre. No que nuestra presencia pueda mejorar nada, pero es triste dejar un mundo más desagradable e idiota del que nos encontramos, y eso que nacimos bajo una dictadura odiosa. Pero la gente normal era menos estúpida y más cordial y educada».

No sé si se cortó la comunicación o si aplazamos el pequeño debate sobre cuándo nos convenía largarnos. Yo, después, le di vueltas por mi cuenta, y, claro está, hablo sólo por mí (lo mismo, cuando se publique esto, Pérez-Reverte se ha perdido en el mar con su barco, y siempre me quedaría la duda de si lo habría hecho a propósito; no lo creo, pero toco madera por si acaso). Mi argumento esbozado era este: es molesto abandonar el mundo cuando lo vemos convulso, irracional e idiotizado; hay que esperar a que se enderece un poco (siempre según nuestro subjetivo criterio), a que vuelvan el sentido del humor, la racionalidad y la tolerancia, a que la gente no esté tan enajenada como para votar a brutos ineptos que irán en contra de sus propios votantes suicidas. Hay que esperar a que las masas no sean tan manipulables ni se dejen engañar por autoritarios sin escrúpulos como Orbán, Erdogan, Putin, Maduro, Ortega, Le Pen, Duterte, Al Sisi, Salvini, Puigdemont, Torra. Ahora bien, pongamos que de aquí a un tiempo los ánimos se serenan y la perspicacia aumenta, la verdad vuelve a contar y la gente se hace menos fanática, fantasiosa y tribal de lo que lo es hoy en día. Que el mundo recobra cierta compostura, por decirlo anticuadamente. Al fin y al cabo, la historia se ha regido siempre por ciclos. ¿Convendría entonces marcharse? ¿Lo haríamos con más tranquilidad, con la sensación de que la casa está en orden? Quizá nos parecería también mal momento: ahora que estamos mejor, qué lástima no aprovechar este tiempo, no disfrutarlo.

Los vivos nos decimos a veces, al pensar en seres queridos que ya murieron: «Menos mal que se ahorraron esto, que no lo vieron. Es un consuelo que a este hecho luctuoso no asistieran, o a esta situación tan grave, o a los errores y tropelías de sus próximos». Pero también nos decimos: «Qué pena que no vieran nacer o crecer a este niño, les habría alegrado la vida; o que no

271

presenciaran el éxito de su mujer o su marido o sus hijos, y tuvieran la incertidumbre eterna de qué iba a ser de ellos». Y en todo caso los consideramos ingenuos, porque no alcanzaron a saber lo que sí hemos sabido los supervivientes. Esto es, porque inevitablemente creyeron que el mundo se quedaría fijo en el que abandonaron, y eso nunca sucede. Tal vez lo peor de morirse es no enterarse de cómo continúa la historia, como si al nacer se nos entregara una novela inacabada. La novela de la vida prosigue siempre, por lo que estamos condenados a ignorar cómo termina. Hay quienes piensan que termina con nuestro término, distinto para cada individuo. Nos consta que no es así, sin embargo. Que todo sigue, sólo que sin nosotros, y que nuestro final no significa el de nada ni el de nadie más. Me pregunto si la única manera de ver «conveniente» la propia despedida, o de estar conforme, es llegar al máximo desinterés, o al máximo desagrado, o hastío, por el mundo en que vivimos. Acaso es lo que expresó Pérez-Reverte en nuestra entrecortada charla: «Esto está inaguantable. Mejor llevarse un buen recuerdo; o, si no bueno, aceptable. Puesto que hemos visto mejores tiempos, no da tanta pena desertar de uno imbecilizado y despreciable». Y no obstante, como he contado otras veces, a mí me aqueja la dolencia de los fantasmas (de los literarios, esa gran y fecunda estirpe): son seres que se resisten a perderlo todo de vista; que no sólo se preocupan por quienes dejaron atrás y su suerte, sino que tratan de influir desde su bruma, de favorecer a sus amigos y perjudicar a sus enemigos; o a los que, según su opinión que ya no cuenta, hacen más llevadero el mundo o lo envilecen.

18-XI-18

Silbar y tararear

El pasado 8 de mayo, en víspera de un viaje a Italia, las luces empezaron a parpadear; al poco estallaron bombillas en habitaciones diversas, en serie y con estrépito, estuvieran o no encendidas; vi que de un aparato salía humo, y me apresuré a desenchufarlo todo, televisión, DVD, equipo de música, el viejo vídeo, y a bajar los diferenciales. Por fortuna no me había ido ya a Italia y además estaba en casa. Al parecer se había producido una subida de tensión que afectó a todo el edificio y a otro cercano, culpa de la compañía eléctrica y no de los usuarios. Luego, cada cual fue descubriendo sus desperfectos y sus ruinas. A una agencia de viajes se le habían fundido todos los ordenadores. Yo comprobé que se me había quedado muerta la máquina de escribir, y mis lectores saben lo que hoy me cuesta encontrarlas (por suerte conservaba una de repuesto). También el fax-contestador, que aún me era útil y resulta insustituible. El calentador del agua, el cargador del móvil, unos teléfonos, el mencionado vídeo, el equipo de música entero. A mi regreso, la compañía me anunció que se encargaría de reparar lo reparable y me abonaría lo estropeado sin remedio. Me visitó un técnico muy amable, que se llevó al taller cuanto preveía que podría arreglarse. De lo que no, compré sustitutos, los que me fue posible. El hombre fue viniendo y volviendo. Algunas cosas las creía reparadas, pero seguían sin funcionar. Lo que más tardé en recuperar fue el equipo de música, unos cuatro meses.

Y durante ese tiempo me di cuenta de que, así como puedo estar sin escribir, y sin leer, y sin ver televisión (más me cuesta no ver películas), me es imposible no oír música. Bueno, posible me es, claro, pero lo paso mal y la echo de menos más que ninguna otra cosa. Nada más levantarme, y mientras me despejo, pongo un CD que me ayude a retornar a la vigilia. Y siempre suena música mientras hago tareas compatibles con ella: no escribir ni leer libros, pero sí leer prensa, contestar y mirar correspondencia, ordenar y limpiar. Me ayuda a apaciguarme cuando me indigno, me alegra cuando me decae el ánimo, y a veces me ofrece modelos rítmicos que anhelaría reproducir cuando escribo. Durante esos cuatro meses en que no pude oírla, y precisamente por no poder, me venían unas ganas locas de oírlo *todo*, desde Bach, Beethoven y Schubert hasta Presley, Burnette y Checker. Desde Monteverdi y Bartók y Pergolesi hasta Waits y Lila Downs y Nina Simone y Knopfler y mi ídolo Dylan, cuyo Premio Nobel celebré merced a un amigo londinense, poeta y librero, que me escribió en su día con alivio: «Es un poco raro, pero al menos no lo ha ganado Atwood. De haber sido así, un colega mío y yo teníamos previsto arrojarnos al Támesis desde el puente de Hammersmith, considerando que no valía la pena seguir viviendo en un mundo en el que esa autora fuera Nobel». Así que Dylan salvó de la muerte a alguien a quien mucho aprecio, algo más en favor suyo. Pero, por no poder poner música, se me antojaban en aluvión las mayores rarezas, que pocas veces escucho: un CD con veintisiete versiones de «High Noon», la canción de *Solo ante el peligro*, incluidas una pomposa en alemán y dos ratoneras en danés. Uno con otras tantas de «La Paloma»; los calipsos que cantó con mucha gracia el actor Robert Mitchum; la narración, en la extraordinaria voz de su director Charles Laughton, de *La noche del cazador*, junto con fragmentos de su banda sonora. Canciones sicilianas nostálgico-siniestras, música irlandesa en la admirable voz de Tommy Makem. El breve «Carillon des morts» de Corrette. El CD de Telemann que de hecho oía cuando tuvo lugar la avería, interpretado por mi sobrino Alejandro Marías (violonchelo) y mi hermano Álvaro (flauta), entre otros...

No han sido los únicos músicos de mi familia. Mi tío Odón Alonso fue director de orquesta. Mi tío Enrique Franco fue crítico en la radio y en *El País* hasta su muerte. La música, supongo, ha estado presente en mi vida desde siempre, quizá por eso la echo tanto en falta. Al cabo de unas semanas de abstinencia, me di cuenta de que silbaba y tarareaba mucho más de lo que suelo: si está uno privado de melodías, las reproduce como puede. Y entonces caí en que esas dos actividades, silbar y tararear, eran frecuentísimas en mi infancia y adolescencia, mientras que ahora están casi desaparecidas. Uno oía silbar a los hombres por la calle (todos se conocían la propia «Solo ante el peligro», por ejemplo, y «El puente sobre el río Kwai», entre otras muchas), y canturrear a las mujeres mientras se arreglaban o atendían sus quehaceres. Tal vez por eso los españoles sabían entonar y no desafinaban en exceso, a diferencia de lo que hoy ocurre. No había música por doquier (a menudo indeseada y atronadora, como la que invade las calles desde las tiendas), y no se creía, como creen los famosos concursantes, que cantar bien consiste en vocear a pleno pulmón y con espantosas «rúbricas». No solemos acordarnos de que a lo largo de la historia la humanidad sólo oía música cuando alguien —rara vez— se la tocaba, o cuando ella la reproducía con sus voces y sus silbidos. Hasta que uno la pierde, no repara en nuestra inmensa suerte de haber nacido en esta época, en la que uno elige qué y cuándo, y milagrosamente lo oye.

25-XI-18

Nos complace esta ficción

Dada la progresiva infantilización del mundo, que va durando por lo menos tres décadas, quizá no sea tan extraño lo que está pasando con la verdad, la ficción y la mentira. Nos llama la atención que la primera cuente cada vez menos para gran número de personas, y que éstas abracen la segunda o la tercera acríticamente, si es que no con gran entusiasmo. Se empezó por mentir en cosas menores, como los rótulos de los cuadros expuestos en los museos: se censuraron, se adulteraron para que nadie se sintiera ofendido (y es imposible que hoy no haya alguien que *se sienta* ofendido por cualquier cosa), o incluso para negar lo que las imágenes mostraban, por ejemplo «Sátiros retozando con ninfas», que ya no recuerdo si se cambió por «Encuentro campestre» o por «Acoso a menores». Después se pasó a tergiversar el pasado, o, lo que es peor, a juzgarlo con ojos contemporáneos imbuidos de rectitud y de supuesta superioridad, es decir, se llegó a la rápida conclusión de que todos nuestros antepasados habían sido gente errada, injusta, salvaje, colonialista, racista y machista. Se decidió que la historia entera del mundo había sido *sólo* una sucesión de horrores, de la que nada más se salvaban —contradictoriamente— las incontables víctimas. Se produjo entonces una loca carrera para adquirir la condición de víctima, por raza, nacionalidad, religión, sexo o clase. Hoy no hay nadie que no ansíe serlo, la palabra se ha revestido de un insólito prestigio. La carrera y el afán son tan locos que hasta Trump y sus partidarios se presentan así, como víctimas perseguidas, lo mismo que Le

Pen, Salvini, Orbán, Bolsonaro, Torra y demás ultraderechistas planetarios. La conclusión que parece haberse alcanzado es que nadie puede ganar elecciones y tener éxito si no presume de haber sido agraviado y maltratado. Ellos o sus ancestros, tanto da, hablé hace poco del triunfo de la idea del pecado original, sólo que ahora no nos sacudimos nunca sus sucedáneos, cargamos con ellos desde la cuna hasta la tumba.

Si yo fuera historiador viviría desesperado, porque la labor de éstos jamás había caído tanto en saco roto. El historiador investiga y se documenta, dedica años al estudio, cuenta honradamente lo que averigua (bueno, los que son honrados, porque también proliferan los deshonestos a sueldo de políticos sin escrúpulos, los que mienten a conciencia), matiza y sitúa los hechos en su contexto. Nada de esto sirve para la mayoría. Tienen mucha más difusión y eficacia unos cuantos tuits falaces y simplistas, y lo más grave es que casi todo el mundo se achanta ante los aluviones de falsedades. Hace poco un deportista estadounidense se plegó a disculparse por haber citado en las redes una frase inocua de Churchill: «En la victoria, magnanimidad». El problema no era la cita, sino su procedencia: ¿cómo se le ocurre suscribir nada de ese racista imperialista? Más o menos como si hubiera citado a Hitler, del cual estamos libres sobre todo gracias a Churchill. También se ha salido con la suya un concejal o similar de Los Ángeles, de apellido inequívocamente irlandés (luego europeo), O'Farrell. El tal O'Farrell, sin embargo, aduce tener sangre iroquesa o wyandot y ha retirado una estatua de Colón entre aplausos, tras decretar que el Almirante fue un genocida, que debió quedarse en casa sin surcar el océano, porque con su estúpido viaje inició un monstruoso daño a las tribus y culturas indígenas de lo que luego se llamó América. No cabe duda de que para los indígenas del siglo xv la aparición de los europeos fue un desastre y el término de su modo de vida, que tampoco era ejemplar ni compasivo. Pero no tiene sentido que hoy se identifiquen con ellos individuos que se llaman O'Farrell, Jensen, Schulz, Smith, Grabowski, Esterhazy, Qualen, Occhipinti, Beauregard, Tamiroff o Morales, y que están en su país gracias a Colón precisamente. Pocos quedan que se apelliden Hawkeye (Ojo de Halcón) o cosas por el estilo.

Demasiada gente ha decidido abrazar el cuento que le gusta, como los niños, independientemente de que sea o no verdadero. El historiador actual se desgañita: «Pero oigan, que esto no fue así, que esta versión es falsa, que nada hay que la sostenga». Y la respuesta es cada vez más: «Eso nos trae sin cuidado. Nos conviene este relato, nos complace esta ficción, y es la que mejor se adecúa a nuestros propósitos. Es el espejo en que nos vemos más favorecidos, a saber, como víctimas y ofendidos, como sojuzgados y humillados, como mártires y esclavos. Sin esos agravios a los nuestros, no vamos a ninguna parte ni podemos vengarnos. Y de eso se trata, de vengarnos». Otro día hablaré tal vez del fomento del resentimiento. Pero lo cierto es que, como he dicho, hasta Trump y sus votantes aspiran hoy a eso, a resarcirse y vengarse, a recuperar el país que según ellos se les ha arrebatado. Cuando los opresores palmarios se reclaman también oprimidos, y con ellos el planeta entero, algo está funcionando muy mal en las cabezas pensantes. Quizá es que grandes porciones de la humanidad ya no alcanzan el uso de razón, como se llamaba antes, que nos sobrevenía más o menos a los siete años.

2-XII-18

Fomento del resentimiento

Me impresionó, y luego me dejó pensativo, un artículo de Eliane Brum publicado en este diario hace unas semanas. Se titulaba «Brasil, la venganza de los resentidos», y en él la autora relataba episodios de la vida cotidiana de su país tras el triunfo del tenebroso Bolsonaro. Algunas de las cosas que contaba (y eso que en el Brasil aún no ha empezado la violencia institucionalizada desatada) me recordaron inevitablemente a historias y anécdotas, oídas de primera mano, de nuestra Guerra Civil. Muy de primera, porque uno de mis abuelos y uno de mis tíos se pasaron la contienda escondidos, en embajadas o no se sabe dónde. A otro tío lo mataron, como he evocado aquí alguna vez, tras llevarlo a la *cheka* de Fomento con una compañera, los dos tenían dieciocho años. A mi padre, también es sabido, lo detuvo la policía franquista nada más consumarse la derrota de la República, pasó meses en la cárcel y luego fue represaliado hasta mediados de los años cincuenta para unas cosas, para otras hasta el final. La casa de su progenitor, mi otro abuelo, quedó medio destrozada por un obús. La de mi madre, llena de niños, tenía que ser evacuada cada poco, por los bombardeos «nacionales». Mis padres tenían unos veintidós años en 1936, así que vieron y oyeron mucho, ya adultos y enterándose bien. Les oí contar atrocidades cometidas por ambos bandos, aunque, al vivir en Madrid, fueron más testigos de las de los milicianos republicanos.

Aparte de las cuestiones políticas, lo que resulta evidente es que la Guerra, por así decir, «dio permiso» a la gente para liberar sus resentimientos y dar rienda suelta a sus odios. No sólo a los de clase, también a los personales. Si bien se mira —o si uno no se engaña—, todo el mundo puede estar resentido por algo, incluso los más privilegiados. Éstos basta con que consideren que se les ha faltado al respeto o no se les ha hecho suficiente justicia en algún aspecto. Las razones de los desfavorecidos pueden ser infinitas, claro está. «Aquel amigo de la infancia de quien se guardaba un buen recuerdo», explicaba Brum, «escribe en Facebook que ha llegado el momento de confesar cuánto te odiaba en secreto y que te exterminará junto a tu familia de "comunistas". Aquel conocido que siempre has creído que se merecía más éxito y reconocimiento de los que tiene, ahora desparrama la barriga en el sofá y vocifera su odio contra casi todos. Otro, que siempre se ha sentido ofendido por la inteligencia ajena, se siente autorizado a exhibir su ignorancia como si fuera una cualidad». Y, en efecto, por lo general ignoramos qué se oculta en el corazón de cada conocido o vecino, amigo o familiar. Alguien se puede pasar media vida sonriéndote y mostrándose cordial, y detestarte sin disimulo en cuanto se le brinda la oportunidad o, como he dicho, se le da «licencia». Al parecer es lo que ha conseguido, en primera instancia, la victoria de Bolsonaro. Vuelvo al texto de Brum: «A las mujeres que visten de rojo, color asociado al partido de Lula, las insultan los conductores al pasar, a los *gays* los amenazan con darles una paliza, a los negros les avisan de que tienen que volver al barracón, a las madres que dan el pecho las inducen a esconderlo en nombre de la "decencia"». Eso en un país que todos creíamos abierto y liberal, casi hedonista, poco o nada racista, tolerante y permisivo.

La lucha por el poder es legítima, tanto como la aspiración a mejorar y progresar, a acabar con las desigualdades feroces y no digamos con la pobreza extrema. Pero se están abriendo paso, en demasiados lugares, políticos que más bien buscan fomentar el resentimiento de cualquier capa de la población. Trump, un oligarca al servicio de sus pares, ha convencido a un amplio sector de personas bastante afortunadas de que los desfavorecidos se están aprovechando de ellas, y les ha inoculado la fobia a los desheredados. Lo mismo hacen Le Pen en Francia y Salvini en Italia (el desprecio por los meridionales es el germen de su partido, Lega Nord). Torra y los suyos abominan de los «españoles» y catalanes impuros, según consta en sus escritos. Otro tanto la CUP. Podemos ha basado su éxito inicial en sus diatribas contra algo tan vago y etéreo como la «casta», en la cual es susceptible de caer cualquiera que le caiga mal: por clase social, por edad, y desde luego por ser crítico o desenmascarar a ese partido como no de izquierda, sino próximo al de su venerado Perón (dictador cobijado por Franco) y a los de Le Pen y Salvini, elogiado este último por el gran mentor Anguita. El mundo está recorrido por políticos que quieren fomentar y dar rienda suelta al resentimiento *subjetivo y personal*, el cual anida en todo individuo con motivo o sin él, hasta en los multimillonarios y en las huestes aznaritas de Casado, dedicado a la misma labor pirómana. Las personas civilizadas aprenden a mantenerlo a raya, a relativizarlo, a no cederle el protagonismo, a guardarlo en un rincón. A lo que esos políticos aspiran —y a Bolsonaro le ha servido— es a que el resentimiento se adueñe del escenario y lo invada todo, a darle vía libre y a que cada cual le ajuste cuentas a su vecino. Son políticos incendiarios y fratricidas. A menos que sean también como ellos, no se dejen embaucar ni arrastrar.

9-XII-18

Palabras que me impiden seguir leyendo

Todo escritor, que se pasa la vida eligiendo y descartando vocabulario, acaba teniendo sus manías, sus filias y fobias, sus preferencias y aversiones. En realidad eso le ocurre a cualquiera, pues todos hacemos uso de la lengua con mayor o menor grado de conciencia, y todos tendemos a aceptar o rechazar palabras, intuitiva o deliberadamente. Cada época sufre sus modas y sus plagas, y lo penoso es que éstas son abrazadas acríticamente o con papanatismo por millares de personas, que las repiten machaconamente como papagayos, hasta la náusea. Esos individuos creen a menudo estar diciendo algo original, cuando lo que dicen es un tópico. O creen ser «modernos», o estarles haciendo un guiño a sus correligionarios, por el mero uso de ciertos términos. Recuerdo que hace unos años todo era «coral» y «mestizo»; hoy es todo «transversal», convertido en uno de esos vocablos que, cuando me los encuentro en un texto —o los oigo en una televisión o una radio—, me instan a abandonar de inmediato la lectura —o a cambiar de cadena—, sabedor de que quien escribe o habla está abonado a los lugares comunes y no piensa por sí mismo.

Antes de que empiecen a indignarse quienes los emplean, conviene aclarar que yo sí hablo solamente por mí mismo. Que me irriten términos o expresiones no supone nada, ninguna condena. Es sólo que *a mí* me sacan de quicio y que no los soporto, lo mismo que a una pazguata de antaño la hería leer «coño» o «cojones», o que a un recio varón le producían arcadas los «nenúfares» y «azahares» de un poema. Debo decir con lástima que el actual feminismo *feroce* ha plagiado o acuñado unos cuantos palabros que me atraviesan los ojos y oídos. En cuanto me aparecen el espantoso «empoderar» y sus derivados («empoderamiento», «empoderador»), interrumpo al instante el artículo o el libro, por mucho que la Real Academia Española los haya admitido en el *Diccionario* (nada me puede traer más sin cuidado, en este periodo asustadizo de esa institución a la que pertenezco..., creo). Lo mismo me ocurre con «heteropatriarcal» y no digamos con «heteropatriarcalizar», que, aparte de larguísimos y sobados, me parecen injustos e inexactos, como si los hombres homosexuales no hubieran estado a menudo casados y no hubieran participado del «patriarcado». En cuanto a «sororidad», tentado estoy de hacerme cruces (o el *harakiri*) cada vez que cae ante mi vista, porque me resulta inevitablemente monjil y con olor a naftalina. Tampoco se les da bien la recreación castiza a estos feministas *feroci*: me provocan urticaria «cipotudo», «machirulo» y la más reciente «machuno», con reminiscencias de «chotuno». El desdichado sufijo en «-uno» no es demasiado frecuente en nuestra lengua, seguramente por feo y zafio, lo que invita a recurrir a él en este siglo XXI. Cada vez que leo «viejuno» (en vez de «vetusto», por ejemplo), ya sé que quien me lo suelta es mimético y habla por boca de ganso.

Otro tanto me sucede con quienes empalman sin cesar verbos cursis calcados del inglés más estúpido, como «empatizar», «socializar», «interactuar» y similares. Estoy seguro de que un escritor no vale la pena —y de que además es un pardillo deslumbrado— si recurre a la expresión inglesa «ponerse en sus zapatos», que es como se dice en esa lengua lo que aquí siempre se ha dicho «en su lugar», «en su piel» y aun «en su pellejo». Sé que el escritor en cuestión se ha nutrido de traducciones malas o que ha leído directamente en inglés sin conocer su propio idioma. Una de las razones por las que la mayoría de los novelistas estadounidenses de las últimas generaciones me parecen pomposos y bobos —una, hay varias— es por su irrefrenable tendencia a hacer algo que ya he percibido en los copiones españoles, a saber: juntar un adverbio «original» con un adjetivo. Hace ya años que los autores baratos adoptaron, por ejemplo, «asquerosamente rico» y «ridículamente feliz», hoy en día insoportables vulgaridades. Pero ahora empiezan a abundar los «extravagantemente enérgico», «impetuosamente simpático», «hirientemente eficaz», «inquietantemente bueno» o «minuciosamente inútil». Se nota tanto (en los españoles como en los americanos) que el escritor en cuestión se ha pasado largo rato pensándose la combinación, y creyendo hacer literatura con ella, que se me hace aconsejable arrojar en el acto el volumen por la ventana. Sé que se trata de un farsante.

La fórmula «esto no va de mujeres, va de libertades» y parecidas me producen un sarpullido más grave que la idiotizada expresión «sí o sí», omnipresente. Últimamente hay periodistas que han descubierto el verbo «ameritar», normal en Latinoamérica, y están desterrando nuestro «merecer» a marchas forzadas. En cuanto al horroroso y mal formado «ojiplático», que ya ha pedido su ingreso en el *Diccionario*, qué quieren. Pretender que a partir de «se me quedaron los ojos como platos» se cree ese engendro, es como aspirar a que también se incluyan «carnigallináceo», «pelipúntico» y «peliescárpico» para designar cómo nos quedamos cuando nos emocionamos o nos llevamos un susto. Hay más, pero por hoy ya es bastante.

16-XII-18

El año que nos robaron el fútbol

Lo vengo advirtiendo desde hace años, pero la actual es la temporada en que los viejos aficionados nos hemos quitado definitivamente del fútbol, o más bien nos lo han quitado. Ese deporte nunca ha estado en buenas ni sensatas manos, a nivel nacional ni internacional. Sin embargo, ahora han clavado sobre él las garras tres individuos especialmente avariciosos, incompetentes y presumidos, con un cuarto en el horizonte del que luego diré algo. Del italiano Infantino ya me ocupé meses atrás, cuando tomó la ridícula decisión de prohibir a las televisiones insertar planos de público femenino atractivo, a fin de torpedear su ruin objetivo de «tentar a los espectadores masculinos»; los cuales no verían partidos, según él, de no ser por ese sucio señuelo. De paso ofendió a la mayoría de la población mundial, pues no vio inconveniente en los planos de mujeres feas ni en los de varones feos o guapos. Y en España contamos con dos individuos, Rubiales y Tebas, que por lo visto se llevan a matar, pero que no obstante reman en la misma dirección de desvirtuar y destruir el fútbol.

El segundo, por ejemplo, está empeñado —a qué se deberá tanta tabarra— en que se juegue un encuentro de Liga en Miami, lo cual no sólo es una mentecatez, sino que adulteraría la competición al privar al equipo local del factor campo y del aliento de su hinchada. También perjudicaría a los demás clubs visitantes, que disputarían sus choques como eso, visitantes, a diferencia del Barça, que sería el beneficiado en este caso. Si Tebas se saliese con la suya, no crean que ahí pararía: supondría el acicate para que en próximas temporadas se celebrasen partidos de Liga en lugares absurdos como Tokio, Taskent, Qatar o Tegucigalpa. En este sentido, malo es el precedente que se establecerá mañana (escribo el 8 de diciembre): me pregunto qué necesidad tenía Madrid —una ciudad asediada por las manifestaciones, las maratones, los triatlones, los días de la bici, las procesiones, las ovejas y la armagedónica Carmena— de añadirse una invasión de feroces forofos porteños al albergar la vuelta de la Copa Libertadores entre River Plate y Boca Juniors. Confío en que no haya incidentes graves y en que la capital no sea destruida —aunque de eso ya se encargan los *atilas* del Ayuntamiento—, pero en todo caso se ha sometido a Madrid a un sobreesfuerzo en seguridad y se ha fastidiado a base de bien, durante días, a los ciudadanos. A ello han contribuido no poco los medios, que han dado mucha más importancia a esta Final foránea que a la jornada de Liga del fin de semana.

Digo mal: la Liga hace tiempo que no se disputa en fin de semana. Hay partidos los viernes y los lunes. Las televisiones han impuesto horarios estrafalarios, como la una del mediodía. Pero lo que más delata el propósito de acabar con el Campeonato es que entre Rubiales, Tebas e Infantino han logrado que no haya forma de seguirlo. La continuidad de la Liga es un factor primordial de su interés, y ahora es un torneo deshilachado y discontinuo, al que parece que se le reservaran las sobras, las fechas de la basura. Las interrupciones debidas a los «ensayos» o amistosos de la selección nacional siempre han constituido un engorro, algo que a los aficionados verdaderos nos sentaba como un tiro. En vista de lo cual se han multiplicado, con la invención de un trofeo engañabobos llamado Liga de las Naciones, creo. Nadie ha sabido quiénes ni por qué compiten, y a casi nadie le ha importado un comino. Nos han «tocado» Inglaterra y Croacia como podían haber sido Portugal e Islandia.

Por suerte no hemos ido lejos, de lo contrario nos aguardarían más parones latosos, y ahora viene el de Navidad como remate. Lo cierto es que, cada vez que reaparece la Liga, en plan Guadiana, ya no nos acordamos de ella, de quién la encabeza ni de quiénes están en descenso. Han conseguido que no interese, que sea un galimatías, que nos dé igual quién la gane o la lleve encarrilada. Se la ha devaluado a conciencia.

Al parecer hay una razón semioculta, y aquí entra el cuarto personaje, el defensa Piqué, al que inexplicablemente se hace caso. No contento con haber certificado la defunción de la Copa Davis de tenis —sí, de tenis—, pretende también, tengo entendido, arrumbar las Ligas nacionales —que son el alma y la columna vertebral del fútbol— en favor de una Superliga europea reservada a los clubs pijos y neopijos, que amparan dicho proyecto clasista. Como si no viéramos ya demasiados Madrid-Bayern, Barça-Juventus y Manchester City-PSG en la Copa de Europa, ahora se procurará que los partidos entre esos equipos nos produzcan hastío. Porque además serían eternamente los mismos, ya que no habría descensos ni ascensos. El resultado de estrujar la gallina y querer un «acontecimiento» semanal es que *nada* es ya un acontecimiento, sino todo reiteración y rutina. Si hay varios Brasil-Argentina o Alemania-Italia cada temporada, se pierden la gracia y la expectativa. Añadan a todo esto que los futbolistas se agotan y se saturan. La mayoría no deben de saber qué están disputando cuando saltan al césped. ¿Es la Copa del Rey o la Liga, la Copa de Europa o la Eurocopa, las Naciones, el Mundial o un apestoso amistoso? Desde luego los espectadores empezamos a no tener ni idea. Y lo que es peor, nos empieza a traer sin cuidado.

23-XII-18

287

¿Evitar a las mujeres a toda costa?

Tomamos iniciativas con gran alegría y con prisas, olvidando que nadie es capaz de prever lo que provocarán a la larga o a la media. No pocas veces medidas «menores» y frívolas, o autocomplacientes, han desembocado en guerras al cabo de no mucho tiempo. Los impulsores de las medidas nunca se lo habrían imaginado, y desde luego se declararán inocentes de la catástrofe, negarán haber tenido parte en ella. Y sin embargo habrán sido sus principales artífices.

Sin llegar, espero, a estas tragedias, el alabado movimiento MeToo y sus imitaciones planetarias están cosechando algunos efectos contraproducentes, al cabo de tan sólo un año de prisas y gran alegría. Había una base justa en la denuncia de prácticas aprovechadas, chantajistas y abusivas por parte de numerosos varones, no sólo en Hollywood sino en todos los ámbitos. Ponerles freno era obligado. Las cosas, sin embargo, se han exagerado tanto que empiezan a producirse, por su culpa, situaciones nefastas para las propias mujeres a las que se pretendía defender y proteger. El feminismo clásico (el de las llamadas «tres primeras olas») buscaba sobre todo la equiparación de la mujer con el hombre en todos los aspectos de la vida. Que aquélla gozara de las mismas oportunidades, que percibiera igual salario, que no fuera mirada por encima del hombro ni con paternalismo, que no se considerara un agravio estar a sus órdenes. Que el sexo de las personas, en suma, fuera algo indiferente, y que no supusieran «noticia» los logros o los cargos alcanzados por una mujer; que se vieran tan naturales como los de los varones.

Leo que según informes de Bloomberg, de la Fawcett Society y del Pew Research Center, dedicado a estudiar problemas, actitudes y tendencias en los Estados Unidos y en el mundo, se ha establecido en Wall Street una regla tácita que consiste en «evitar a las mujeres a toda costa». Lo cual se traduce en posturas tan disparatadas como no ir a almorzar (a cenar aún menos) con compañeras; no sentarse a su lado en el avión en un viaje de trabajo; si se ha de pernoctar, procurar alojarse en un piso del hotel distinto; evitar reuniones a solas con una colega. Y, lo más grave y pernicioso, pensárselo dos o tres veces antes de contratar a una mujer, y evaluar los riesgos implícitos en decisión semejante. El motivo es el temor a poder ser denunciados por ellas; a ser considerados culpables tan sólo por eso, o como mínimo «manchados», bajo sospecha permanente, o despedidos por las buenas. La idea de que las mujeres no mienten, y han de ser creídas en todo caso (como hace poco sostuvo entre nosotros la autoritaria y simplona Vicepresidenta Calvo), se ha extendido lo bastante como para que muchos varones prefieran no correr el más mínimo riesgo. La absurda solución: no tratar con mujeres en absoluto, por si acaso. Ni contratarlas. Ni convertirse en «mentores» suyos cuando son principiantes en un territorio tan difícil y competitivo como Wall Street. En las Universidades ocurre otro tanto: si hace ya treinta años un profesor reunido con una alumna dejaba siempre abierta la puerta del despacho, ahora hace lo mismo si quien lo visita es una colega. Los hay que rechazan dirigirles tesis a estudiantes femeninas, por si las moscas. En los Estados Unidos ya hay *colleges* que imitan al islamismo: está prohibido todo contacto físico, incluido estrecharse la mano. Como en Arabia Saudita y en el Daesh siniestro, sólo que allí, que yo sepa, ese contacto está sólo vedado entre personas de distinto sexo, no entre todo bicho viviente.

Parece una reacción exagerada, pero hasta cierto punto comprensible si, como señaló la americana Roiphe en un artículo de hace meses, se denuncia como agresión o acoso pedirle el teléfono a una mujer, sentarse un poco cerca de ella durante un trayecto en taxi, invitarla a almorzar, o apoyar un dedo o dos en su cintura mientras se les hace una foto a ambos. No es del todo raro que, ante tales naderías elevadas a la condición de «hostigamiento sexual» o «conducta impropia» o «machista», haya individuos decididos a abstenerse de todo trato con el sexo opuesto, ya que uno nunca sabe si está en compañía de alguien razonable, o quisquilloso y con susceptibilidad extrema. El resultado de esta tendencia varonil, como señalaban los mencionados informes, es probablemente el más indeseado por las verdaderas feministas, y llevaría aparejado un nuevo tipo de discriminación sexual. Se dejaría de trabajar con mujeres, de asesorarlas y aun de contratarlas no por juzgarlas inferiores ni menos capacitadas, sino potencialmente problemáticas y dañinas para las propias carrera y empleo. Si continuara y se extendiera esta percepción, acabaríamos teniendo dos esferas paralelas que nunca se cruzarían, y, como he dicho antes, el islamismo nos habría contagiado y habría triunfado sin necesidad de más atentados: tan sólo imbuyéndonos la malsana creencia de que los hombres y las mujeres deben estar separados y, sobre todo, jamás rozarse. Ni siquiera codo con codo al atravesar una calle ni al ir sentados en un tren durante largas horas.

30-XII-18

Rodeados de Yagos

En las vidas de las personas y de las sociedades siempre hay problemas, discrepancias, angustias, dificultades. Surgen por sí solos y son parte ineludible de esas vidas, en las que casi nadie está plenamente satisfecho. Por eso son tanto más intolerables y condenables los individuos y los políticos que, lejos de ponerse manos a la obra e intentar remediarlos, se dedican a añadir, crear o inventar más problemas, discrepancias, angustias y dificultades. Vivimos una época en la que proliferan tales políticos. Son los que, sin apenas motivo ni base, «vierten su pestilencia en los oídos», por parafrasear las palabras de Yago. Estamos rodeados de Yagos.

Quizá no tengan muy presente el *Otelo* de Shakespeare. Puede que muchos jóvenes ni siquiera lo hayan leído ni visto representado. Recordémoslo un poco, por si acaso. Otelo, moro y general de Venecia, se ha casado a escondidas con Desdémona, hija de un senador al que poca gracia hace esa unión, por cuestiones de origen y raza. Pero no le queda más remedio que aceptar los hechos consumados, y al fin y al cabo Otelo goza de reputación por sus victorias. El conflicto «natural» es por tanto menor, y pronto se ve neutralizado. Claro está que si no hubiera más no habría tragedia, las cuales son emotivas en la ficción, pero en la realidad una desdicha. Yago está resentido porque su superior Otelo ha nombrado lugarteniente a Cassio y no a él, al que ha relegado al cargo de abanderado. Poca cosa en el fondo (hablé hace semanas de que cualquiera puede estar resentido, hasta los más poderosos y afortunados: véase Trump, sin ir más lejos), pero suficiente si el despecho se convierte en el motor de nuestras acciones. Yago ha pasado a la historia como la encarnación de la astucia, de la intriga, de la frialdad, de la calumnia y, sobre todo, de la insidia. Para él, toda pasión es controlable, para caer en ellas se precisa «un consentimiento de la voluntad». Si la voluntad no consiente, no hay amor ni lascivia ni ambición que valgan, todo eso es reprimible, desviable, encauzable, descartable. Pero sabe que pocos humanos niegan su «consentimiento», y cuán fácil le resulta al individuo taimado, como él, inducirlos, engañarlos, instigarlos y manipularlos. Sabe que basta con deslizar una duda o una creencia en la mente de alguien para que aquéllas la invadan entera, sobre todo si son bien alimentadas. El veneno va penetrando. Nada hay reprobable en el comportamiento de Desdémona, que de hecho ama cabalmente a su marido; y sin embargo entre los dos cónyuges se abre un abismo sin el menor fundamento, excavado en la nada. Se pueden inventar sospechas y desconfianzas, se puede persuadir a cualquiera de que lo que no es, es; y de que lo que es, no es. Dice Yago al hablar de Desdémona: «Yo convertiré su virtud en brea», es decir, «la haré aparecer como una sustancia negra y viscosa».

Hoy la pestilencia no se vierte con susurros al oído, sino que se proclama a los cuatro vientos en las pantallas y en las redes sociales. Los Yagos no actúan furtivamente, sino bajo los focos, como Putin. Pero no por eso son menos Yagos: gente que crea y fomenta disensiones y odios donde no los hay, o sólo en escaso grado hasta que los magnifican ellos. Si uno bien mira, no había ninguna razón objetiva y de peso para que un analfabeto tiránico como Trump triunfara. ¿Acaso estaban las cosas fatal con Obama? Hasta la economía era boyante. ¿Estaba mal Gran Bretaña en la Unión Europea? Es obvio que va a estar peor y a ser más pobre fuera de ella. ¿Estaba Cataluña oprimida hace seis años, cuando se inició el *procés*, o lo está ahora? Es un país tan libre como el que más en Europa. ¿No se le permitía votar, como claman los Yagos independentistas? No ha cesado de votar todo lo votable durante los últimos cuarenta años. ¿Son los inmigrantes una verdadera amenaza para Europa o los Estados Unidos, como braman Salvini y Casado? No de momento, más bien son necesarios. La nación más agresiva con ellos, Hungría, alberga tan sólo un 4 o 5 % de extranjeros, pero allí hay un Yago notable llamado Orbán, dedicado a la insidia. ¿Nuestra democracia parlamentaria es abyecta y franquista, como sostienen Pablo Iglesias y sus acólitos, esa cofradía de Yagos? ¿Hay que acabar con ella, que ha permitido a España las mejores décadas de su larga historia? ¿A santo de qué? ¿Por resentimientos particulares? Siempre hay defectos, injusticias, desigualdades. Cierto que la brutal recesión económica los gobernantes la han cargado sobre las espaldas de las clases medias y bajas, empobreciéndolas. Pero ¿es eso suficiente para derribar el edificio entero, sobre todo cuando no está listo —qué digo, ni concebido— el que habría de sustituirlo? Cuando Otelo asume que va a matar a Desdémona, se despide de su vida anterior con amargura: «Desde ahora, y para siempre, adiós a la mente tranquila, adiós al contento... La ocupación de Otelo ha terminado». ¿Desea la gente entonar esta despedida, aquí, en Italia, en América o en Gran Bretaña, en Polonia, el Brasil o Hungría, en Francia? ¿«A partir de ahora, y para siempre...»? Yago lo confiesa al principio: «Yo no soy lo que soy». Ninguno de estos políticos son lo que son o dicen ser, aunque se exhiban y vociferen. También en la exhibición y en la vociferación se esconde uno, y engaña, difama y emponzoña.

6-I-19

Ayudar al enemigo

Es imposible que los medios de comunicación, sus tertulianos y articulistas desconozcan el viejo adagio de Wilde según el cual «sólo hay una cosa peor que dar que hablar, y es no dar que hablar». De esta máxima se han hecho variantes sin fin, y una de ellas llega a afirmar —acertadamente en nuestro tiempo— que resulta más beneficioso que de uno se hable mal, si se habla mucho. Esto se vio con Berlusconi y se ve ahora con Trump. Su éxito consistió, en gran medida, en que lograron que la prensa girara en torno a ellos, que les diera permanente cobertura para alabarlos y sobre todo para denostarlos. Ambos montaron espectáculo y armaron escándalos, y los periódicos, las televisiones, las radios y las redes sociales, incluidos los serios (bueno, si es que una red social puede ser seria), se ocuparon hasta la saciedad de sus salidas de pata de banco y de sus bufonadas. Esto es, les concedieron más importancia de la que tenían, y al dársela no sólo los hicieron populares y facilitaron que los conocieran quienes apenas los conocían, sino que los convirtieron en efectivamente importantes. La época de Berlusconi parece que ya pasó (nunca se sabe), pero ahora la operación se repite con su empeorado émulo Salvini: a cada majadería, chulería o vileza suya se le presta enorme atención, aunque sea para execrarlas, y así se las magnifica. La era de Trump no ha pasado, por desgracia, y se siguen registrando con puntualidad cada grosería, cada despropósito, cada sandez que suelta, y así se lo agranda hasta el infinito. Llegados a donde han llegado tanto Trump como Salvini (el máximo poder en sus respectivos países), ahora ya es inevitable: demasiado tarde para hacerles el vacío, que habría sido lo inteligente y aconsejable al principio. Cuando quien manda dice atrocidades, éstas no se pueden dejar pasar, porque a la capacidad que tenemos todos de decirlas, se añade la de llevarlas a cabo. Si mañana afirma Trump que a los musulmanes estadounidenses hay que meterlos en campos de concentración, o que hay que privar del voto a las mujeres, no hay más remedio que salirle al paso y tratar de impedir que lo cumpla. Pero a esas mismas propuestas, expresadas hace dos años y medio, convenía no hacerles caso, no airearlas, no amplificarlas mediante la condena solemne. En el mundo literario es bien sabido: si un suplemento cultural lo detesta a uno, no se dedicará a ponerlo verde (aunque también, ocasionalmente), sino a silenciar sus obras y sus logros, a fingir que no existe.

Como es imposible que esta regla básica se ignore, hay que preguntarse por qué motivo los medios y los partidos en teoría más contrarios a Vox llevan meses dándole publicidad y haciéndole gratis las campañas. Veamos: ese partido existe hace años y carecía de trascendencia. Un día «llenó» con diez mil personas (bien pocas) una plaza o un recinto madrileños. Eso seguía sin tener importancia, pero La Sexta —más conocida como TelePodemos, raro es el momento en que no hay algún dirigente suyo en pantalla— abrió sus informativos con la noticia, le regaló largos minutos y echó a rodar la bola de nieve. En seguida se le unieron otras cadenas y diarios, de manera que, aunque fuera «negativamente» y para criticarlo, obsequiaron a Vox con una propaganda inmensa, informaron de su existencia a un montón de gente que la desconocía, otorgaron a un partido marginal el atractivo de lo «pernicioso». Y así continúan desde entonces. Se esperaba que en las elecciones andaluzas Vox consiguiera un escaño y le cayeron doce. Inmediatamente Podemos (en apariencia la formación más opuesta) agigantó el aún pequeño fenómeno, llamando a las barricadas contra el fascismo y el franquismo que nos amenazan. Lo imitaron otros, entre ellos el atontadísimo PSOE. Los independentistas catalanes se frotaron las manos y lanzaron vivas a Vox, porque eso les permitía hacer un pelín más verdadera su descomunal mentira del último lustro, a saber: «Vean, vean, España entera sigue siendo franquista». Los columnistas más simples se lanzaron en tromba a atacar a Vox, y a pedirnos cuentas a los que ni lo habíamos mencionado. No sé otros, pero yo me había abstenido adrede, para no aumentar la bola de nieve creada por La Sexta, que ya no sé si es sólo idiota o malintencionada. ¿Hace falta manifestar el rechazo a un partido nostálgico del franquismo, nacionalista, xenófobo, misógino, centralista y poco leal a la Constitución, amén de histérico? *Ça va sans dire*, en cierta gente se da por supuesto. Si Vox estuviera en el poder, como lo están sus equivalentes Trump, Salvini, Maduro, Orbán, Bolsonaro, Ortega, Duterte y Torra, habría que denunciarlo sin descanso. Pero no es el caso, todavía. Un 10 % de apoyos en Andalucía sigue siendo algo residual, preocupante pero desdeñable. Ahora bien, cuanto más suenen las alarmas exageradas, cuanto más se vea ese 10 % como un cataclismo, más probabilidades de que un día acabe siéndolo. Y como es imposible —repito— que se desconozcan el adagio de Wilde y sus variantes, no cabe sino preguntarse por qué La Sexta, Podemos, Esquerra, PDeCAT y otros medios y partidos desean fervientemente que Vox crezca sin parar, mientras fingen horrorizarse.

13-I-19

Destructores de las libertades ajenas

Uno de los elementos para medir la hipocresía de una sociedad es su sobreabundancia de eufemismos, así que no cabe duda de que la nuestra es la más hipócrita de los tiempos conocidos. Los hechos son invariables, pero las palabras que los describen «ofenden», y se cree que cambiándolas los hechos desaparecen. No es así, aunque se lo parezca a los ingenuos: a un manco o a un cojo les siguen faltando el brazo o la pierna, por mucho que se decida desterrar esos términos y llamarlos de otra forma más «respetuosa». El retrete sigue siendo el lugar de ciertas actividades fisiológicas, por mucho que se lo llame «aseo», «lavabo», «servicio» o el ridículo *rest room* («habitación de descanso») de los estadounidenses. Y bueno, el propio vocablo «retrete» era ya un eufemismo, el sitio retirado. Los eufemismos se utilizan también para blanquear lo oscuro y siniestro, desde aquella «movilidad exterior» de la ex-Ministra Báñez para referirse a los jóvenes que se marchaban de España desesperados por no encontrar aquí empleo, hasta el más reciente: son ya muchas las veces que he leído u oído la expresión «democracia iliberal» para asear y justificar regímenes o Gobiernos autoritarios, dictatoriales o totalitarios.

Se trata, para empezar, de una contradicción en los términos, porque «iliberal» anula el propio concepto de «democracia», si entendemos «liberal» en las acepciones cuarta y quinta del DLE, las que la «i» niega: «Que se comporta o actúa de una manera alejada de modelos estrictos o rigurosos»; y «Comprensivo, respetuoso y tole-

297

rante con las ideas y los modos de vida distintos de los propios, y con sus partidarios». Lo conocido como «economía liberal» es otro asunto, que aquí no entra.

Muchas sociedades actuales creen que, para que un Gobierno sea democrático, basta con que haya sido elegido. Digamos que eso es más bien una condición necesaria, pero no suficiente. Para merecer el nombre, ha de serlo a diario, no sólo el día de su victoria en las urnas. Ha de respetar y tener en cuenta a *toda* la población, y en especial a las minorías. Y ha de ser liberal por fuerza, en el sentido de conservar y proteger las libertades individuales y colectivas. Y lo cierto es que cada vez hay más políticos y votantes cuyo primordial afán es prohibir, censurar y reprimir. Las nuevas generaciones ignoran lo odioso que resultaba ese afán, predominante durante el franquismo. La censura era omnipotente, casi todo estaba prohibido, y quienes se rebelaban eran reprimidos al instante: multados, detenidos, encarcelados y represaliados. Lo propio de los «iliberales» —esto es, de los autoritarios, dictatoriales o totalitarios— es no limitarse a observar las costumbres y seguir las opciones que a ellos les gustan, sino procurar que *nadie* observe ni siga las que rechazan. Si yo no soy *gay*, no permitiré que los *gays* se casen ni exhiban. Si yo nunca abortaría, ha de castigarse a quienes lo hagan. Si no soy comunista, hay que perseguir a quienes lo sean. Si no soy independentista, hay que ilegalizar a los partidos de ese signo. Si no fumo ni bebo, el tabaco y el alcohol deben prohibirse. Si soy animalista, han de suprimirse las corridas y las carreras de caballos. Si soy vegano, hay que atacar y cerrar las carnicerías, las pescaderías y los restaurantes. Esa es hoy la tendencia de demasiada gente «islamizada» y fanática: lo que *yo* condeno tiene que ser condenado por la sociedad, y a los que se opongan sólo cabe callarlos o eliminarlos.

La cosa va más lejos. Como he dicho otras veces, en poco tiempo hemos pasado de aquella bobada de «Toda opinión es respetable» a algo peor: «Que nadie exprese opiniones contrarias a las mías». Se lleva a juicio a raperos y cómicos por sus sandeces, se multa a un poetilla aficionado por unas cuartetas inanes sobre la diputada Montero... O un ejemplo reciente y que tengo a mano: un artículo mío suscitó indignación no por lo que decía, sino por lo que algunos tergiversadores profesionales afirmaron que decía. Curioso que ciertos independentistas catalanes lo falsearan zafiamente a conciencia, cuando no trataba de *su* tema. La petición más frecuente fue que la directora de *El País* me echara. Que me silenciara y me impidiera opinar, por lo menos en su periódico. Ella es muy libre de prescindir de mi pluma mañana mismo, si le parece, como lo soy yo de irme si me aburro o me harto de los «lectores de oídas» malintencionados. Pero lo primero que se pedía era censura. Eso no es propio de demócratas, ni siquiera «iliberales», sino de gente con espíritu dictatorial y franquista. Gente que no se diferencia de Trump cuando llama a la prensa seria y veraz «enemigos del pueblo» e incita a éste a agredir a los reporteros; ni de Maduro cuando asfixia y cierra, uno tras otro, todos los medios que no le rinden pleitesía abyecta; ni de Putin cuando son asesinados periodistas desafectos bajo su mirada benévola; ni de Bolsonaro cuando hace que una Ministra suya decrete exaltada: «¡Los niños visten de azul y las niñas de rosa!». Lo peor no son estos políticos, pues siempre los hubo malvados o brutales. Lo peor es que tantos votantes de tantos países quieran imponer *sus* decretos y se estén haciendo «iliberales», que no es sino destructores de las libertades ajenas.

20-I-19

Lo que nos hacen creer que nos pasa

Trece años después de su muerte el 15 de diciembre de 2005, he releído un breve texto de mi padre, que fue Julián Marías. A diferencia de lo que hace mucha gente, que homenajea a un escritor recién desaparecido leyendo o releyendo en el acto algunos de sus párrafos, yo me quedo tan triste —sobre todo si el escritor me era cercano— que tardo siglos en asomarme de nuevo a su obra, como si hasta cierto punto me pareciera una ofensa que ésta sobreviva a la persona. (Al autor esa posibilidad, en cambio, lo reconforta un poco en vida.) Son sólo cincuenta páginas, fechadas en 1980, cuando nuestra democracia era muy joven. En 2012 las reeditó en forma de librito la editorial Fórcola, bajo el título *La Guerra Civil ¿cómo pudo ocurrir?* En su día me había gustado mucho —no todo lo de mi padre me gustaba cabalmente, como supongo que a él tampoco lo mío—, y si ahora he vuelto a él no ha sido porque vea el menor peligro de una situación parecida a la que desembocó en aquella Guerra, ni de lejos. Pese a que el panorama político y económico de nuestro país sea declinante desde hace un decenio o más, no hay que ser nunca agorero ni exagerado.

Precisamente con esta última palabra se inicia este texto. Mi padre tenía veintidós años cuando estalló la Guerra, y recuerda que su primer comentario cuando comprendió que se trataba de eso y no de un golpe de Estado o insurrección triunfantes o fallidos —es decir, de escasa duración en cualquiera de los casos— fue: «¡Señor, qué exageración!». A lo largo de las cincuenta concisas páginas va señalando cómo aquello no le pareció *inevitable*, en contra de lo que tantos han pensado, sino absolutamente evitable y desproporcionado; por mucho que la convivencia estuviera deteriorada y maltrecha, que los problemas fueran enormes y que casi todos los políticos se comportaran con frivolidad teñida de mala fe. Sostiene que la mayoría de los españoles *no* querían esa Guerra, sino si acaso su *resultado*, esto es, la derrota de una porción de sus compatriotas a los que unos y otros no podían ver. Pero sin pasar por una matanza desaforada como la que se produjo durante tres años. Mucho menor en los frentes que en las respectivas retaguardias. Menos sufrida por los combatientes reales que por la población civil. Si he releído este librito no es, como he dicho, por temor, sino por la extraña persistencia española (andaluza, madrileña, catalana o vasca, tanto da) en caer en las peores tentaciones cada cierto tiempo. Mi padre relata demasiadas actitudes reconocibles. Al hablar de la discordia, dice: «Entiendo por tal no la discrepancia, ni el enfrentamiento, ni siquiera la lucha, sino la voluntad de *no convivir*, la consideración del "otro" como inaceptable, intolerable, insoportable». Habla de la terrible consigna, tantas veces oída, «Cuanto peor, mejor», y acuña una expresión para explicar el progresivo envilecimiento: «el temor y *respeto a lo despreciable*, clave de tantas conductas sucias en la historia». Y en efecto, cuando los dichos y hechos despreciables empiezan a «pasarse», a no condenarse con energía y a no ponérseles inmediato freno, uno puede estar seguro de que no van sino a crecer, a ir a más, hasta que llegue un punto en que se admita «*todo* (incluida la infamia), con tal de que sea "de un lado"». Y agrega: «Nadie quería quedarse corto, ser menos que los demás en la adulación de los que mandaban o en la execración de los adversarios».

Advierte de «la necesidad de un pensamiento alerta, capaz de *descubrir* las manipulaciones, los sofismas, especialmente los que no consisten en un raciocinio falaz, sino en *viciar todo raciocinio* de antemano». (Ay, hoy se ensalzan las «emociones».) Hubo intelectuales que lo intentaron, pero «se les opuso una espesa cortina de resistencia o difamación..., y llegó un momento en que una parte demasiado grande del pueblo español *decidió no escuchar*, con lo cual entró en el sonambulismo y marchó, indefenso o fanatizado, a su perdición». Para él, el verdadero origen de la Guerra no fue la *situación objetiva* de España, sino su *interpretación*, o el desajuste de dos interpretaciones que llegaron a excluir a las demás. Esto fue posible por algo que hoy, con las redes sociales, padecemos de manera más extrema: «una forma de sofisma consistente en la *reiteración de algo que se da por supuesto*». Cuando se proporciona una interpretación de las cosas que ni se justifica ni se discute, y se parte de ella una vez y otra como de algo obvio que no requiere prueba, la pereza se adueña del escenario y se inocula fácilmente a «las personas sin influencia en la vida colectiva, con un mínimo de responsabilidad, sujetos pasivos de todas las manipulaciones». A la mayoría, por tanto, que asume con holgazanería las conclusiones simplistas con que se la aturde. Todo esto, por desdicha, resulta hoy reconocible. Al menos nos zafamos de la peste de las tres o cuatro décadas siguientes, en las que se perpetuó el *espíritu de la Guerra*, para vivir literalmente de las rentas los vencedores, moralmente los perdedores supervivientes. Éstos no fueron muchos, porque millares de ellos fueron ejecutados por Franco cuando ya no había guerra, pero se siguió fomentando su interpretación. Tal vez lo malo no sea nunca tanto lo que nos pasa, cuanto lo que nos hacen creer que nos pasa.

27-I-19

Este libro se terminó
de imprimir en
Móstoles (Madrid),
en el mes de
abril de 2019